惊呆了！原来这就是社会学

〔日〕田中正人 〔日〕香月孝史 著
刘晓晓 译

南海出版公司

新经典文化股份有限公司
www.readinglife.com
出　品

目 录

现代的序幕

从现代到当代

▶人物介绍

▶用语解说

面向未来

▶人物介绍

▶用语解说

本书的使用方法

你可以从本书的任何一页开始读起。但由于前面解释过的用语会用于后面的解说，所以从头读起会比较轻松。而且，从头阅读有助于我们大致了解社会学由现代发展至今的演变过程。另外，如果把本书当作用语词典使用，借助卷末的索引会很方便。

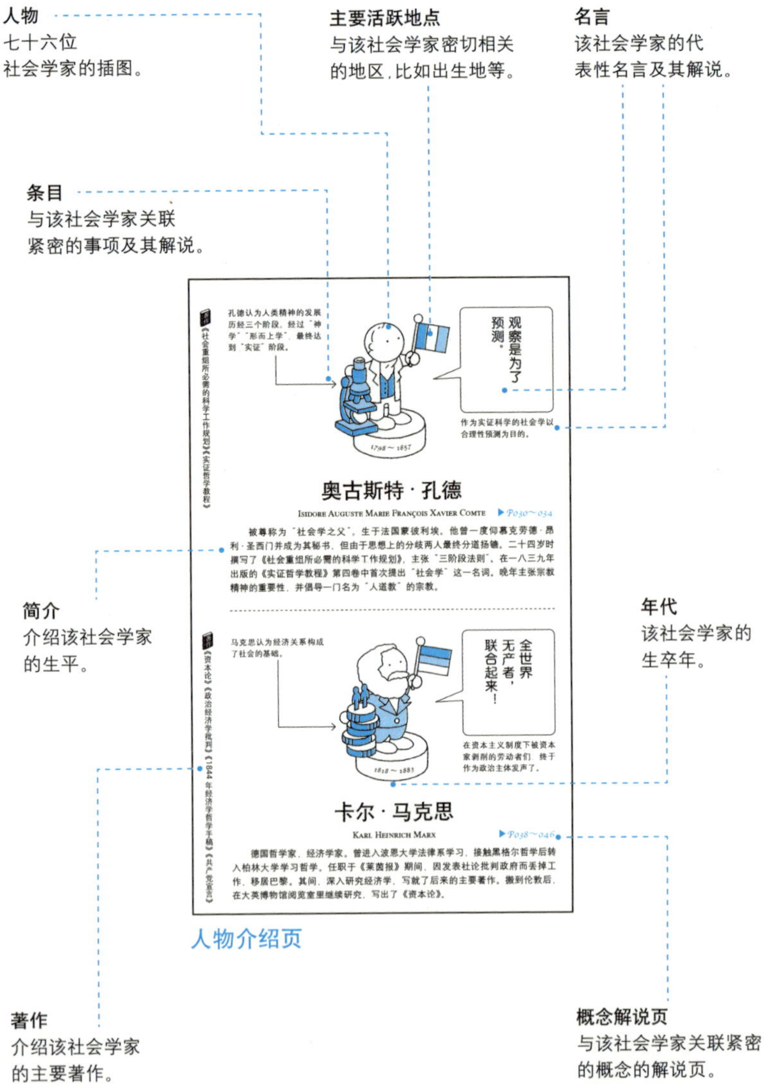

标题概念
介绍主要社会学概念。

相关人物介绍页
介绍相关社会学家的页面。

相关人物
与标题概念密切相关的社会学家的插图。

类别
本书中出现的所有标题概念可归为十个类别，分别以相应图标表示：

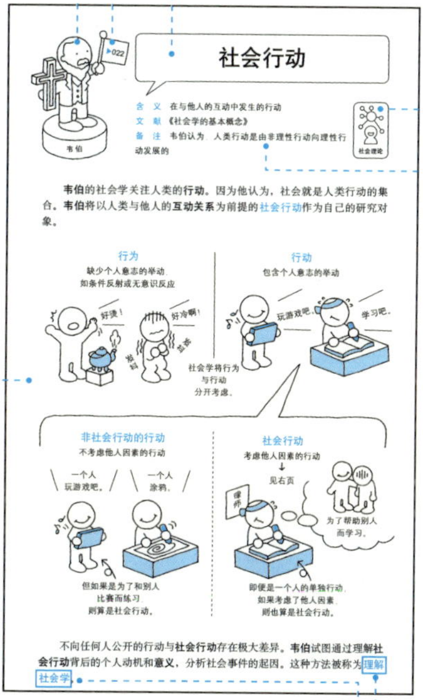

概念解说页

资料
[含义]
用一句话解释标题概念的含义。
[文献]
列举主要论述该概念的文献。
[备注]
解释一些有助于读者进一步理解该概念的知识。

其他重要概念
用蓝色文字区分不同于标题概念的社会学概念，后者重要程度与前者相同。

解说
解释该标题概念。

社会学理论的发展

社会学的诞生 → 社会学的确立

宏观社会学
P140
集体主义方法论
社会唯实论
功能主义
社会系统理论

- 孔德 P018
  三阶段法则 P035
- 马克思 P018
  历史唯物主义 P047
- 斯宾塞 P019
  社会进化论 P037
- 涂尔干 P021
  社会学主义 P052
- 滕尼斯 P020
  共同体
  社会
  P050
- 莫斯 P024
  礼物理论 P083
- 哈布瓦赫 P024
  集体记忆 P108

微观社会学
P141
个人主义方法论
关系主义方法论
社会唯名论
互动论

- 韦伯 P022
  理解社会学 P074
- 齐美尔 P021
  形式社会学 P065
- 米德 P022
  主我和客我 P087

芝加哥学派 P088
- 帕克 P023
- 伯吉斯 P026

批判理论
P101

法兰克福学派 P100
- 霍克海默 P028
- 阿多诺 1903 ~ 1969
- 本雅明 P027

各种理论的发展

面向当今社会学

帕森斯 P120
结构功能主义 P129

达伦多夫 P125
冲突理论 P131

默顿 P122
中层理论 P139

布尔迪厄 P182
文化再生产 P215

卢曼 P180
自创生 P254

贝克 P190
风险社会 P278

乔克·扬 P188
排斥型社会 P265

沃勒斯坦 P183
世界体系理论 P221

鲍曼 P178
流动的现代性 P266

吉登斯 P186
结构化理论 P275

建构主义 P209

伯格 P181

卢克曼 1927～2016

基特苏斯 P177

斯佩克特 1943～

巴特勒 P193

诠释学派 P141

舒茨 P118
现象学社会学 P145

加芬克尔 P125
常人方法学 P147

沃斯 P029
城市主义 P090

布鲁默 P119
符号互动论 P143

戈夫曼 P176
拟剧论 P198

贝克尔 P180
标签理论 P194

弗洛姆 P029
权威主义人格 P102

哈贝马斯 P182
生活世界的殖民化 P203

结构主义
P159

列维－斯特劳斯
P121
结构主义

后结构主义※ | 后现代 P235

利奥塔 P178
后现代

鲍德里亚 P181
超真实 P247

福柯 P179
全景监狱 P206

萨义德 P185
东方主义 P212

※后结构主义：对列维－斯特劳斯的结构主义批判性继承的思想潮流

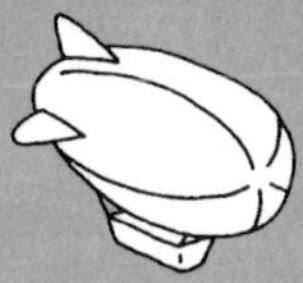

现代的序幕

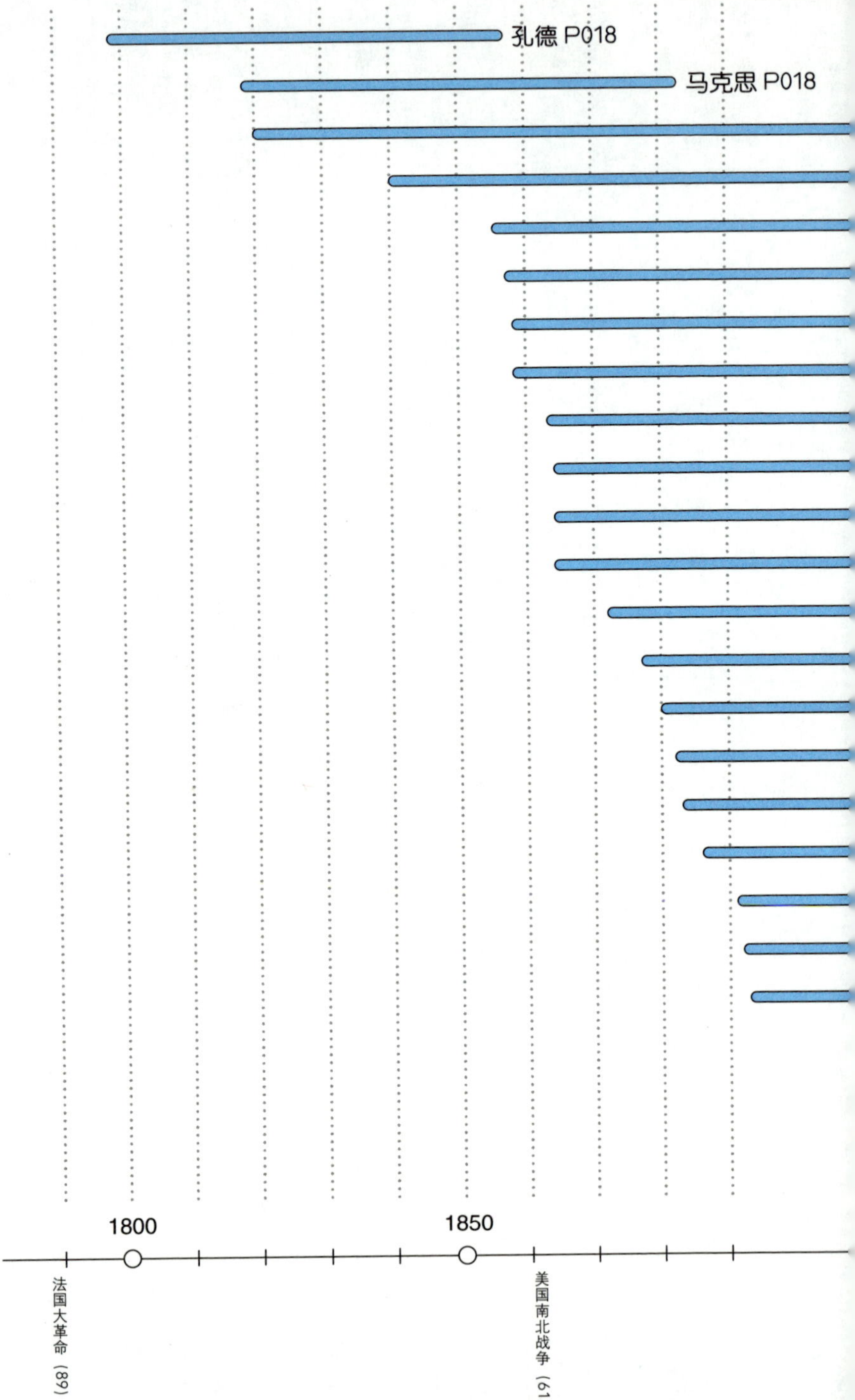
孔德 P018
马克思 P018
1800
1850
法国大革命（89）
美国南北战争（61）

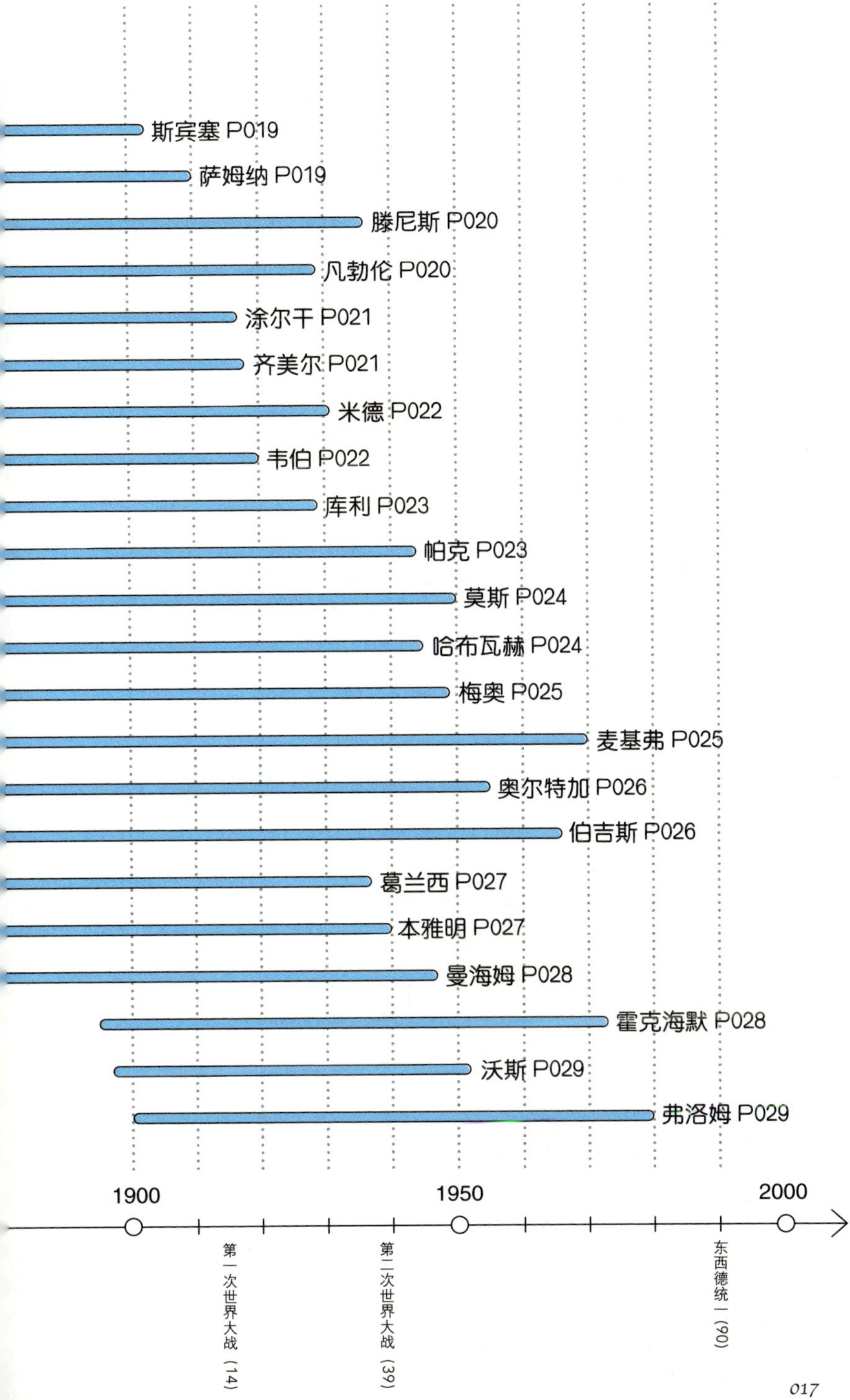

斯宾塞 P019
萨姆纳 P019
滕尼斯 P020
凡勃伦 P020
涂尔干 P021
齐美尔 P021
米德 P022
韦伯 P022
库利 P023
帕克 P023
莫斯 P024
哈布瓦赫 P024
梅奥 P025
麦基弗 P025
奥尔特加 P026
伯吉斯 P026
葛兰西 P027
本雅明 P027
曼海姆 P028
霍克海默 P028
沃斯 P029
弗洛姆 P029
1900
1950
2000
第一次世界大战（14）
第二次世界大战（39）
东西德统一（90）

著作《社会重组所必需的科学工作规划》《实证哲学教程》

孔德认为人类精神的发展历经三个阶段。经过“神学”“形而上学”，最终达到“实证”阶段。

作为实证科学的社会学以合理性预测为目的。

奥古斯特·孔德

ISIDORE AUGUSTE MARIE FRANÇOIS XAVIER COMTE

▶P030～034

被尊称为“社会学之父”。生于法国蒙彼利埃。他曾一度仰慕克劳德·昂利·圣西门并成为其秘书，但由于思想上的分歧两人最终分道扬镳。二十四岁时撰写了《社会重组所必需的科学工作规划》，主张“三阶段法则”。在一八三九年出版的《实证哲学教程》第四卷中首次提出“社会学”这一名词。晚年主张宗教精神的重要性，并倡导一门名为“人道教”的宗教。

著作《资本论》《政治经济学批判》《1844年经济学哲学手稿》《共产党宣言》

马克思认为经济关系构成了社会的基础。

在资本主义制度下被资本家剥削的劳动者们，终于作为政治主体发声了。

卡尔·马克思

KARL HEINRICH MARX

▶P038～046

德国哲学家、经济学家。曾进入波恩大学法律系学习，接触黑格尔哲学后转入柏林大学学习哲学。任职于《莱茵报》期间，因发表社论批判政府而丢掉工作，移居巴黎。其间，深入研究经济学，写就了后来的主要著作。搬到伦敦后，在大英博物馆阅览室里继续研究，写出了《资本论》。

斯宾塞在达尔文之前就提出了“适者生存”这一概念。

持社会进化论的斯宾塞认为，社会是从军事型向工业型进化的。

著作《综合哲学体系》《社会静力学》《发展的假说》

赫伯特·斯宾塞

HERBERT SPENCER

▶P036

英国哲学家、社会学家。生于英格兰德比。十九世纪三十年代担任铁路工程师期间，开始从事写作工作，并于一八四八年进入《经济学人》担任文字编辑。一八五三年离职，继续发表社论直至晚年。斯宾塞的作品在明治时期传入日本并被广泛阅读，继而影响了自由民权运动。

萨姆纳用“民俗”一词来表示群体内的惯常行为。

基于“求生行为先于思考”的现实性观点展开讨论。

著作《民俗论》

威廉·格雷厄姆·萨姆纳

WILLIAM GRAHAM SUMNER

▶P048

美国社会学家。生于新泽西州帕特森。曾作为圣公会牧师开展传教活动，后成为耶鲁大学政治学和社会学教授。作为经济评论家，他批判社会主义和政府干预，倡导自由放任主义。一九〇八年接替莱斯特·弗兰克·沃德成为美国社会学协会第二任会长。

著作《共同体与社会》

滕尼斯将人类社会的基本形式分为两种。将通过血缘、地缘或精神关系建立的有机群体称为“共同体”。

共同体是真实的共同生活。

共同体是一种本质上的结合，而社会是在暂时的外在关系上建立的。

斐迪南·滕尼斯

FERDINAND TÖNNIES

▶P050

德国社会学家。生于石勒苏益格公国。先后在斯特拉斯堡大学、耶拿大学、柏林大学和图宾根大学等地学习。一八八七年，三十二岁的滕尼斯发表了《共同体与社会》。后任教于基尔大学，并担任德国社会学协会的第一任会长。二十世纪三十年代因批判纳粹主义而被纳粹政权解除会长一职。

著作《有闲阶级论》

根据凡勃伦的说法，炫耀性消费往往由女性（例如妻子）“代为进行”。

为了炫耀而消费是有闲阶级的生活方式。

有闲阶级的“浪费”包含炫耀性消费和炫耀性休闲。

托斯丹·邦德·凡勃伦

THORSTEIN BUNDE VEBLEN

▶P049

美国经济学家、社会学家。生于威斯康星州，是挪威移民的后裔。就读于耶鲁大学期间师从威廉·格雷厄姆·萨姆纳，接触到社会进化论。获得博士学位后曾一度回到家乡的农场，三十四岁时再次进入大学就读。一九〇〇年成为芝加哥大学助理教授，并于一九〇六、一九一〇年先后转至斯坦福大学和密苏里大学。

涂尔干将社会事实作为物来考察，认为社会事实独立于个人且具有强制力。

社会是物。

社会学要成为一门科学，就必须将现象视作“物”进行客观考察。

著作《社会学方法的准则》《社会分工论》《自杀论》

埃米尔·涂尔干

ÉMILE DURKHEIM

▶P052～062

法国社会学家。生于洛林的埃皮纳勒。早先在公立高中教授哲学，后获波尔多大学教职。以《社会学年鉴》的创办为契机，聚集了以外甥马塞尔·莫斯为代表的一众学者，形成了社会学年鉴学派。涂尔干的儿子安德烈也是一名广受期待的语言社会学者，却在第一次世界大战中战死。涂尔干也在安德烈死后的第二年去世，终年五十九岁。

社会是以“互动”为“线”编织的“纺织品”。

诸个体相互作用，社会才得以存在。

人和人之间的相互作用（互动）产生了社会。

著作《社会学》《社会学的根本问题》《货币哲学》

格奥尔格·齐美尔

GEORG SIMMEL

▶P064

德国社会学家。生于普鲁士王国的首都柏林。曾在柏林大学学习哲学和心理学。长期在柏林大学担任编外讲师，但因为其犹太背景和对宗教的相对主义态度而始终无法获得正式教职。一九一四年，五十六岁的齐美尔终于获得斯特拉斯堡大学的教授席位，后于一九一八年去世。

著作《心灵、自我与社会》

米德将“自我”比作“社会潮流中的小旋涡”。

人的主体性存在于主我中。

自我中除了客我还有主我，而主我的存在这一论述对后来的微观社会学产生了很大影响。

乔治·赫伯特·米德

GEORGE HERBERT MEAD

▶ P086

美国哲学家、社会心理学家。生于马萨诸塞州。从欧柏林学院毕业后，从事铁路测量等工作。后来就读于哈佛大学。二十八岁时赴密歇根大学任教，与实用主义思想家约翰·杜威相遇，后终生受其影响。米德的研究最终被赫伯特·布鲁默等人发展为符号互动论。

著作《社会学的基本概念》《新教伦理与资本主义精神》

考察宗教对近代资本主义的影响也是韦伯的代表工作之一。

要理解恺撒并不需要成为恺撒。

倡导“理解社会学”，即通过解释人类行动的动机和意义获得理解。

马克斯·韦伯

MAX WEBER

▶ P066～080

德国经济学家、社会学家、政治学家。生于埃尔福特。三十岁时成为弗莱堡大学经济学教授，但不久后因为神经疾病辞去工作。病愈之后很少站上讲台，而是将研究领域扩大到社会政策和社会学。他持续就新闻业发表政治性的见解，还参与了第一次世界大战后《魏玛宪法》的起草工作。

著作《人类本性与社会秩序》《社会组织》

库利用“镜中我”一词来表示社会与个人之间的关系。

个人与社会具有相互渗透的关系，将二者分开考虑是不可行的。

查尔斯·霍顿·库利

CHARLES HORTON COOLEY

▶ P085

美国社会学家。生于密歇根州，毕业于密歇根大学，后又留校教授经济学和社会学，在家乡度过了学术生涯。是一九〇五年成立的美国社会学协会的创始成员之一，并于一九一八年出任第八任会长。提出了诸如“初级群体”和“社会自我”等基本概念。

著作《城市》

帕克将游走在多个社会的缝隙间且不完全属于任何社会的人称为“边缘人”。

将城市视为实验室，用以把握异质人群建立新秩序的过程。

罗伯特·E. 帕克

ROBERT EZRA PARK

▶ P092

美国社会学家。生于宾夕法尼亚州。大学毕业后曾当过报社记者，又进入哈佛大学学习哲学和心理学。此后，在德国师从格奥尔格·齐美尔学习社会学。一九一四年五十岁时，受邀到芝加哥大学社会学系任教，成为城市社会学芝加哥学派的代表性奠基人物。

著作《礼物》

莫斯认为，接受赠与并回馈这一循环是具有约束力的符号交换。

专注于研究人类互赠行为的意义。

马塞尔·莫斯

MARCEL MAUSS

▶P082~084

法国社会学家、文化人类学家。生于洛林的埃皮纳勒。是埃米尔·涂尔干的外甥。在波尔多大学师从涂尔干和阿尔弗雷德·埃斯皮纳，后成为社会学年鉴学派的一员。莫斯的礼物理论对克劳德·列维－斯特劳斯的结构主义人类学产生了重大影响。

著作《论集体记忆》

人的“记忆”不是在个人内部形成的，而是在群体内社会性地构建的。

指出场所和处于其中的事物等空间元素对记忆的重要性。

莫里斯·哈布瓦赫

MAURICE HALBWACHS

▶P108

法国社会学家、社会学年鉴学派成员之一。生于兰斯。先后接受过亨利·柏格森和涂尔干的指导。五十八岁时成为巴黎大学的教授，并于一九四四年六十七岁时被法国最高权威学府法兰西公学院聘为社会心理学教授。但翌年，便因其社会主义者的身份在纳粹占领下的巴黎被捕，后在强制收容所去世。

著作《工业文明的人类问题》

霍桑工厂的所有者是一家生产电话和打字机等电子设备的公司。

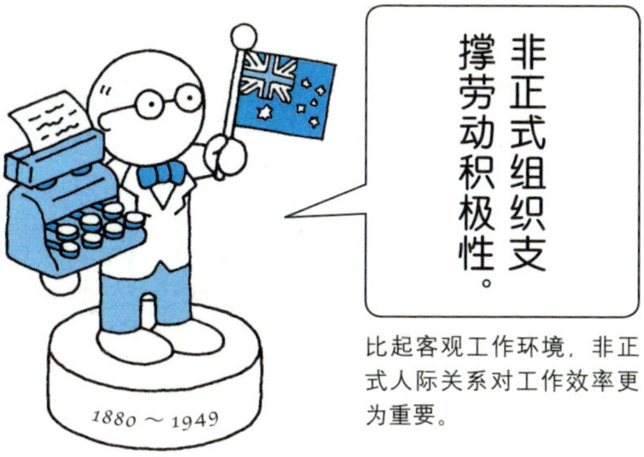

比起客观工作环境，非正式人际关系对工作效率更为重要。

乔治·埃尔顿·梅奥

George Elton Mayo

▶ P093

澳大利亚裔美籍心理学家、工业社会学家。成为澳大利亚昆士兰大学教授后，又受邀到美国哈佛商学院任教。与弗里茨·罗特利斯伯格等人共同在芝加哥的一家工厂开展了霍桑实验，并得出职工的满足程度影响工作效率这一结论。梅奥等人对工业社会学的形成做出了贡献，被称为哈佛学派。

著作《社区》

"社区"一词不仅适用于村庄和城市，也适用于国家。

"社区"一词包含着共同的社会观念及习俗、共属性感情等含义。

罗伯特·莫里森·麦基弗

Robert Morrison MacIver

▶ P096

美国社会学家。生于苏格兰刘易斯岛的斯托诺韦。曾就读于爱丁堡大学和牛津大学。一九一五年在加拿大多伦多大学担任教授。随后，先在巴纳德学院任教，又转至哥伦比亚大学。提出了三种分类概念："社区""社团"和"社会集合"，同时发展了国家论和权力论。

著作《大众的反叛》《堂吉诃德沉思录》

奥尔特加有一件轶事：他在很小的时候就记住了《堂吉诃德》某一章的全部内容。

奥尔特加对无法自我指导的大众登上领导地位的情况表达了危机感。

何塞·奥尔特加·伊·加塞特

JOSÉ ORTEGA Y GASSET

▶P098

西班牙哲学家。生于马德里的一个记者家庭，曾在父亲供稿的《公平报》上发表评论。一生专注于撰写随笔和新闻评论，而非系统性写作。一九三一年西班牙共和国成立时，他成为国会议员，并为新宪法的制定做出了贡献。

著作《城市》

城市人口的分布就像层层的圆圈扩散开来，井然有序。

随着城市扩张，人口分布遵循同心圆模型。

欧内斯特·伯吉斯

ERNEST WATSON BURGESS

▶P091

美国城市社会学家。生于加拿大安大略省。从金菲舍学院毕业后进入芝加哥大学学习并任教。与同属芝加哥大学社会学系的罗伯特·E. 帕克共同将芝加哥市看作“实验室”，推动了城市社会学的发展，成为芝加哥学派的核心人物。此外还从事家庭社会学和社会解体理论的研究。

在监狱生活中写下的《狱中札记》成了将葛兰西的思想传达给后世的重要载体。

霸权是上层强制和下层共识相结合的产物。

著作《狱中札记》

安东尼奥·葛兰西

ANTONIO GRAMSCI

▶P094～095

意大利思想家。出生于撒丁岛的一个阿尔巴尼亚移民家庭。进入都灵大学后，他加入了意大利社会党都灵支部，并参与了机关文件的撰写和编辑工作。虽于一九二四年当选为国会议员，但因曾参与意大利共产党的创立而于一九二六年被墨索里尼政府逮捕。在监狱里继续从事研究并留下了大量的笔记，但其间病情恶化，四十六岁时因脑溢血去世。

从克利的画《新天使》中得到启发，用"历史的天使"一词来论述历史观。

艺术作品的复制造成了其独特性的丧失。

著作《拱廊计划》《机械复制时代的艺术作品》

瓦尔特·本雅明

WALTER BENDIX SCHÖNFLIES BENJAMIN

▶P104～106

德国思想家。出生于柏林的一个犹太家庭，是家中长子。曾在弗莱堡、柏林和慕尼黑学习哲学，并在瑞士伯尔尼大学获得博士学位。作为评论家活跃在学术界。一九三三年纳粹上台后逃往巴黎。第二次世界大战开战后，试图逃离法国以躲避纳粹，但在出境后被西班牙拒绝入境，遂服用吗啡自杀。

著作《意识形态与乌托邦》

因政治形势变化，曼海姆从匈牙利逃往德国后又逃往英国。

所有的知识和思想都是由其所属的历史和社会决定的。

卡尔·曼海姆

KARL MANNHEIM

▶P110～112

匈牙利社会学家。出生于布达佩斯的一个犹太家庭。移居德国后接受了阿尔弗雷德·韦伯等人的社会学指导。一九三〇年成为法兰克福大学的教授，但其立场与同校的法兰克福学派间存在距离。纳粹上台后逃往英国，并在伦敦大学任教。

著作《启蒙辩证法》

以霍克海默为首的法兰克福学派持续推动着德国现代思想的发展。

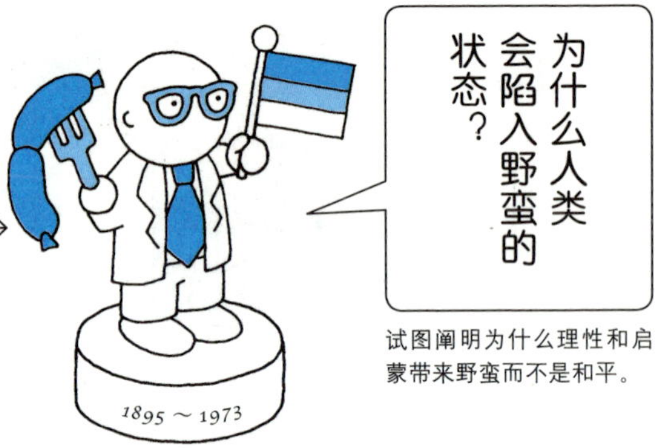

试图阐明为什么理性和启蒙带来野蛮而不是和平。

马克斯·霍克海默

MAX HORKHEIMER

▶P100

德国哲学家、社会学家。出生于斯图加特郊区，是犹太裔德国人。曾任法兰克福大学社会哲学教授及社会研究所所长，是法兰克福学派的代表学者。纳粹上台后逃往美国，并在哥伦比亚大学活动。与西奥多·阿多诺合著的《启蒙辩证法》就是在流亡过程中写成的。

沃斯通过探讨城市独有的生活方式，发展了城市主义理论。

认为一个城市的规模越大、密度越高、异质性越强，其城市性特征就越明显。

著作 《作为一种生活方式的城市主义》《隔都》

路易斯·沃斯

LOUIS WIRTH

▶P088～090

美国城市社会学家。出生于德国洪斯吕克县的一个小村庄。迁至美国后在芝加哥大学接受罗伯特·E. 帕克、欧内斯特·伯吉斯等人的指导，成为继帕克之后芝加哥学派的第二代核心人物。本身出生于犹太教家庭，在犹太人聚居的隔都的相关研究上花费了大量心力。

弗洛姆考察了逃避自由、主动接受束缚自身的事物的人群。

指出“权威主义人格”的存在，其特征是追求约束自我的权威。

著作 《逃避自由》

艾里希·弗洛姆

ERICH SELIGMANN FROMM

▶P102

德国社会心理学家。出生于法兰克福的犹太人聚居区。曾于海德堡大学接受阿尔弗雷德·韦伯的指导。亦接受过精神分析医学教育，并在进入法兰克福精神分析研究所后加入法兰克福学派。纳粹上台后流亡美国，战后生活在美国和墨西哥，同时开展研究和写作活动。

社会学

文　献《实证哲学教程》

备　注　社会学通常被认为是一门考察**现代**（封建主义之后出现的资本主义时代，也包括当代）社会的学科，主要是为了解人们的动向而产生的一门学问

社会理论

法国大革命之后，法国社会陷入了混乱。对此感到担忧的**孔德**试图通过观察现实找到混乱的原因，并最终发现**可被实际证明的客观社会规律**。他尝试用基于**因果法则（因果关系）**的方法，即**科学**方法，**预测**重建法国社会新秩序的方法。

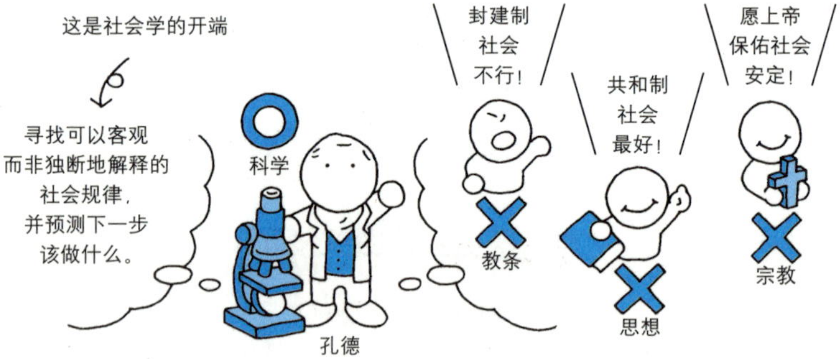

孔德将利用**科学**方法**实证性地**考察社会的学科命名为社会学。普遍认为**社会学**由此诞生。此后，**涂尔干**、**韦伯**、**齐美尔**等人促进了**社会学**的发展。

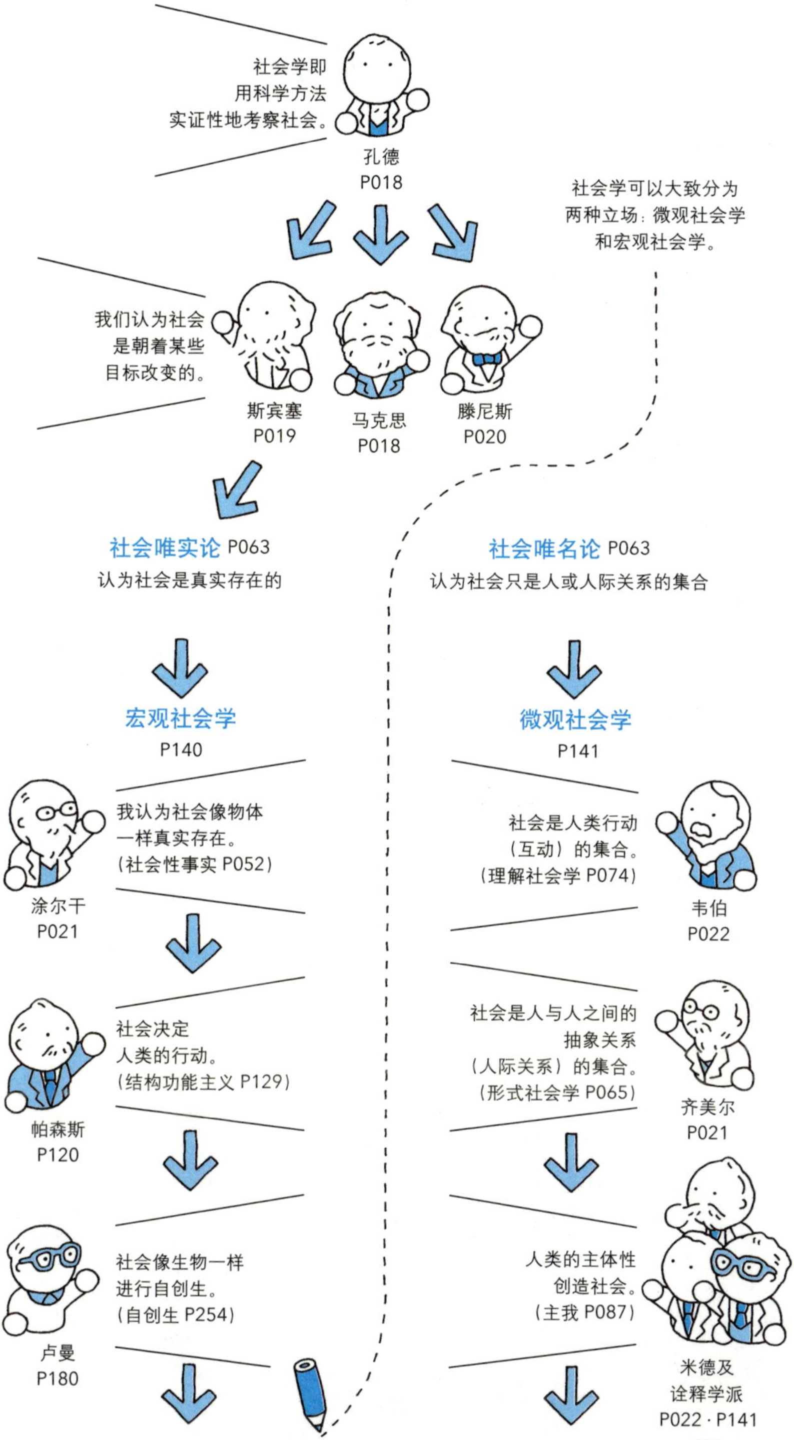
社会学即
用科学方法
实证性地考察社会。
孔德
P018
社会学可以大致分为
两种立场：微观社会学
和宏观社会学。
我们认为社会
是朝着某些
目标改变的。
斯宾塞
P019
马克思
P018
滕尼斯
P020
社会唯实论 P063
认为社会是真实存在的
社会唯名论 P063
认为社会只是人或人际关系的集合
宏观社会学
P140
微观社会学
P141
我认为社会像物体
一样真实存在。
（社会性事实 P052）
涂尔干
P021
社会是人类行动
（互动）的集合。
（理解社会学 P074）
韦伯
P022
社会决定
人类的行动。
（结构功能主义 P129）
帕森斯
P120
社会是人与人之间的
抽象关系
（人际关系）的集合。
（形式社会学 P065）
齐美尔
P021
社会像生物一样
进行自创生。
（自创生 P254）
卢曼
P180
人类的主体性
创造社会。
（主我 P087）
米德及
诠释学派
P022 · P141

实证主义

含　义　以实际所见所闻的事实为根据的学术立场

文　献　《实证哲学教程》

备　注　孔德对科学进行了分类和排序，构想了从数学到天文学、物理学、科学、生物学最后到社会学的发展模式

社会理论

在十九世纪初的英国，科学技术被应用于工业生产，工业得以迅速发展**（工业革命）**。

在十九世纪初的英国，由于科学技术在工业上的应用，工业得以迅速发展。

那时，受法国大革命的影响，法国社会陷入了混乱。

为了重建日益混乱的法国社会的秩序，**孔德**认为应将科学应用于对社会的考察，而不仅是工业生产。因为他相信如果发现了可被科学实证的社会法则，就可以**预测**重建社会秩序需要做什么。这种想法被称为**实证主义**。

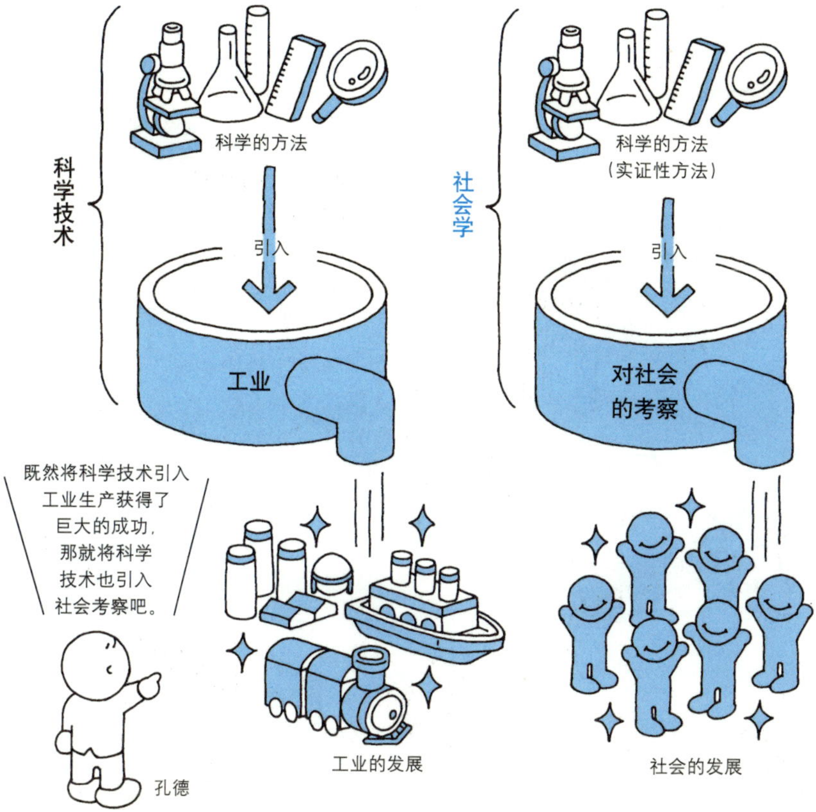

孔德将基于**实证主义**考察社会的学问称为**社会学**（P030）。此后**社会学**通过**涂尔干**、**韦伯**、**齐美尔**等人的努力得以发展（另见 P012）。

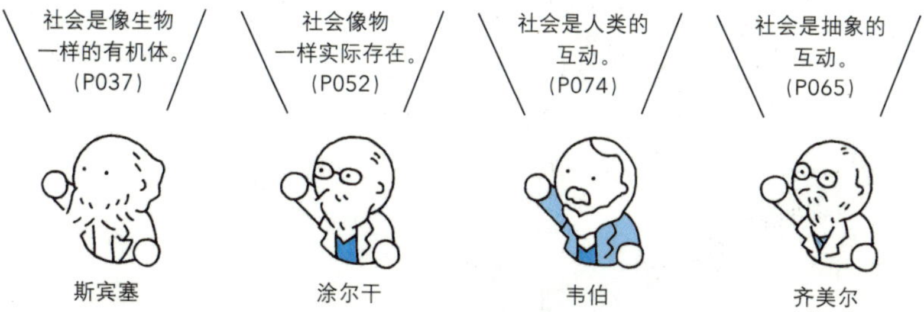

三阶段法则

含　义　人类精神状态变化的规律

文　献　《社会重组所必需的科学工作规划》

备　注　孔德将三阶段法则中的第三阶段——实证科学命名为社会学（P030）

社会理论

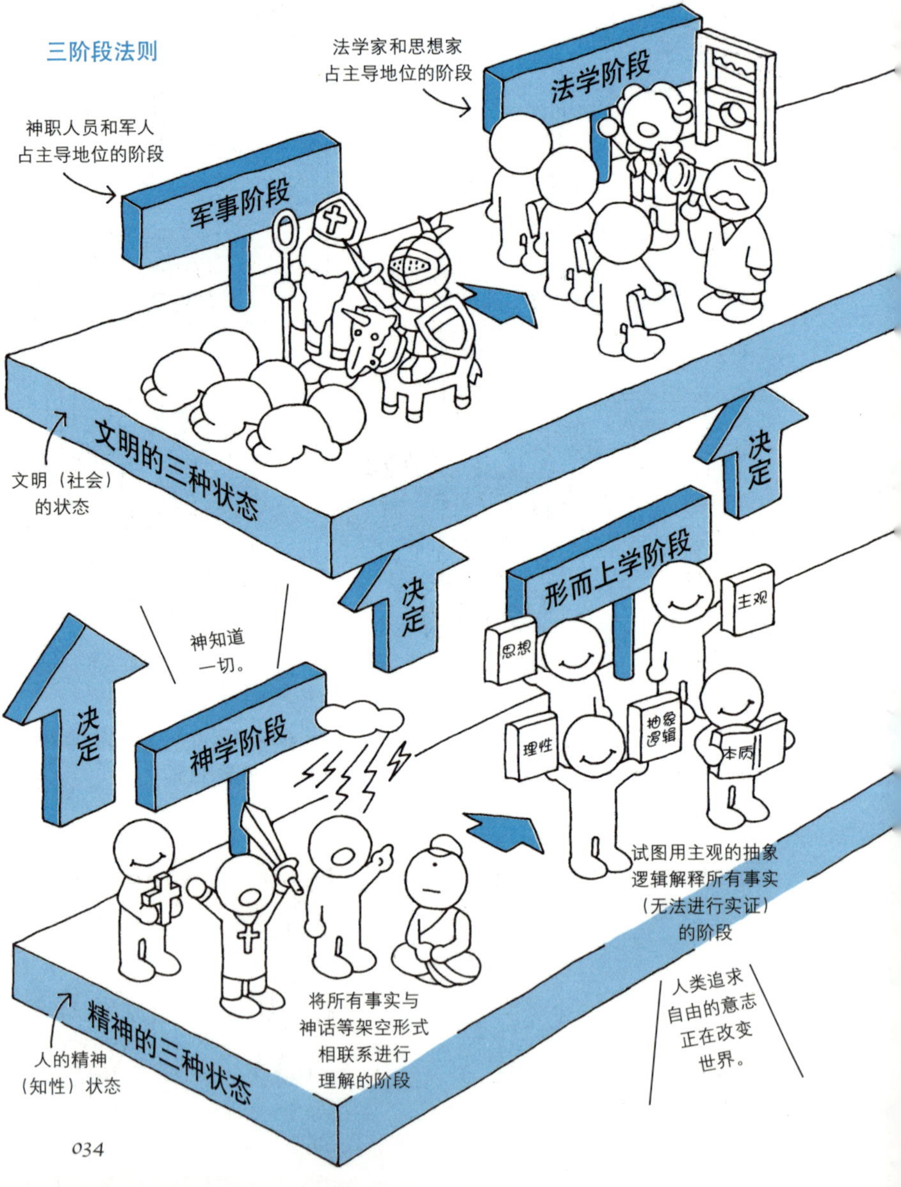

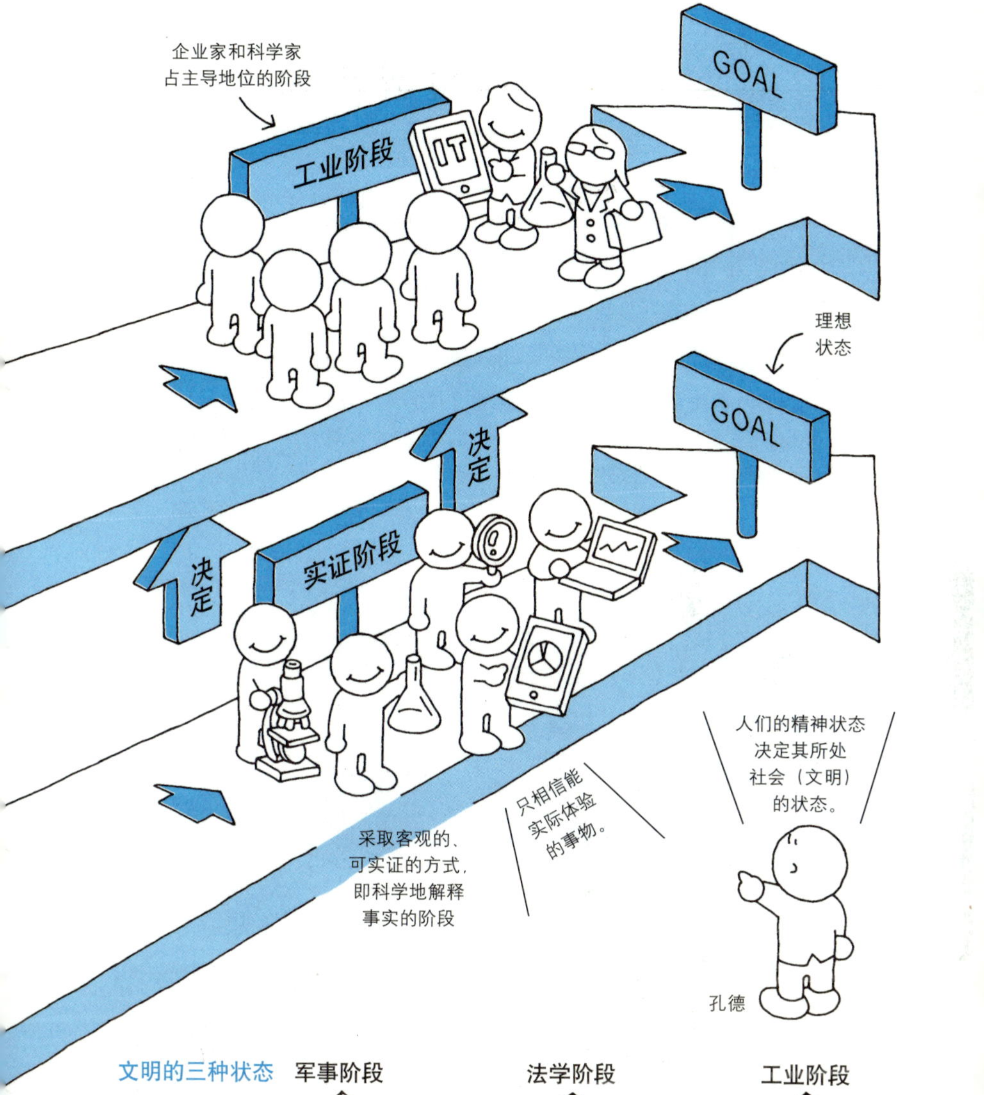

文明的三种状态	军事阶段	法学阶段	工业阶段
	↑ 决定	↑ 决定	↑ 决定
精神的三种状态	神学阶段 →	形而上学阶段 →	实证阶段

首次提出“**社会学**”（P030）一词的**孔德**认为，人类**社会**（文明）的状态取决于该时代人们的**精神状态**（知性）。人的精神状态从**神学**（宗教）**阶段**发展到**形而上学**（理性但抽象）**阶段**，再发展到**实证**（科学）**阶段**。根据这一**三阶段法则**，他认为社会（文明）也是从**军事阶段**发展到**法学阶段**，最后发展到**工业阶段**的。

社会进化论

文　献　《综合哲学体系》

备　注　孔德（P018）将分析社会结构的社会有机论等称为**社会静力学**，将考量社会运动的三阶段法则（P035）和社会进化论等称为**社会动力学**

亚当·斯密（1723～1790）认为，个人自由地追求利润，最终将使整个社会受益**（自由放任主义）**。而**达尔文**（1809～1882）认为，生物进化的原则是**自然选择**，只有那些在生存竞争中获胜的人才能存活下来**（生物进化论）**。**斯宾塞**受到两人理论的极大影响。

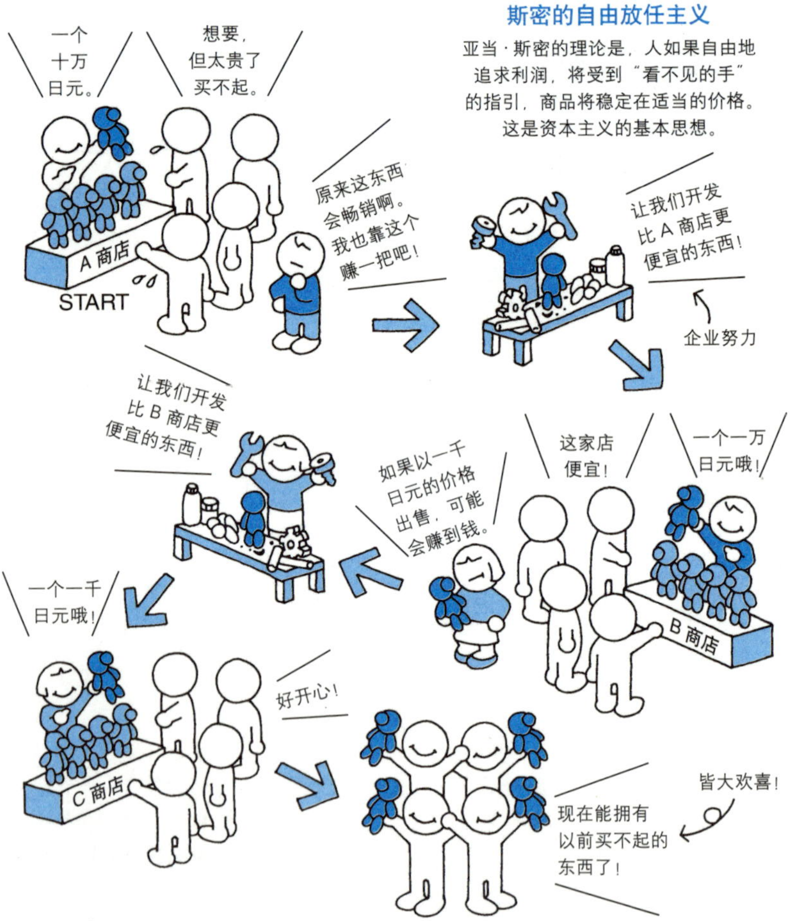

孔德（P018）和**斯宾塞**均认为，社会是像生物一样的有机体（**社会有机论**）。而**斯宾塞**受**达尔文**的**生物进化论**的影响，认为赢得了经济竞争的人才能在社会中生存下来，社会也基于**适者生存**的原理不断进化（**社会进化论**）。

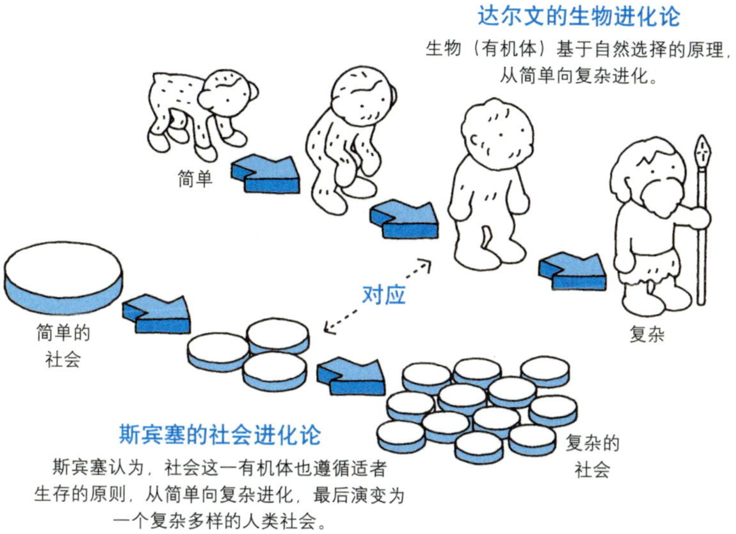

根据**斯宾塞**的**社会进化论**，**人类社会**是从**军事社会**演变为**工业社会**的。而以**自由放任主义**为基础的**工业社会**则是**斯宾塞**认为的理想社会。

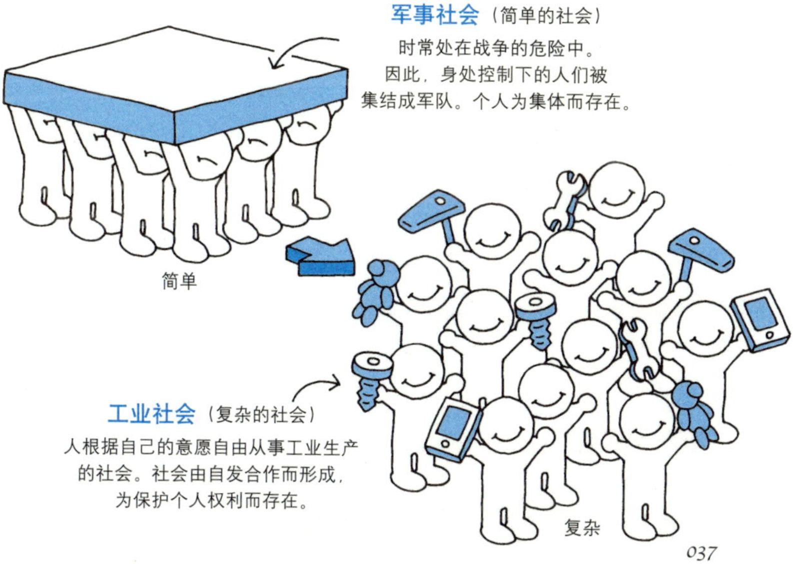

生产关系

含　义　人类为了生产而缔结的关系

文　献　《政治经济学批判》

备　注　作为下层建筑（P044）的生产关系决定作为上层建筑（P044）的人的意识

社会理论

人类的生活离不开**衣食住**。**马克思**将生产与衣食住房相关的产品所必需的土地和原材料等称为**生产资料**。此外，通过生产缔结的人类关系被称为**生产关系**。像**封建制度**中领主和佃户、**资本主义制度**中资本家和劳动者之间的关系一样，掌握**生产资料**的人和没有**生产资料**的人之间存在支配和服从的**生产关系**。

各时代的生产关系

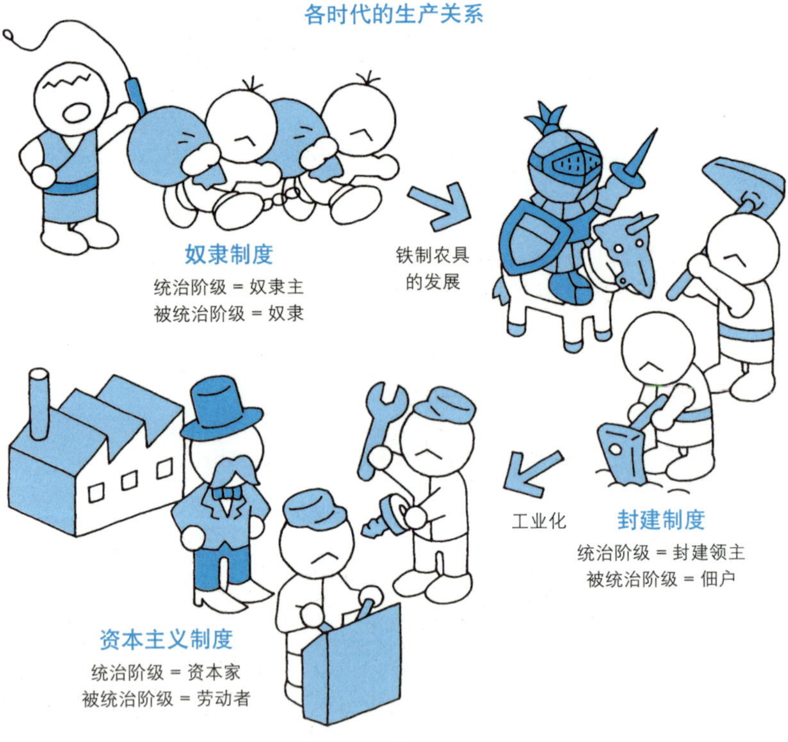

生产关系由各个时代的**技术水平**决定。随着技术水平的进步和**生产力**（产品供应能力）的提高，**被统治阶级**开始获得力量。当**被统治阶级**独立于**统治阶级**时，**生产关系**就进入了下一个时代。

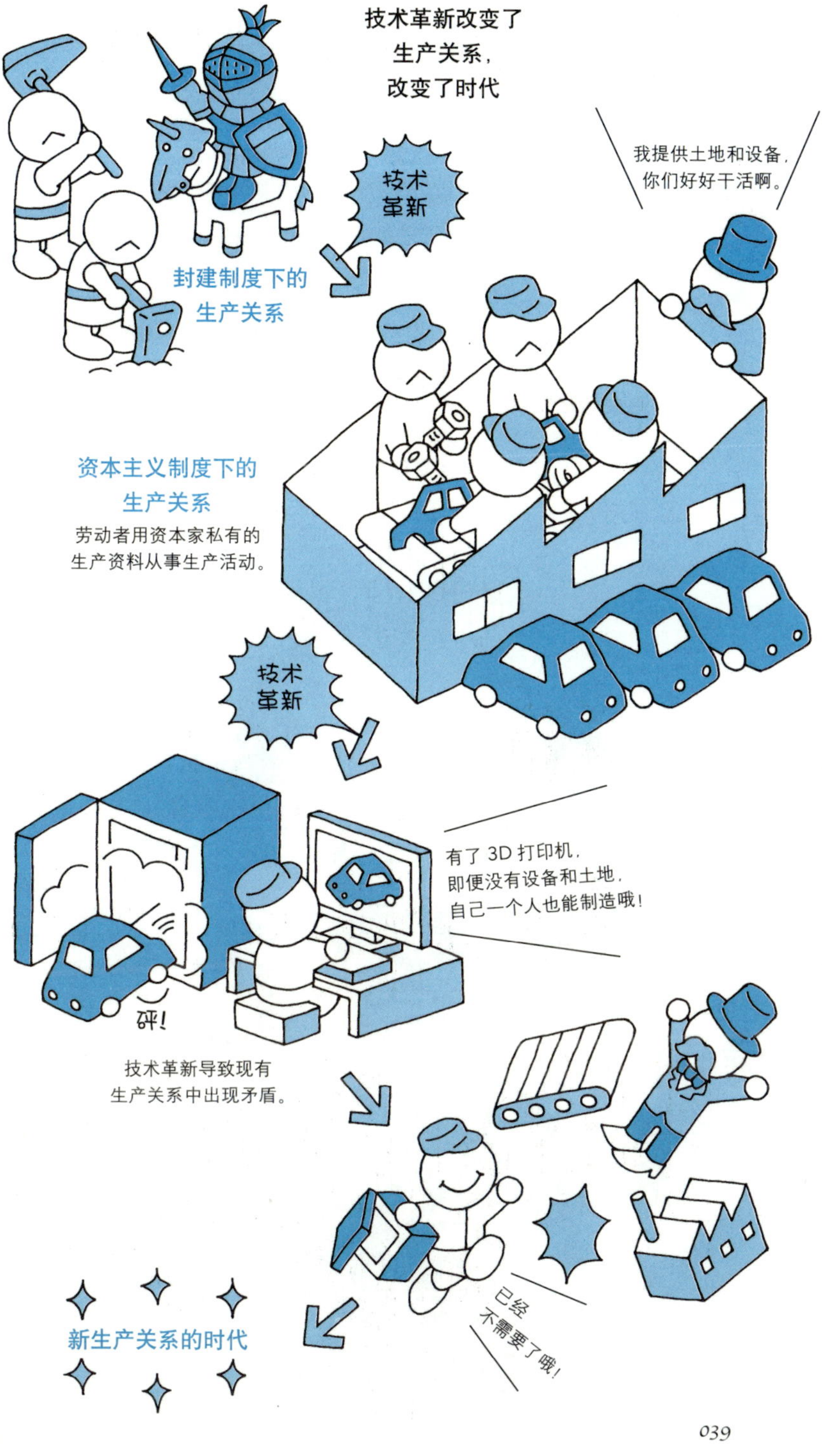

技术革新改变了
生产关系，
改变了时代
封建制度下的
生产关系
技术
革新
我提供土地和设备，
你们好好干活啊。
资本主义制度下的
生产关系
劳动者用资本家私有的
生产资料从事生产活动。
技术
革新
有了 3D 打印机，
即便没有设备和土地，
自己一个人也能制造哦！
砰！
技术革新导致现有
生产关系中出现矛盾。
已经
不需要了哦！
新生产关系的时代

资产阶级 | 无产阶级

文　献　《共产党宣言》（马克思 / 恩格斯）

备　注　在俄国，列宁举起了无产阶级专政的旗帜，建立了苏联

马克思认为，伴随着**封建制度**的结束，领主与佃户之间的**生产关系**（P038）消失了。但随后到来的**资本主义制度**在**资产阶级**和**无产阶级**之间创造了一种新的**生产关系**。

资本主义催生的资产阶级与无产阶级之间的支配关系

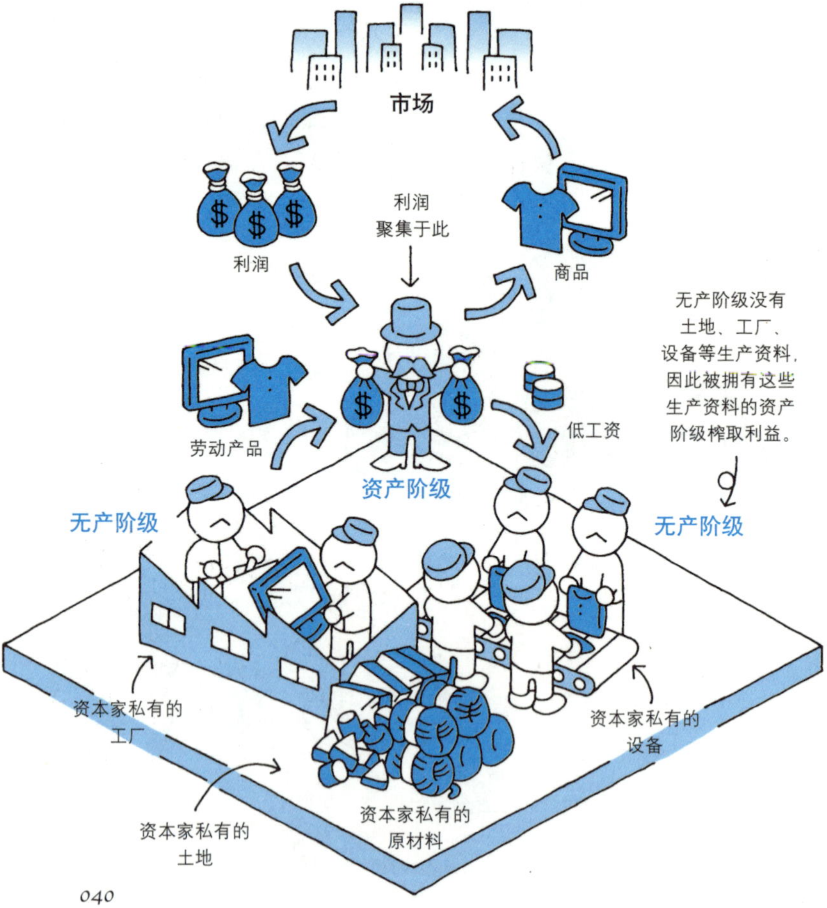

此外，**马克思**认为，在资本主义倡导的**自由竞争**下（自由放任主义 P036），只有资本家才会追求利润，这使劳动者不断受到剥削。为了避免这种情况，**马克思**主张土地、工厂和设备等**生产资料**（P038）不应该是**私有的**，而应该**公有化**。

资本主义中的自由竞争（自由放任主义 P036）

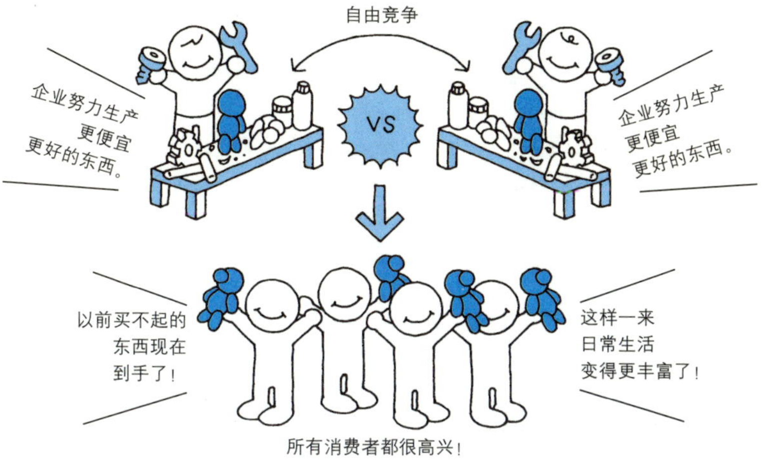

马克思眼中的自由竞争

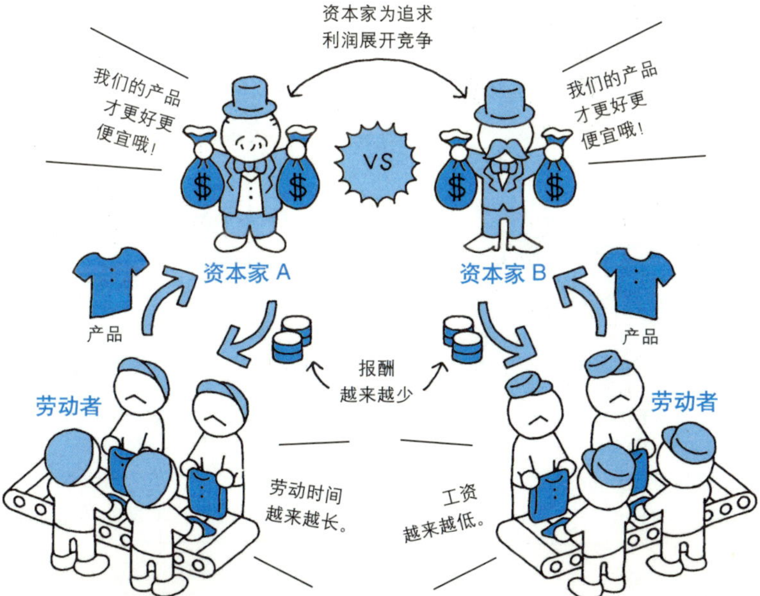

异化

文　献《1844年经济学哲学手稿》

备　注　马克思将劳动异化分为三类：劳动者与劳动产品相异化、劳动者与劳动活动相异化、劳动者与类存在相异化

马克思认为，在**资本主义制度**下，劳动者没有**生产资料**（P038），所以劳动者的劳动产品和劳动本身都不属于劳动者自己。劳动者与产品和劳动**相异化**（被排除在劳动和产品之外）。而且，**生产活动**（劳动）和产品本来是人们为了**彼此联结共同生存**（**类存在**）而创造的产物，劳动者与生产活动和产品**相异化**就意味着人与人之间的纽带消失了。

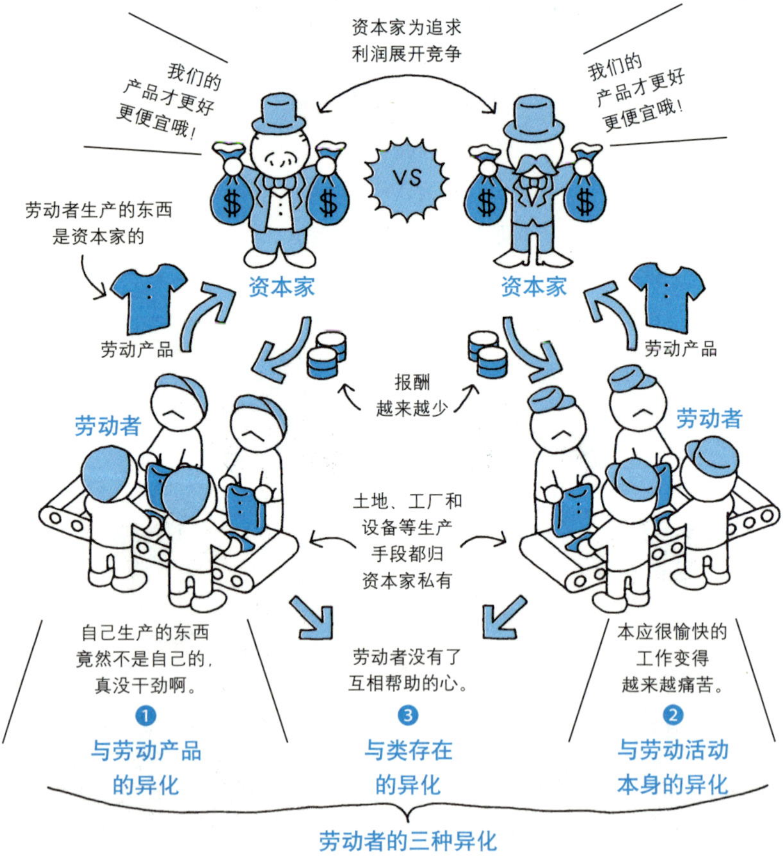

阶级斗争

文　献　《共产党宣言》（马克思 / 恩格斯）

备　注　马克思认为人类的历史就是阶级斗争史，若阶级斗争不断推动社会发展，那么阶级最终将会消失

阶级和阶层

马克思认为，**统治阶级**与**被统治阶级**的**生产关系**（P038）一旦形成，统治阶级就会为了维持这种制度而试图使之**固化**。但是，如果技术进步使**生产力**（产品供应能力）得到提高，那么当前的**生产关系**将不再适用，**阶级斗争**就会产生。其结果是新**生产关系**的时代的诞生。

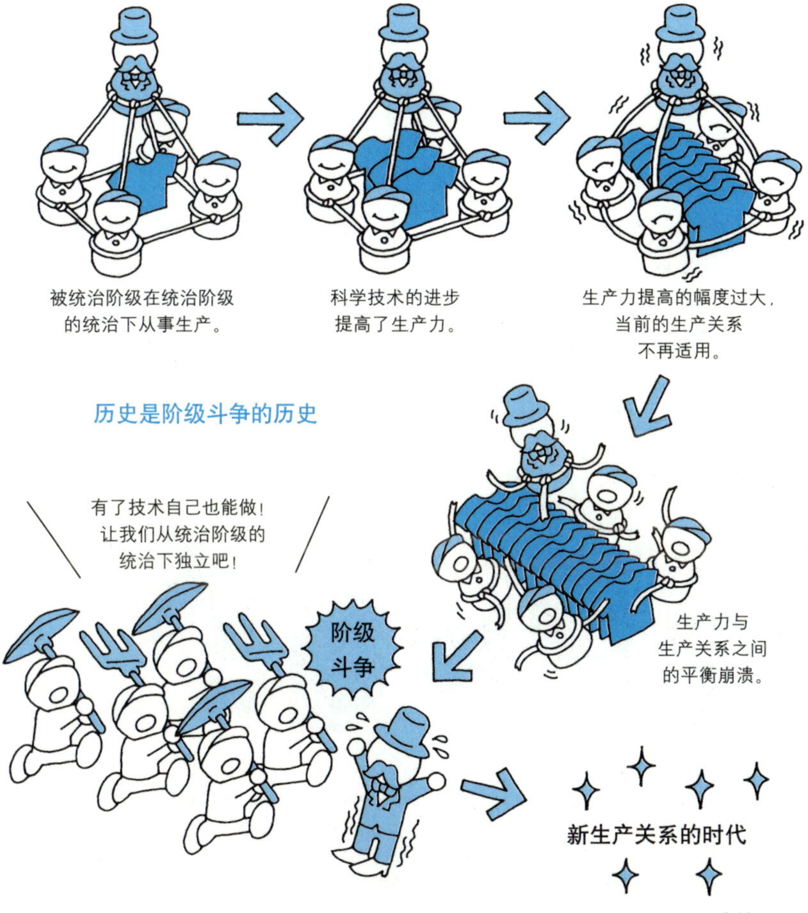

上层建筑 | 下层建筑

文　献　《政治经济学批判》

备　注　以日本为例，其下层建筑即经济基础，是资本主义，上层建筑即意识形态，是民主主义

马克思认为，基于各时代**生产关系**（P038）的经济结构是构成社会**基础**的**下层建筑**，在其之上，法律、政治制度、宗教、艺术和学术等文化作为**上层建筑**得以存在。由于体现人类意志的**上层建筑**是由经济基础这一**下层建筑**决定的，因此，**马克思**认为，一旦经济基础因**生产力**的发展而发生变化，那么**上层建筑**也会相应地发生变化。

上层建筑（人类意志的体现）

法律、政治、道德、文化等人类意志的体现。

下层建筑（经济基础）

各个时代的经济结构由相应的生产关系决定。该时代的下层建筑是封建制度、资本主义制度还是社会主义制度决定着人的思考方式这一上层建筑。例如，“奢侈”在中世纪的封建制度下被严格禁止，在社会主义制度下被看作是破坏平等的东西，而在资本主义制度下多被人们所憧憬。换句话说，并非是人类意识塑造经济结构，而是经济结构塑造人类意识。

意识形态

含　义　在共同的社会条件下被普遍接受的观念

文　献　《德意志意识形态》（马克思 / 恩格斯）

备　注　马克思认为，法律、政治、道德、文化等上层建筑全都属于意识形态

社会理论

马克思认为，人的**思想**和**信仰**不是由他自己的意识创造的，而是由他所处时代的**下层建筑**（P044）决定的。例如，在**中世纪封建制度**下，奢侈是恶，但在**资本主义制度**下则不然。这种在一定社会条件下被普遍接受的观念被称为**意识形态**。

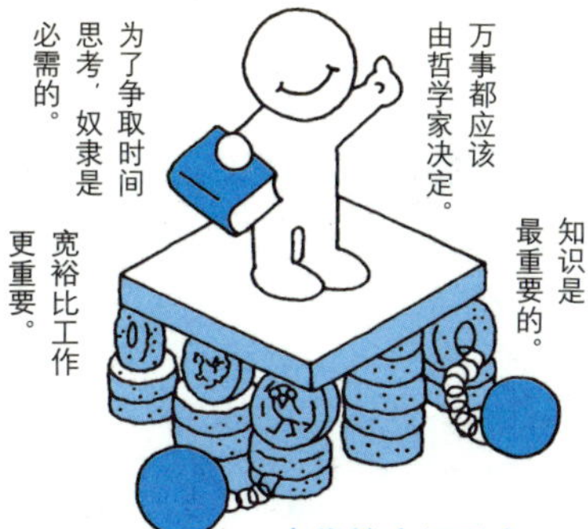

古代的意识形态

个人的想法不是由自己创造的，而是由下层建筑（P044）决定的

中世纪的意识形态

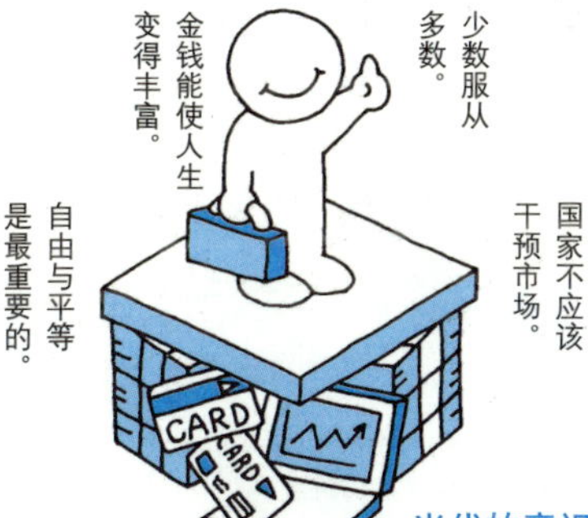

当代的意识形态

马克思将不考虑自身所处时代的**生产关系**（P038）、仿佛个人独立构思得出的主义 / 主张称为**伪意识**，对此持批判态度。

唯物史观

文　献《政治经济学批判》

备　注　马克思的唯物史观认为，精神随着经济的发展而发展；孔德（P018）则认为，文明随着精神的发展而发展（三阶段法则 P034）

社会理论

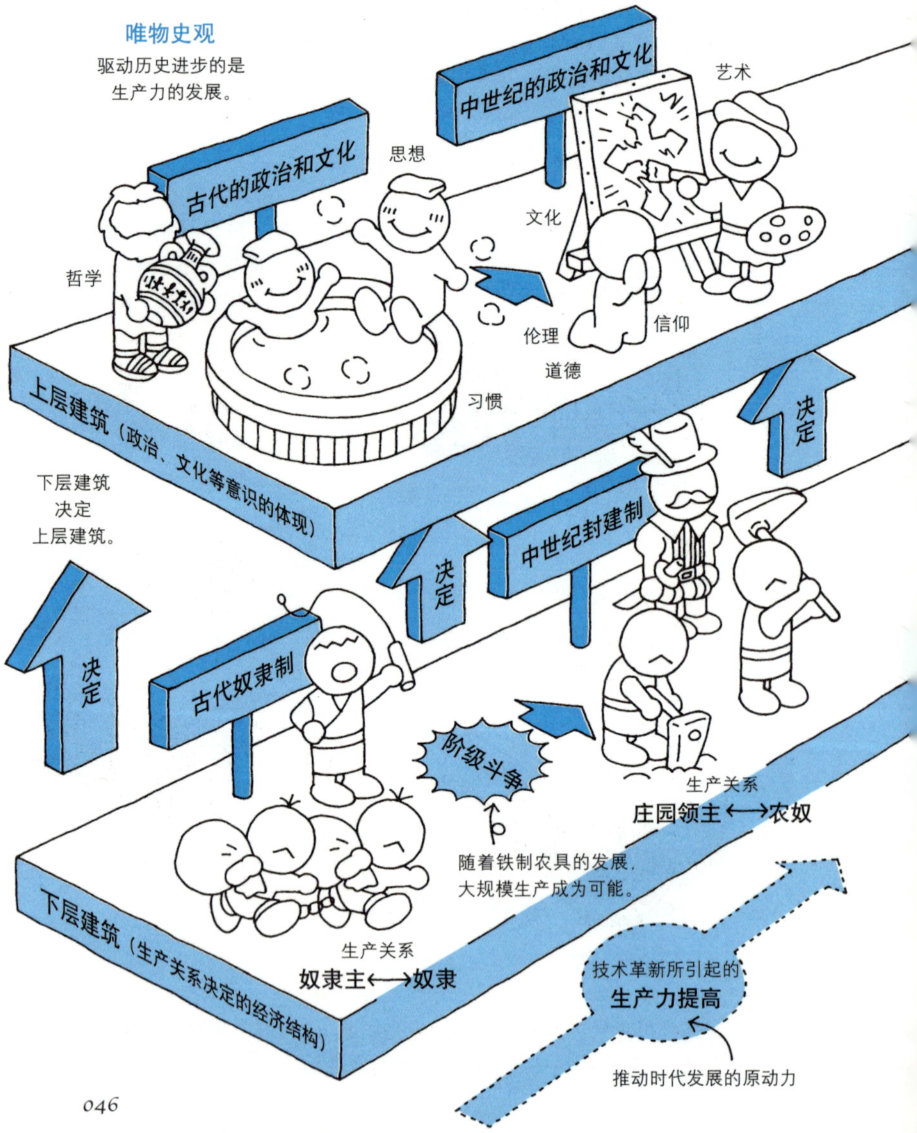

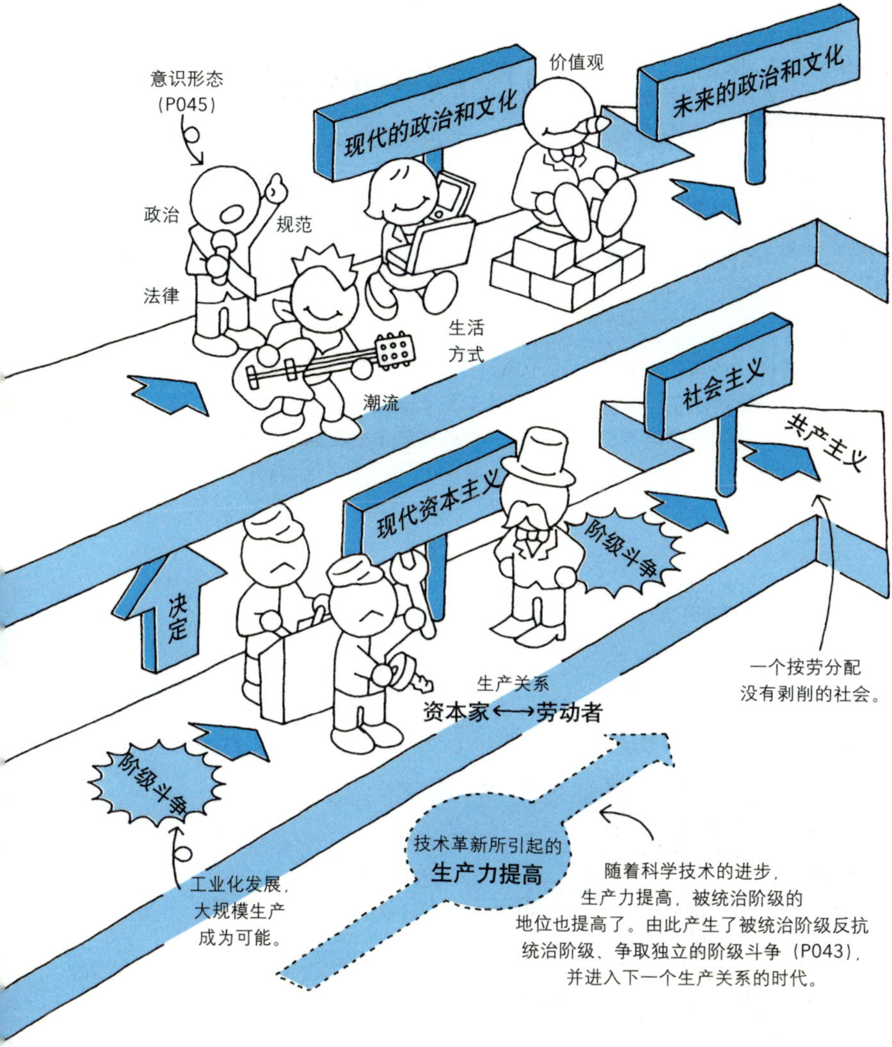

为了满足衣食住的需求，人们需要不断进行生产。因此，人与人之间形成了与所处时代的技术水平相适应的**生产关系**（P038）。这样一来，以**生产关系**（下层建筑 P044）为**基础**，体现人类意识的**政治制度和文化**（上层建筑 P044）就产生了。最终，技术进步引起的**生产力**（产品供应能力）提高，打破了现有的**生产关系**，从而引发**阶级斗争**（P043）。**马克思**认为，时代是按照**奴隶制→封建制→资本主义→社会主义→共产主义**的顺序发展的。如此，推动历史发展的原动力不是诸如人类意识之类的精神性事物，而是诸如**生产力发展**之类的**物质性**事物，这就是**唯物史观（历史唯物主义）**。

自民族中心主义

文　献 《民俗论》

备　注 萨姆纳将“我们”的群体称为**内群体**，将“他们”的群体称为**外群体**（自民族中心主义认为内群体是优越的，外群体是劣等的）

国家和全球化

萨姆纳支持**自由放任主义**（P036），即国家权力不应干预经济竞争。这一立场源于他对国家权力膨胀的帝国主义和军国主义的厌恶。他认为帝国主义和军国主义的基础是**自民族中心主义**。**自民族中心主义**即认为孕育自己的群体和民族文化是最优等的，并以此为基准贬低其他文化和群体的人们。

自民族中心主义

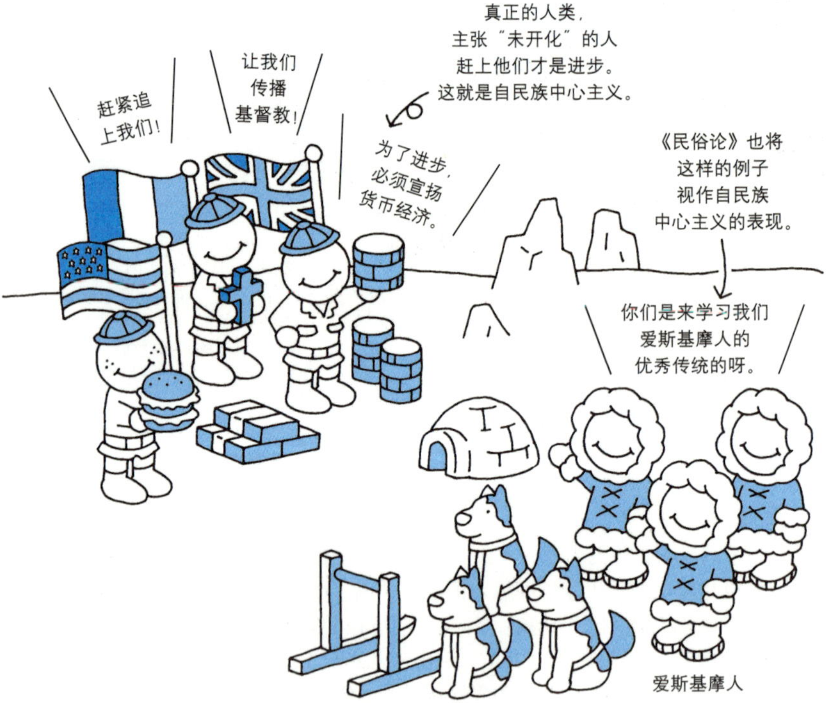

接受不被自身文化同化的他者、认可其价值观、与差异共存——这样的社会是**萨姆纳**最早建立的理想。

炫耀性消费

文　献　《有闲阶级论》

备　注　凡勃伦将非生产性时间的消费称为炫耀性休闲，而炫耀性休闲同炫耀性消费一样，也是显示有闲阶级的一种方式

现在，我们不仅消费日常必需品，还进行着追求与他人产生差异的**符号**消费。

凡勃伦是第一个关注这种**符号消费**（P244）的人。早期的**符号消费**以炫耀性消费为主流。**炫耀性消费**是指，不需要工作的贵族等有闲阶级通过消费昂贵的商品和服务来证明他们的富裕。

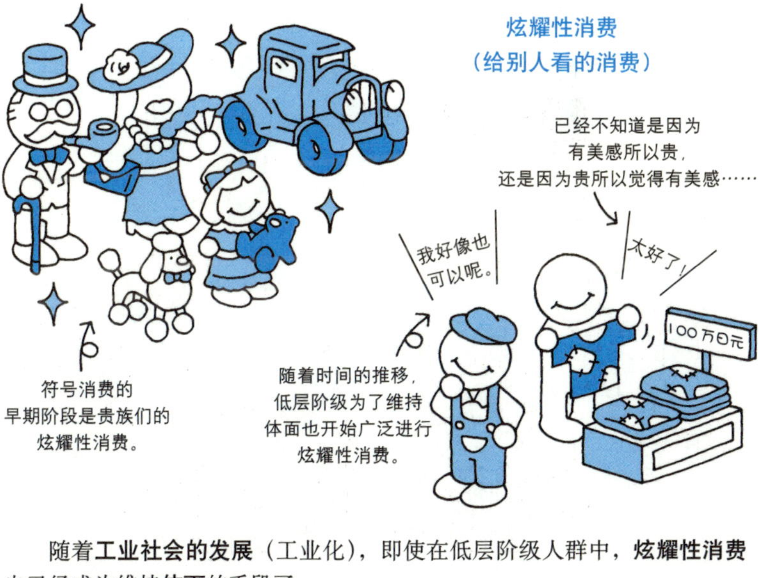

随着**工业社会的发展**（工业化），即使在低层阶级人群中，**炫耀性消费**也已经成为维持**体面**的手段了。

共同体｜社会

文 献 《共同体与社会》

备 注 不同于涂尔干（P021），滕尼斯认为现代社会的联结不是真正的结合

公共性和集体

滕尼斯将人类社会的基本存在形式进行二分，并将其分别命名为**共同体**和**社会**。基于**本质意志**联结而成的**共同体**是真正的共同生活，而基于**选择意志**联结而成的**社会**只是暂时的、表面上的共同生活。

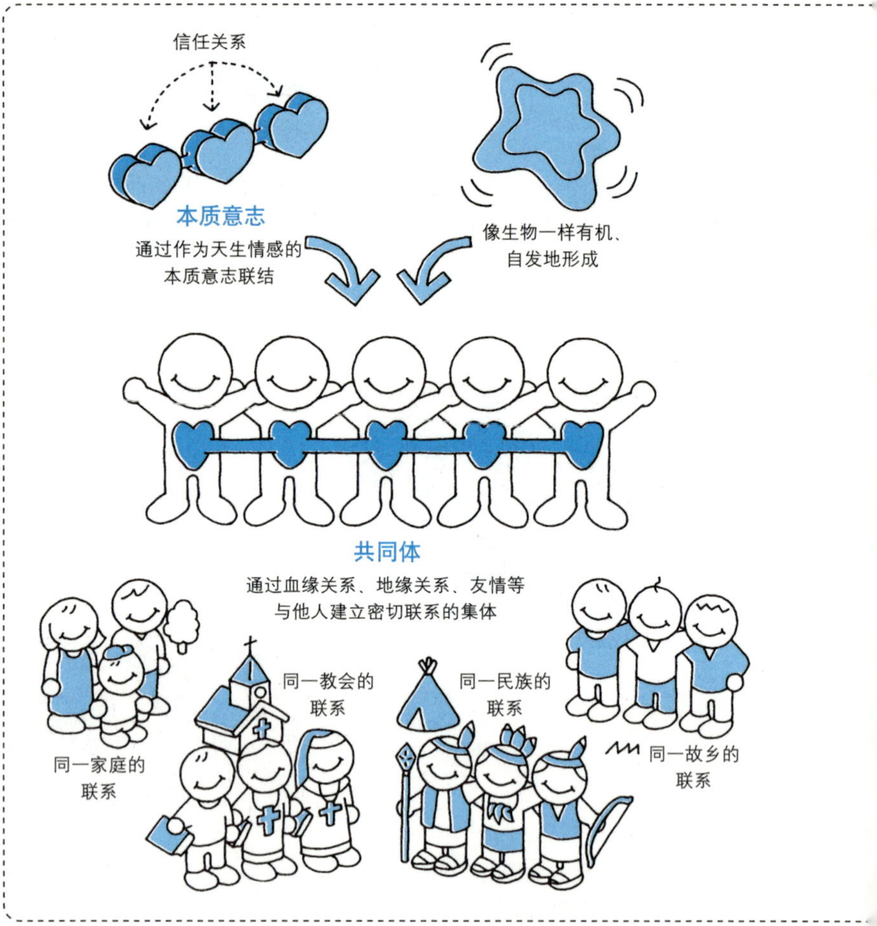

然而，他预言，随着**现代化**（资本主义化）进程，社会的存在形式将必然从**共同体**转变为**社会**。

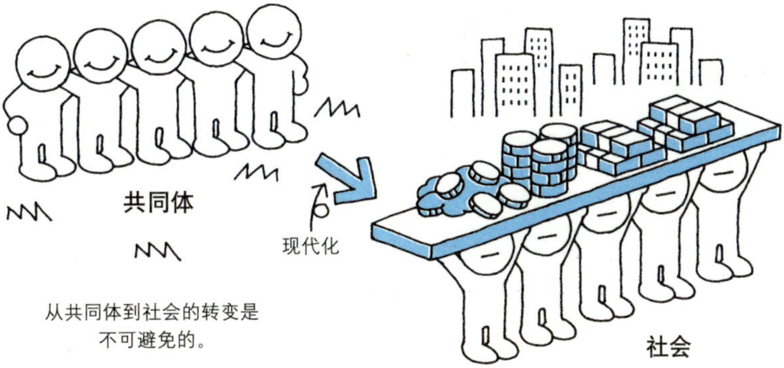

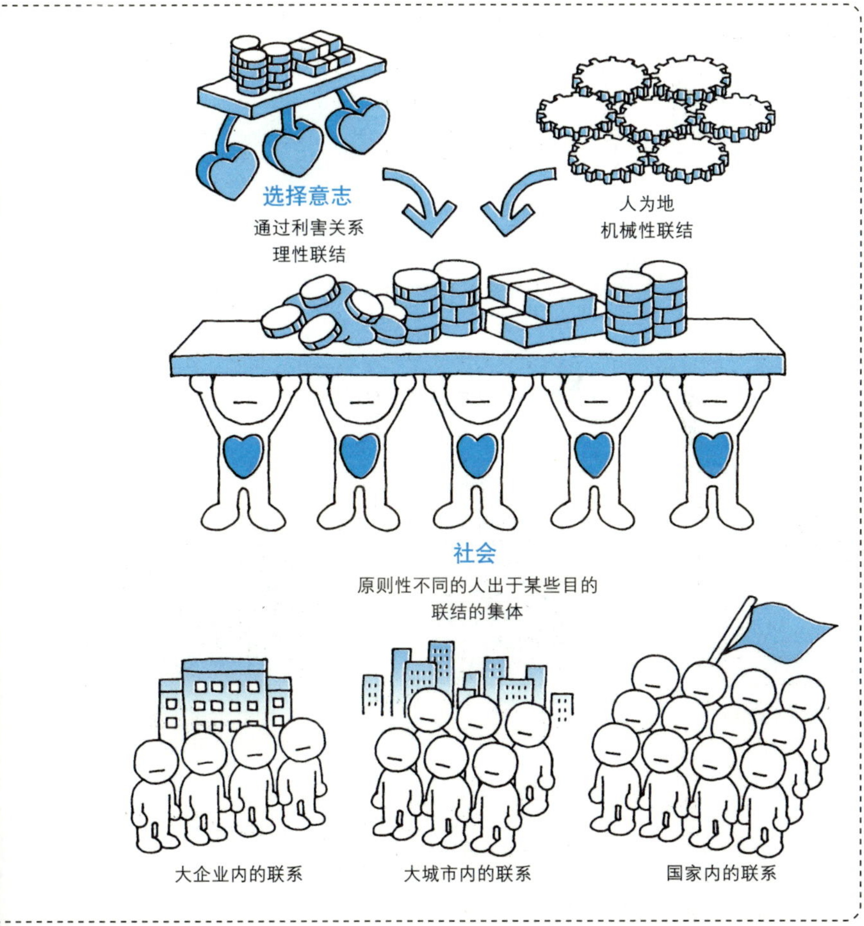

社会事实

含　义　对个人来说是外在的、有约束力的

文　献　《社会学方法的准则》

备　注　将社会事实作为社会学研究对象的社会学年鉴学派（社会学主义）包括莫斯（P024）和哈布瓦赫（P024）等人

社会理论

涂尔干认为，“**社会**”不仅存在于个人**心**（意识）中，而且像**物**一样**实际存在**。如果社会并非实际存在，**社会学**就不可能成为实证科学。

四根棍子连接可以组成正方形、
菱形等和原来完全不同的东西。
同样地，当个人与个人以某种方式连接时，
就会产生不同于个人总和的“社会”。

涂尔干认为，个人与个人的结合会形成一个超越个人总和的“社会”的**物**。并且，该社会将产生社会事实以维持自身的存续。

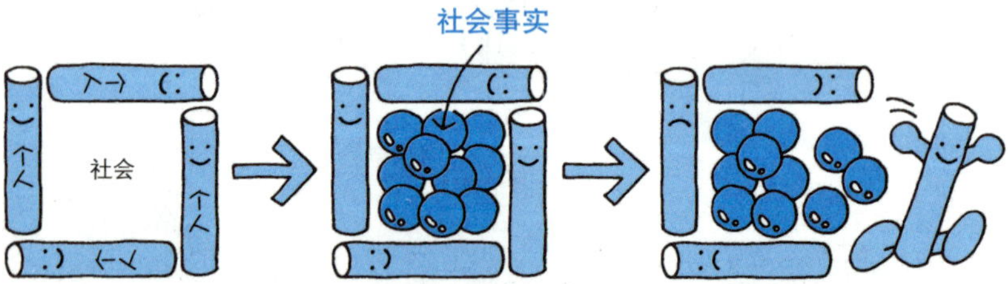

个人的结合产生
超越个人的社会。

为使社会存续，
社会事实产生。

如果不遵循社会事实，
社会将无法运作。

个人结合在一起形成社会时，
就诞生了超越个人意识的集体意识。
这种集体意识塑造了社会事实。

他所说的**社会事实**具体是指什么呢？

我们根据某些**规范**（如习俗和法律）行事。这些规范不是由个人创造的，而是在个人出生前就一直存在于社会里的，例如违法就会成为罪犯。**涂尔干**将这种存在于个人之外、具有强制力的规范称为**社会事实**。

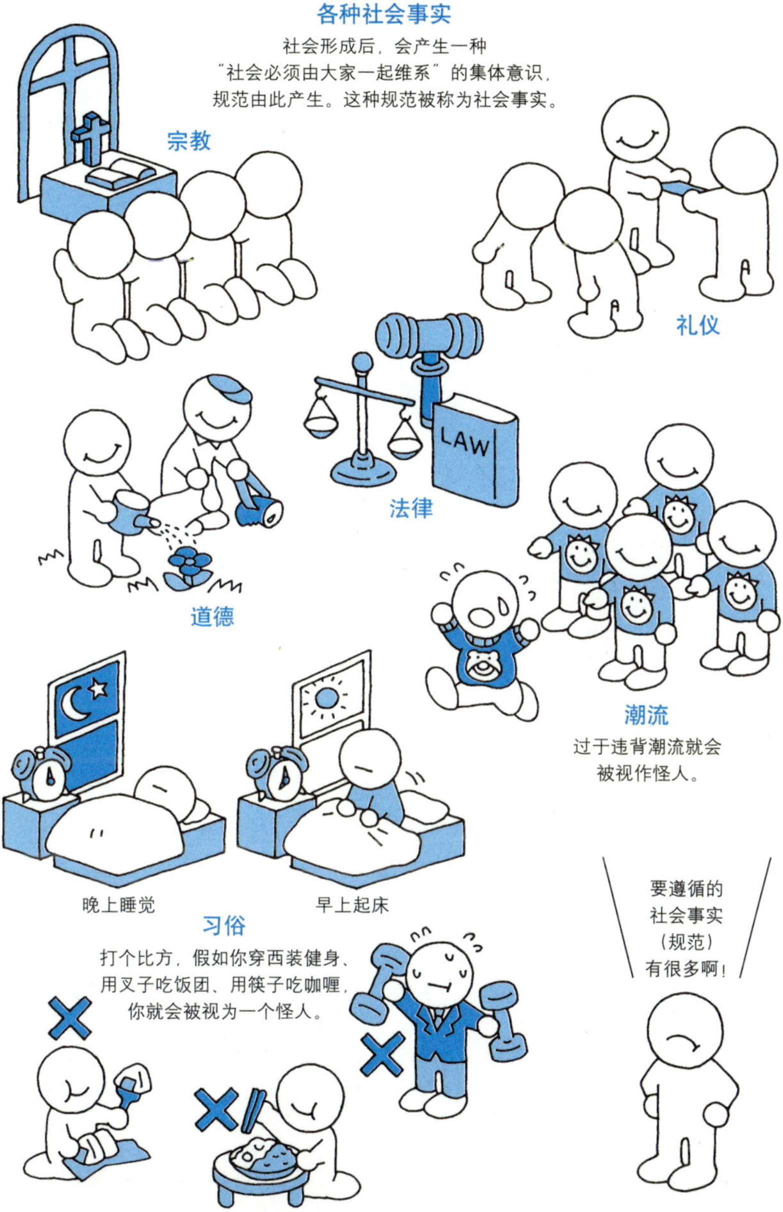

社会化

文　献　《社会学方法的准则》

备　注　涂尔干之后，伯格（P181）和卢克曼（P013）将幼儿期发生在家庭中的社会化称为**第一次社会化**，将成熟期在学校和工作场所中的社会化称为**第二次社会化**

人在和各种各样的人的接触中掌握作为**社会事实**（P052）的社会**规范**（规则），从而成为合格的社会人。这个过程被称为**社会化**。

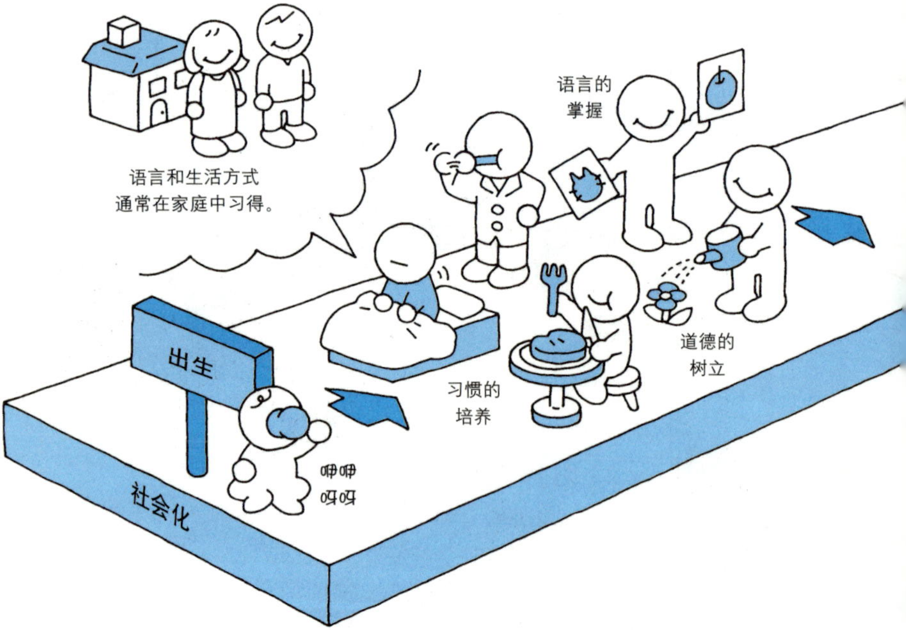

涂尔干认为，社会单方面强制人们进行**社会化**（规则的习得）。人如果不进行社会化、抵抗**社会事实**（规则），**社会**就会对其进行报复和惩罚。社会凭此机制维持稳定。

未经社会化的人会引起周围人的反感。
社会就是基于这一原理保持稳定的。

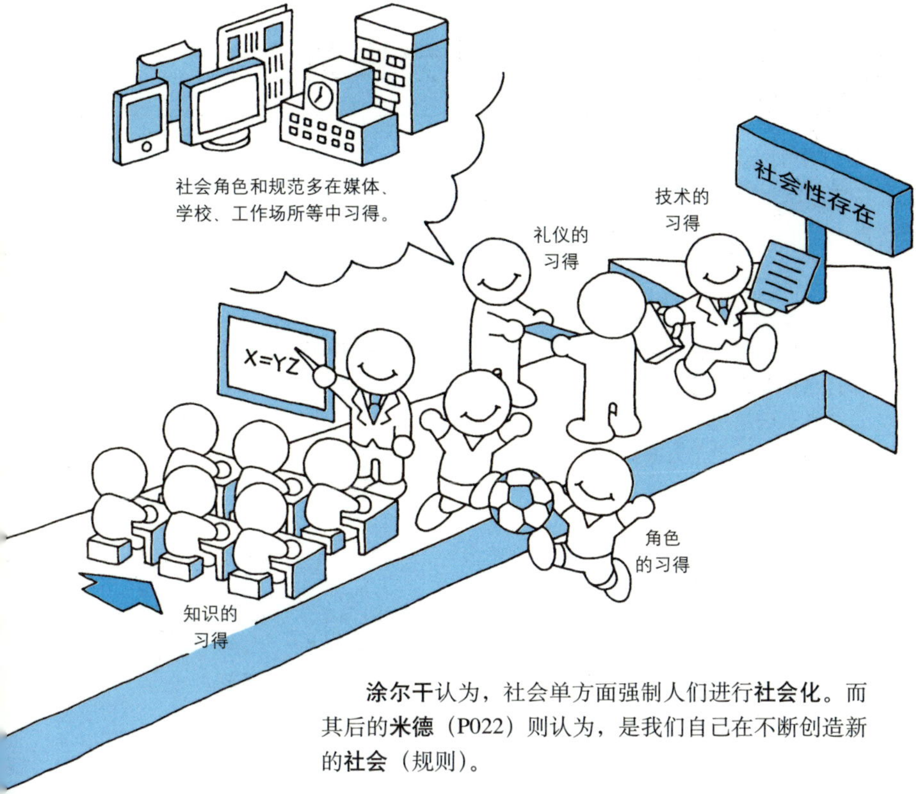

涂尔干认为，社会单方面强制人们进行**社会化**。而其后的**米德**（P022）则认为，是我们自己在不断创造新的**社会**（规则）。

涂尔干的观点

社会存在既定的普遍规范，
并且强制人们接受。

功能主义（P129）受
宏观社会学（P140）影响

米德（P022）的观点

人们在进行社会化的同时，
也在持续自行创造新的规范（社会）。
（主我和客我 P087）

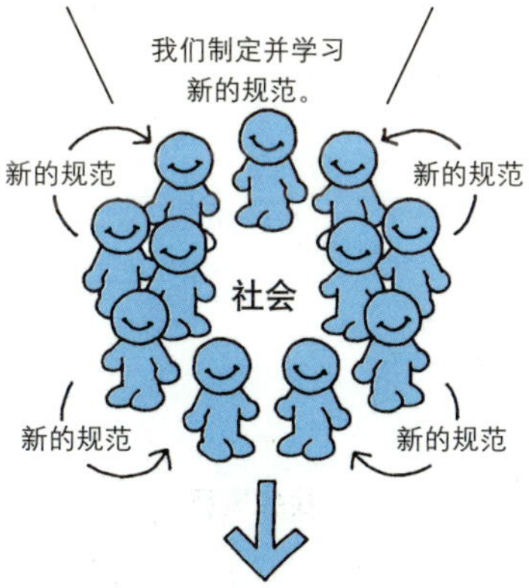

诠释学派（P141）受
微观社会学（P141）影响

社会失范

含　义　丧失规范、秩序混乱的状态

文　献　《社会分工论》《自杀论》

备　注　涂尔干将希腊语中的"anomia"（无法律状态）一词应用于社会学概念

"这个也想要，那个也想要"——这样的欲望接连产生。通常，欲望会被社会的**规范和道德**（社会事实 P052）所抑制。然而，在经济大幅衰退或急速发展的情况下，社会将陷入混乱；此前压制每个人欲望的规范和道德将停止运作，欲望将无限膨胀。此状态被称为**社会失范**。

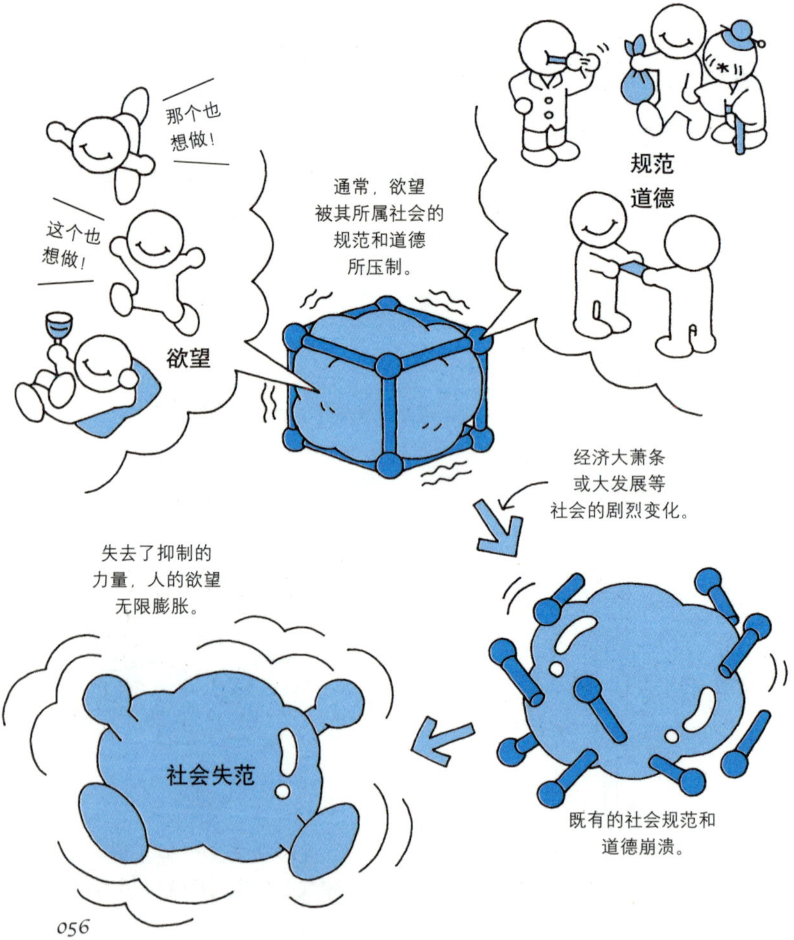

涂尔干认为，当欲望无限膨胀时，由于无法实现欲望，人就会被不满、焦躁和绝望等情绪侵袭，陷入混乱，继而进行**失范型犯罪**和**失范型自杀**(P060)。可以说社会形势急剧变化的现代就是**社会失范**的时代。

失范型犯罪与失范型自杀❶（繁荣→萧条）

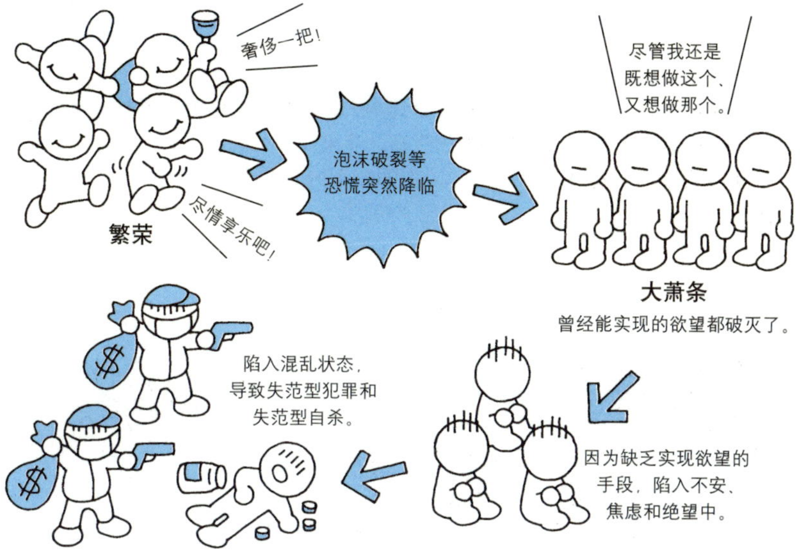

失范型犯罪与失范型自杀❷（萧条→繁荣）

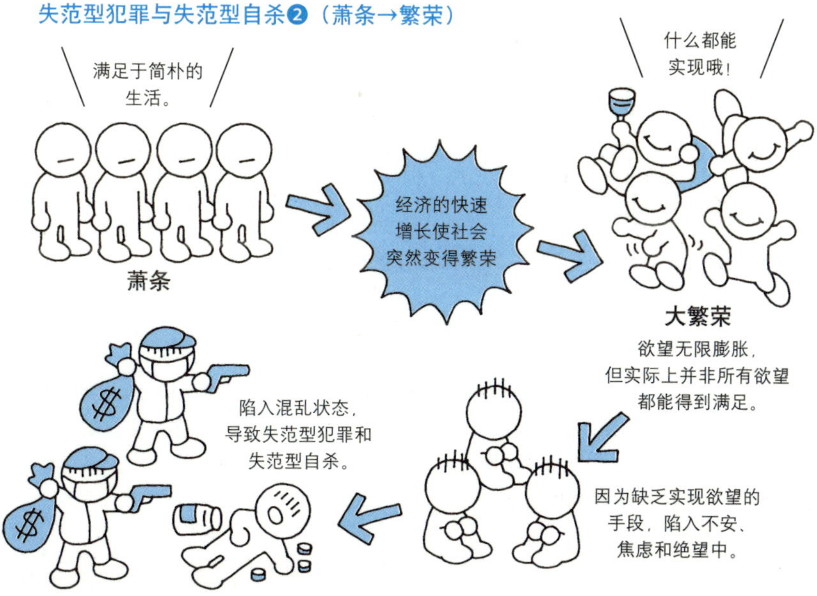

机械团结 | 有机团结

文　献　《社会分工论》

备　注　涂尔干认为人与人之间的互动是维系社会的机能，这一观点对功能主义（P129）产生了影响

公共性和集体

涂尔干认为，**分工**是**现代社会**（资本主义社会）区别于此前的社会的关键。在原始社会，人们过着相似的生活。后来随着人口的增加，社会开始复杂化。为了高效推动社会发展，人们的劳动内容变得五花八门。这就是**分工**。

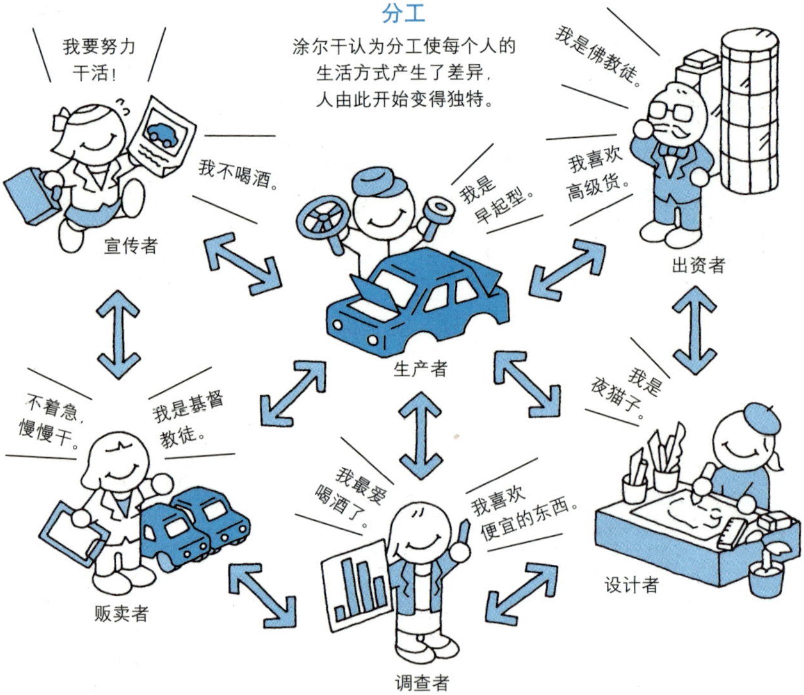

在每个人都承担不同工作的社会里，每个人都会变得独一无二。**涂尔干**认为，正是由于分工不同，人们才会彼此依赖，并产生联结感。这就是**有机团结（分化社会）**。与此相对，原始社会里的人们过着相同的生活、以这种“相同”为由产生联结的状态被称为**机械团结（环节社会）**。

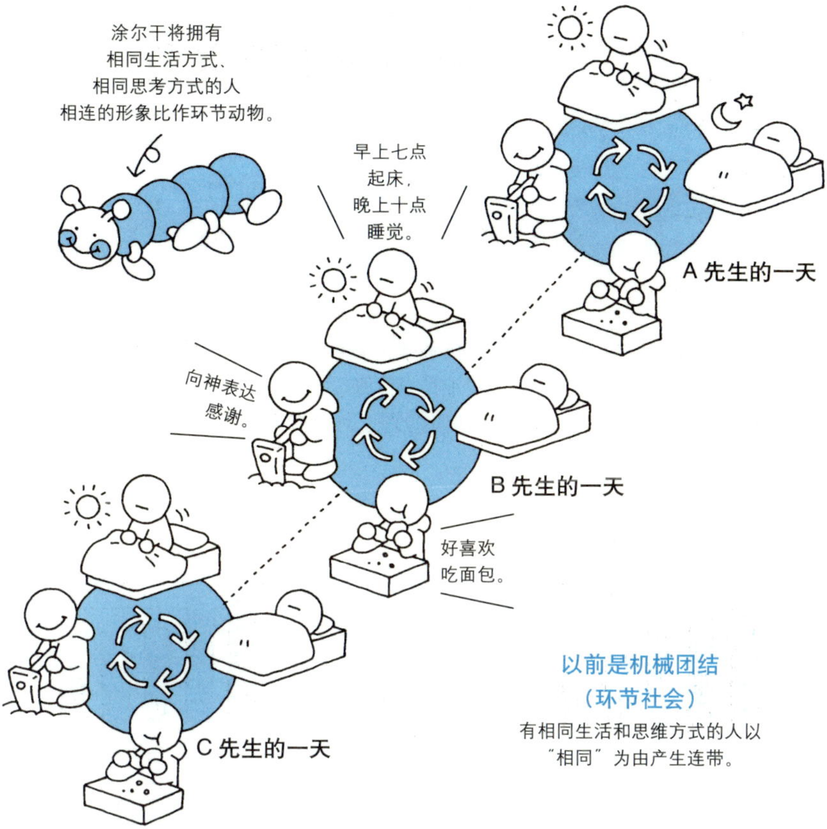

以前是机械团结
（环节社会）

有相同生活和思维方式的人以“相同”为由产生连带。

现代是有机团结
（分化社会）

从事不同工作的不同的人互相依赖、彼此联结。这样的分工维系着社会的正常运转。

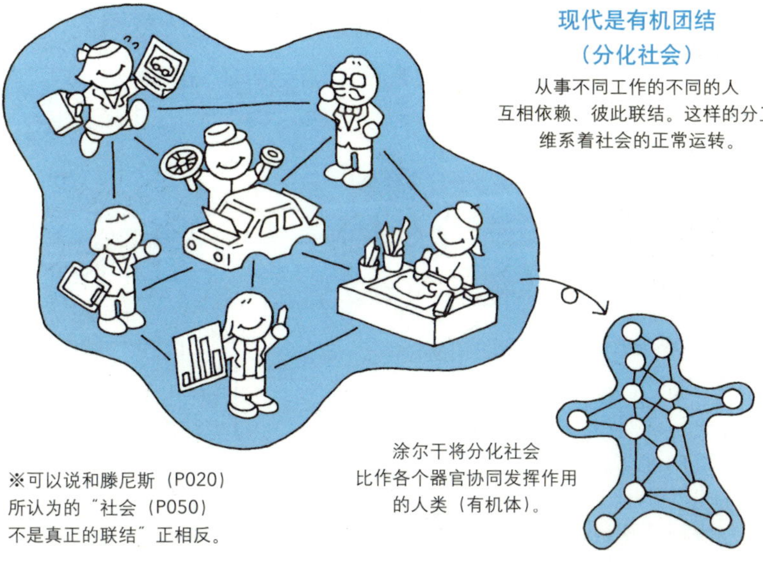

※可以说和滕尼斯（P020）所认为的“社会（P050）不是真正的联结”正相反。

自杀的四种类型

文　献《自杀论》

备　注　涂尔干将❶利己型自杀与❷利他型自杀、❸失范型自杀与❹宿命型自杀分别对立组合进行考量

社会学家**涂尔干**之所以研究**自杀**这一个人行为，是因为他认为自杀的原因存在于**社会**中。各国的自杀率排名和数值每年都没有显著变化。如果自杀是纯粹的个人行为，那么每年的数值和排名应该会有很大差异。这表示存在着某种超出个人意志的**社会**力量。

涂尔干从自杀率的统计数据中发现规律，并按照导致自杀的社会因素将自杀分为四类：**利己型自杀**、**利他型自杀**、**失范型自杀**和**宿命型自杀**（**自杀的四种类型**）。

❶利己型自杀（新的自杀类型）

群体关系薄弱的社会里的自杀

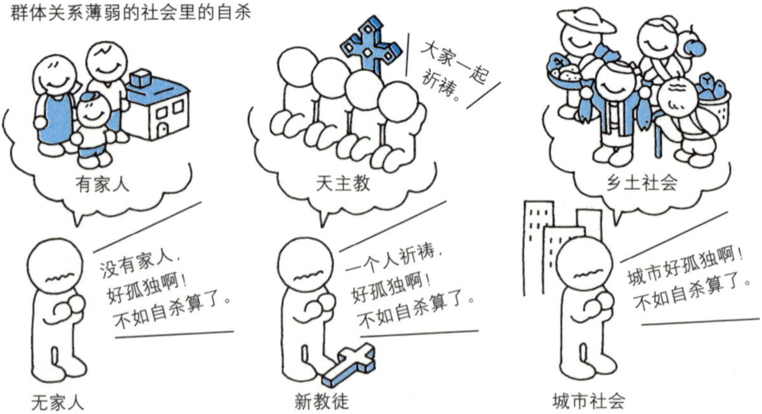

❷利他型自杀

群体关系过于紧密的社会里的自杀

❸失范型自杀（社会失范 P056）

大萧条时期陷入绝望、经济繁荣时无法控制欲望所导致的自杀

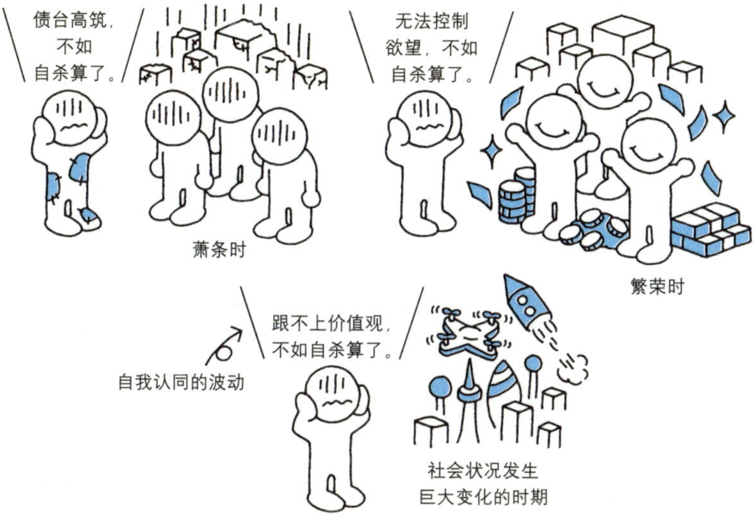

❹宿命型自杀（旧的自杀类型）

与失范型自杀相反、发生在传统和习俗等对人的约束力太强的社会里的自杀

对**涂尔干**来说，**社会**确实**存在**迫使人们自杀的力量。

社会唯实论 | 社会唯名论

备 注 社会学基本上以社会唯实论为前提，而在此基础上，社会唯名论一般认为个人优先于社会

社会理论

社会唯实论

在个人之外
存在社会这一现实。

集体主义方法论

个人聚集在
一起，形成社会
这一现实

社会唯名论

现实存在的只是
个体或个体之间的关系，
社会只是一个
便于指代的名称。

个人主义方法论

社会是个人的
集合

关系主义方法论

社会是人际关系的
集合

社会唯名论认为“社会”仅是一个为了方便而使用的名称，实际存在的是个体及个体之间的**互动**（※），**韦伯**和**齐美尔**等人均持此观点。相反，**社会唯实论**认为社会实际存在，**涂尔干**等人主张此观点。**社会唯名论**后发展为包含**诠释学派**（P141）等在内的**微观社会学**（P141），而**社会唯实论**后发展为包含**社会系统理论**（P140）和**功能主义**（P129）等在内的**宏观社会学**（P140）。

※两个或两个以上的人相互影响

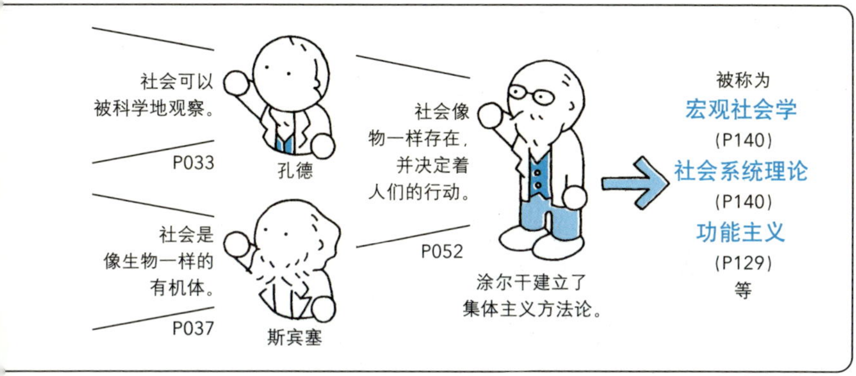

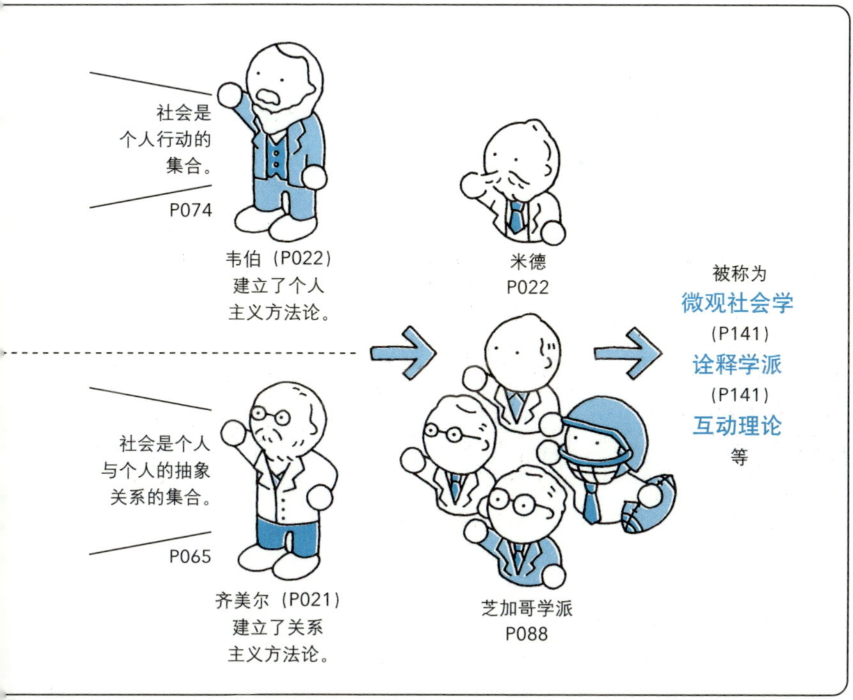

形式社会学

含　义　将人与人之间抽象互动的形式作为社会学研究对象的流派

文　献　《社会学》

备　注　形式社会学对微观社会学（P141）产生了影响

社会理论

孔德和**斯宾塞**认为，**社会学**是综合研究所有与社会有关的科学，包括经济学、法学、政治学和心理学等的一门学科（综合社会学）。但这样的话，**社会学**就会失去实体。**齐美尔**认为，**社会学**和**科学**一样，必须具备专业性。

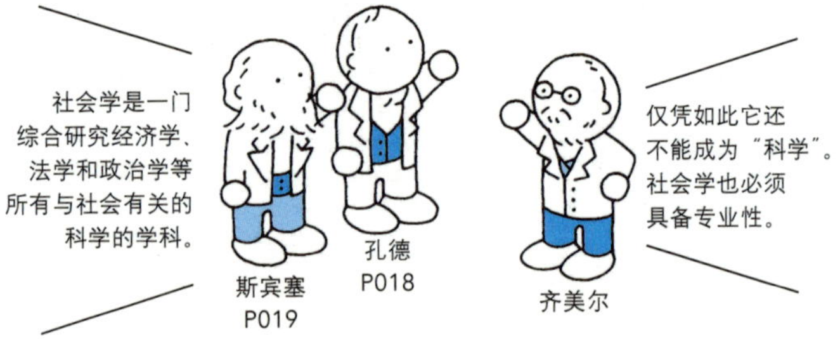

例如，在考察一个村庄时，经济学者会关注该村庄的经济结构和预算，神学者会关注村庄教义的内容。那么，社会学者应该关注什么呢？

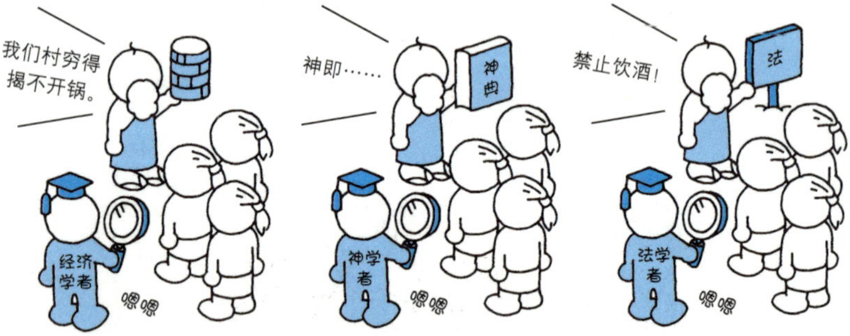

经济学者关注村庄的经济结构和预算。　　神学者关注村庄教义的内容。　　法学者关注村庄法律的内容。

齐美尔认为，**社会学**关注人际关系的**形式**。例如，应当关注村长和村民、村民和村民之间的关系是统治服从关系、信赖关系、斗争关系还是分工关系等等。

这里的关键是**形式**而非**内容**。因此，村长的主张、村民之间斗争的原因和目的，以及分工产生的影响等都不是他的研究对象。

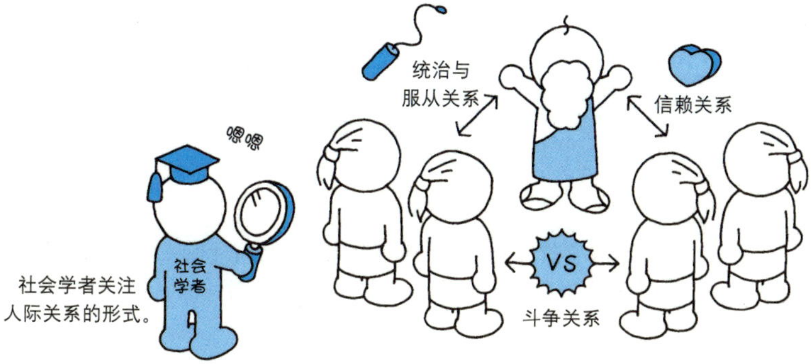

齐美尔并不像**涂尔干**（P021）所主张的那样，认为社会像物一样**实际存在**（社会事实 P052）。对于**齐美尔**来说，社会是各种**人际关系形式**（抽象互动）如信赖和斗争关系等等的集合。**齐美尔**的形式社会学的研究对象正是这些**形式**。

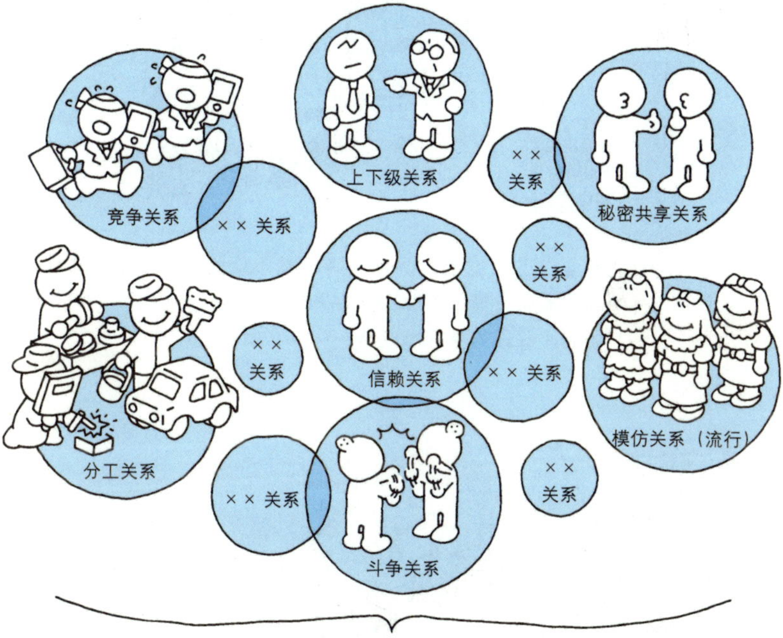

社会

上下级关系、斗争关系、模仿关系和分工关系等人际关系形式的集合，就是齐美尔所谓的社会。他认为，这些关系即使目的和内容不同，也同样会在所有社会中出现。换句话说，每个社会都有相同的机制。

价值中立

含　义　摆脱价值观的主观性
文　献　《社会科学认识和社会政策认识的"客观性"》
备　注　韦伯认为，在任何研究中都应该牢记价值中立原则

社会理论

韦伯明确将**事实**和**价值**分开，认为经济学、政治学和社会学等**社会科学**仅需承认**事实**，不应该进行善恶**评价（价值判断）**。摆脱价值观的主观性即为**价值中立**。

韦伯将事实与价值明确分开，认为社会科学应该研究事实。

另一方面，**社会政策（政治）**的作用则是基于价值标准设定并实现目标。此时，社会科学家通过提出实现目标的手段、计算成本并客观阐释目标对社会的影响，为制定**社会政策**做出贡献。

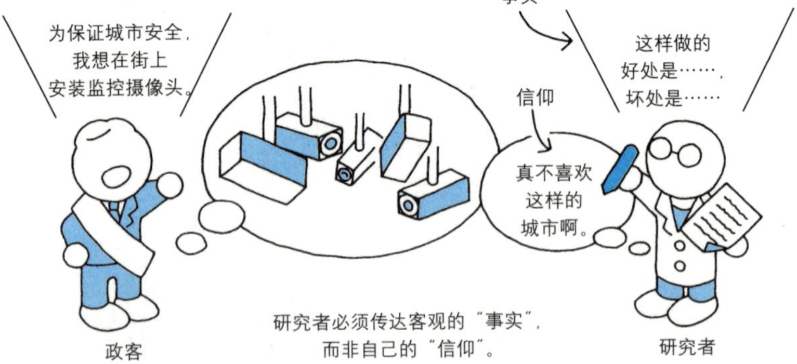

研究者必须传达客观的"事实"，而非自己的"信仰"。

研究者不应该只提供与自己价值观相符的信息。虽说如此，谁都不可避免地会被个人价值观左右。而**价值中立**给我们的警示正是：个人不免持有特定的价值观，如果对此不自知，就无法冷静地判断事实。即使不是研究者，人们也能感受到保持**价值中立**态度的重要性。

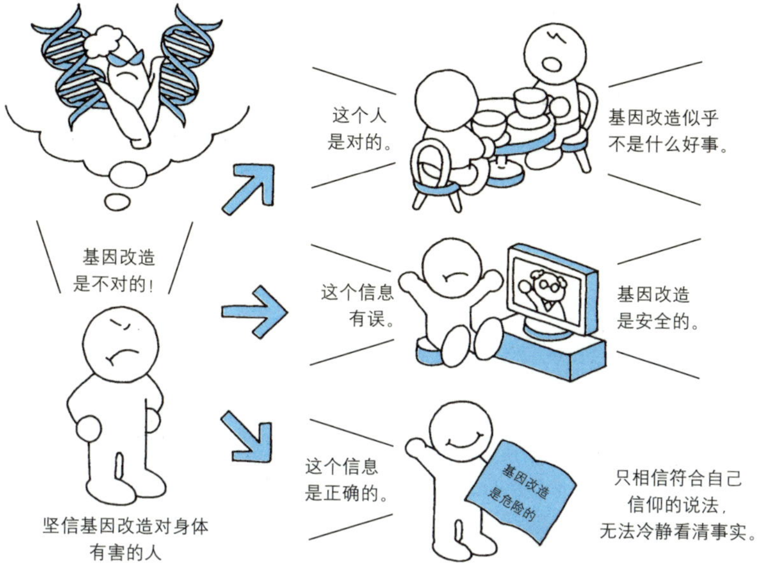

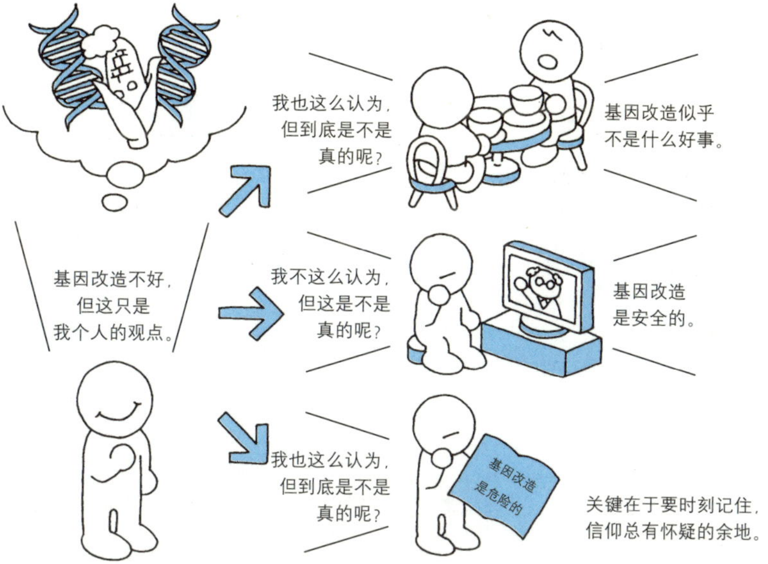

理想类型

含　义　通过特定的视角，从真实现象中提取本质特征而创建的逻辑模型

备　注　科层制（P078）、世俗化（P072）和支配的三种类型（P080）等韦伯的学说也是理想类型

例如，**货币经济**的主要原则是货币和商品的交换。然而在实践中有许多例外，如赠予和盗窃。但是，如果考虑所有情况，就很难把握**货币经济**的本质特征。因此，如果只提取**货币经济**的**原理原则**，就形成了**货币经济**的**理想类型**。

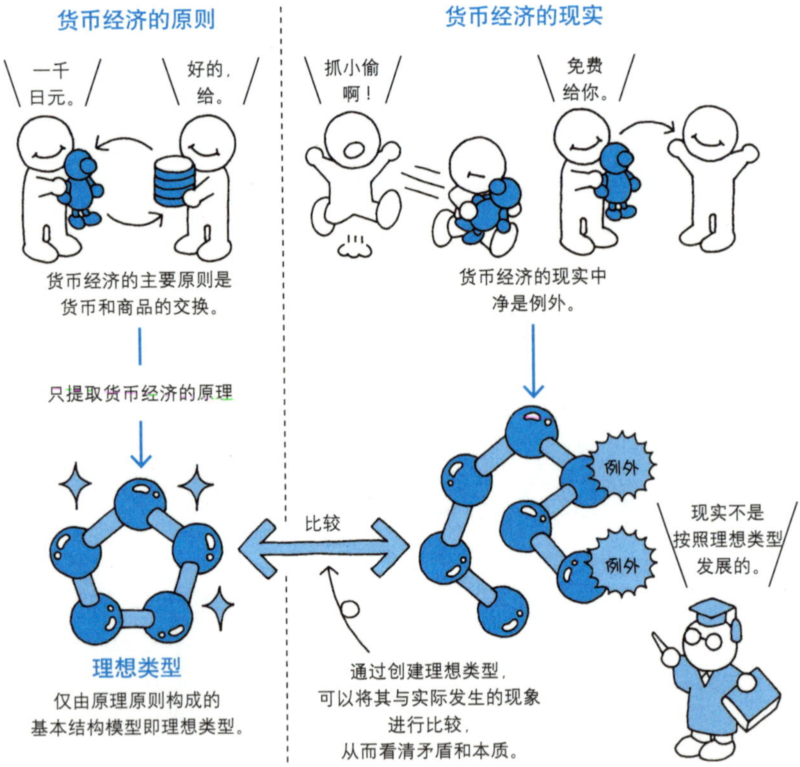

理想类型是在头脑中创造的思想模型，所以在现实中并不存在。然而，**韦伯**认为，如果创建一个**理想类型**的模型，就能参照它看清现实中发生的现象的本质和矛盾。

理性化

文　献 《新教伦理与资本主义精神》

备　注 韦伯指出，新教伦理的信仰和理性化非但不冲突，反而很接近，都是资本主义的基石

社会理论

随着科学的发展，人们可以客观地看待自然，共享**理性**的世界观。这就是**理性化**。随着**理性化**的发展，人们不再依赖神佛等超自然力量。这样一来，原本在生活中被当作“事实”的宗教就仅存在于个人意识中了**（祛魅）**。**韦伯**认为，**现代化**其实就是**理性化（祛魅）**。

新教

文　献　《新教伦理与资本主义精神》
备　注　新教具有禁欲性质，反而契合了资本主义精神——韦伯通过这一悖论解释了资本主义的产生

文化和消费社会

各个国家的人应该都想赚钱。那么，为什么**资本主义**制度只诞生在了现代西方社会呢？**韦伯**认为，**新教**的禁欲**精神状态**（伦理精神 P073）造就了**资本主义**。**新教**是一种基督教思想，其基础是**加尔文宗教改革**产生的**先定论**。

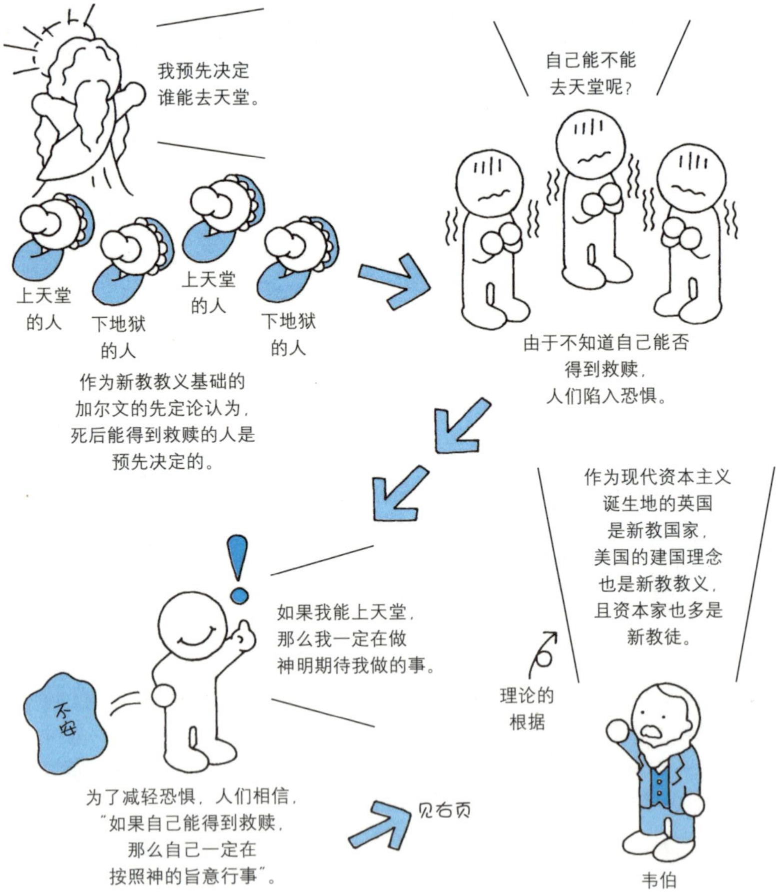

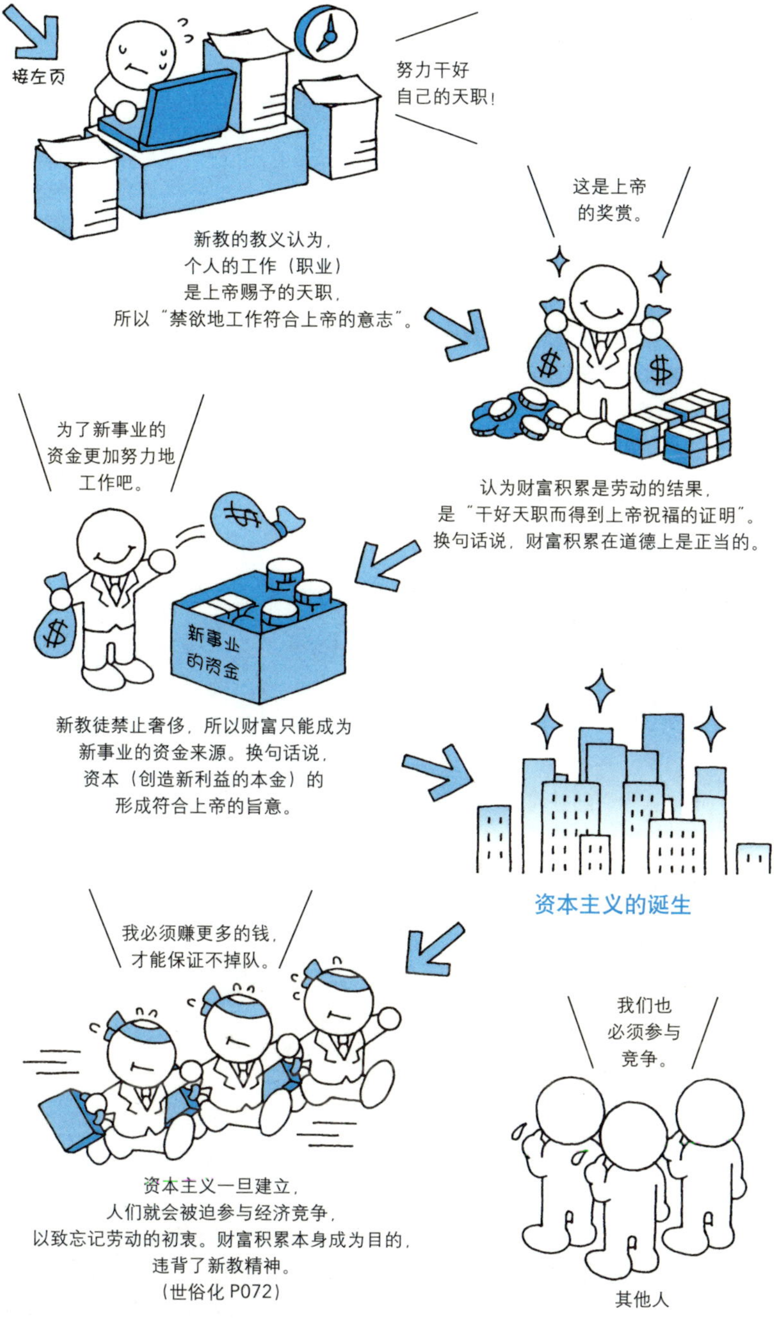

韦伯阐明了**新教**禁欲态度和现代**资本主义**关联紧密这一悖论。

世俗化

含　义　在原本基于信仰建立的生活方式里，信仰的痕迹逐渐消退

文　献　《新教伦理与资本主义精神》

备　注　其反义词是神圣化

所谓的**世俗化**就是指宗教性在基于信仰的日常生活里逐渐弱化。虽然**资本主义**诞生于**新教**（P070），但随着**世俗化**的发展，其对财富的追求也越来越目的化，宗教性越来越弱。

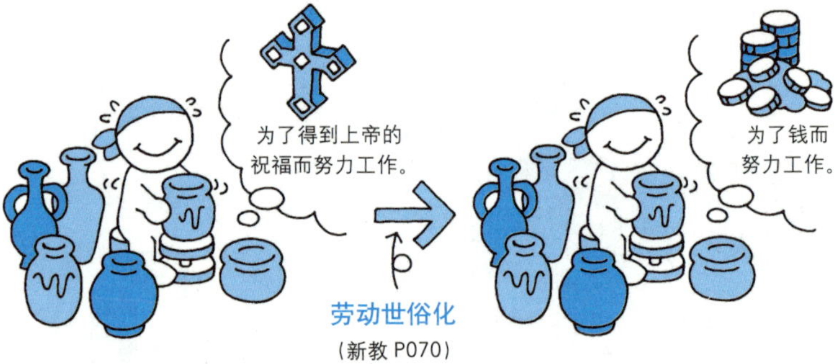

韦伯认为，随着现代化的进程，历史在方方面面都向着**世俗化**发展。

伦理精神

含　义　基于教义内容的人的主体性情感和习惯，而非教义内容本身

文　献　《音乐社会学》《新教伦理与资本主义精神》

韦伯称基于宗教**教义**（所传授内容）的人的主体**习惯**和**精神状态**为伦理精神。**韦伯**关注的不是教义的内容，而是**伦理精神**所塑造的人们的**行动**。由此，他得出了**新教**（P070）禁欲的**伦理精神**催生了**资本主义**这一结论。

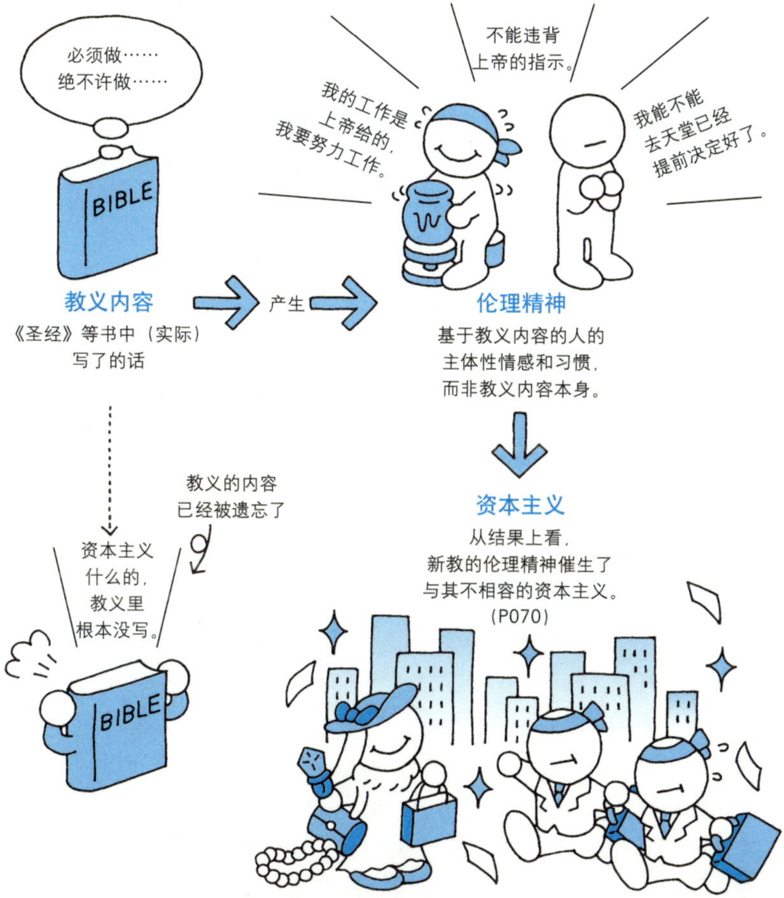

社会行动

含　义　在与他人的互动中发生的行动

文　献　《社会学的基本概念》

备　注　韦伯认为，人类行动是由非理性行动向理性行动发展的

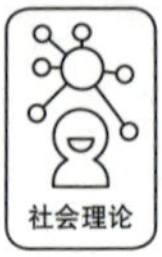

韦伯的社会学关注人类的**行动**。因为他认为，社会就是人类行动的集合。**韦伯**将以人类与他人的**互动关系**为前提的**社会行动**作为自己的研究对象。

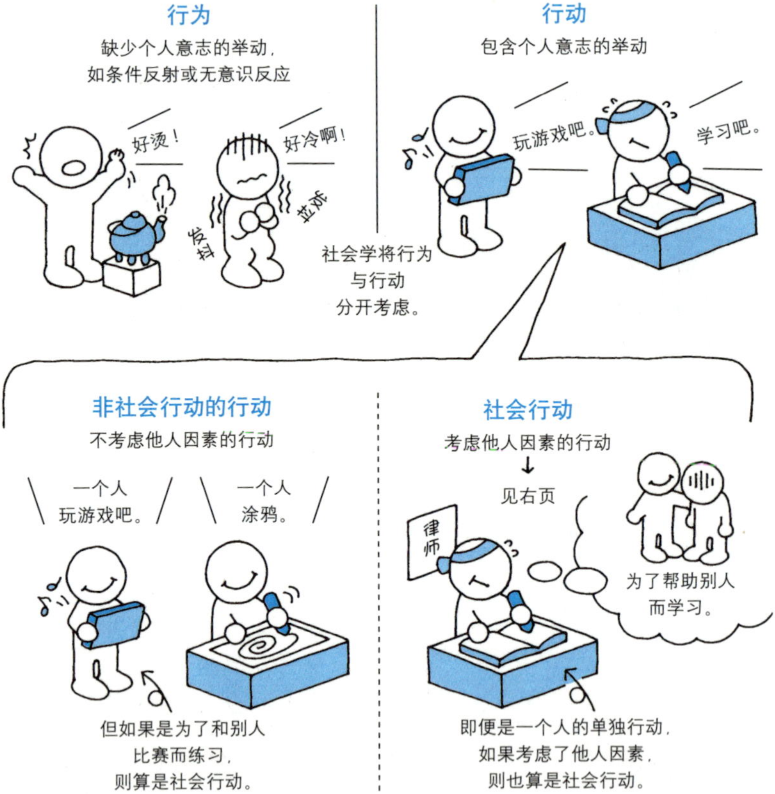

不向任何人公开的行动与**社会行动**存在极大差异。**韦伯**试图通过理解**社会行动**背后的个人动机和**意义**，分析社会事件的起因。这种方法被称为**理解社会学**。

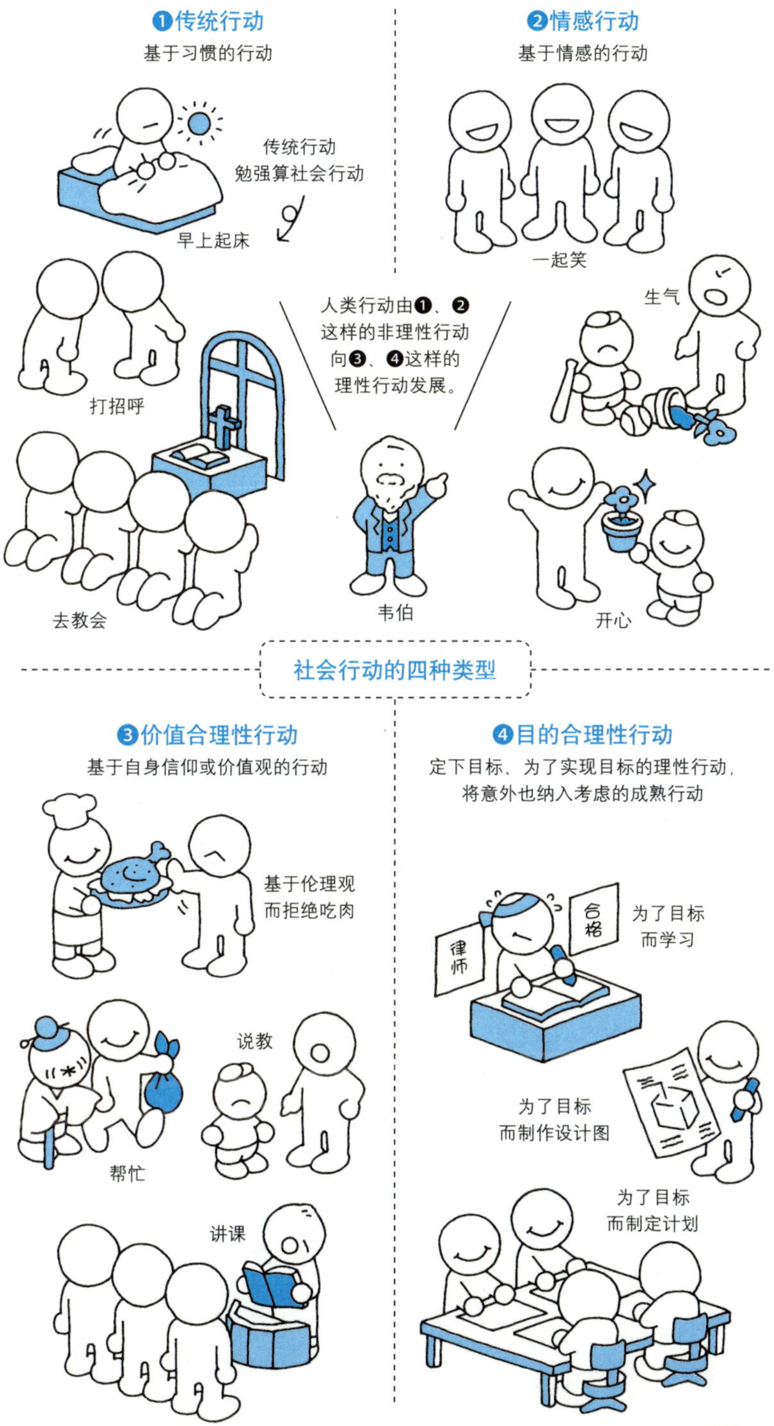
社会行动的四种类型
❶传统行动
基于习惯的行动
传统行动
勉强算社会行动
早上起床
打招呼
去教会
❷情感行动
基于情感的行动
一起笑
生气
开心
人类行动由❶、❷
这样的非理性行动
向❸、❹这样的
理性行动发展。
韦伯
❸价值合理性行动
基于自身信仰或价值观的行动
基于伦理观
而拒绝吃肉
帮忙
说教
讲课
❹目的合理性行动
定下目标、为了实现目标的理性行动，
将意外也纳入考虑的成熟行动
律师
合格
为了目标
而学习
为了目标
而制作设计图
为了目标
而制定计划

对暴力的垄断

文　献　《政治作为一种志业》

备　注　韦伯在《经济与社会》中重申：国家是一个人类共同体，它在特定地域之内（成功地）宣布了对合法的物理性强制力（暴力）的垄断

拥有**权力**意味着可以让他人顺从于自己的意志。拥有**权力**的一方就拥有强制力。强制力包括**科层制**（P078）等制度性强制力，以及**暴力（武力）**等物理性强制力。在**现代国家**，物理性强制力由**国家**（军队、警察）垄断。**韦伯**认为，这种**对暴力的垄断**是**国家**成立的条件。

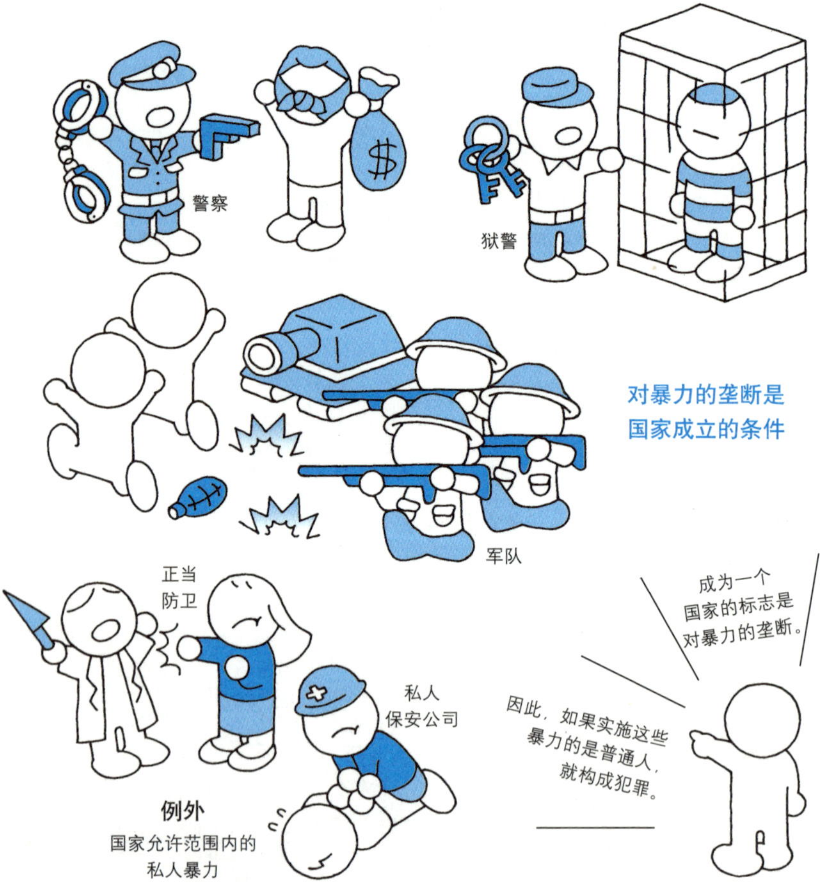

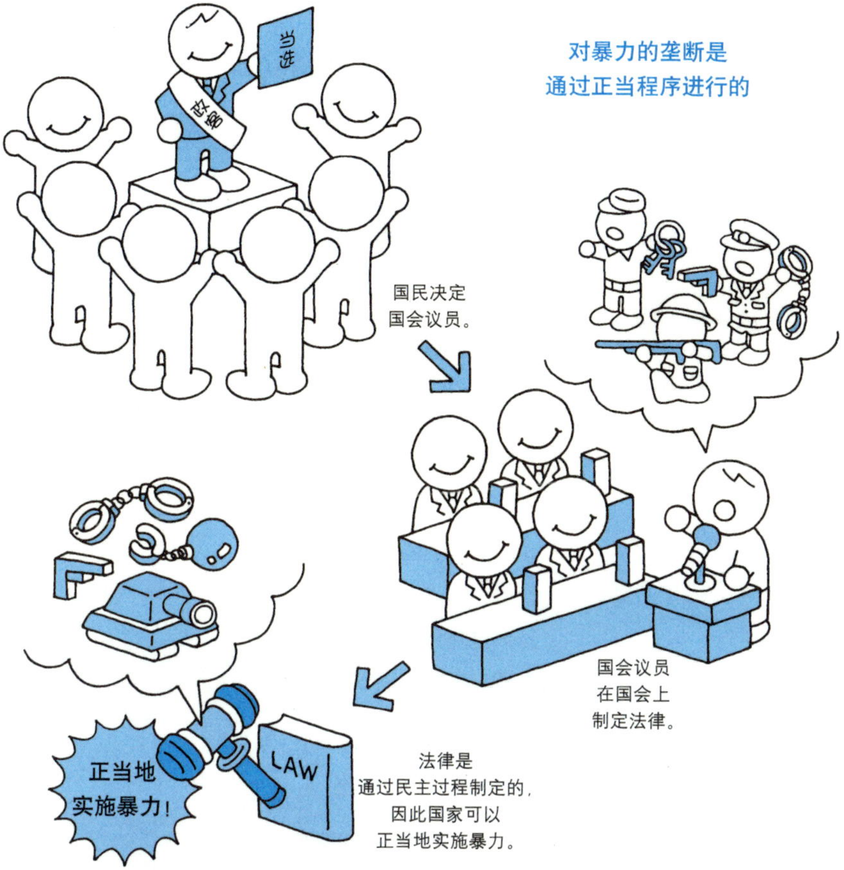

韦伯强调，**对暴力的垄断**必须通过正当程序进行。此外，这种制度也被称为**暴力工具**。

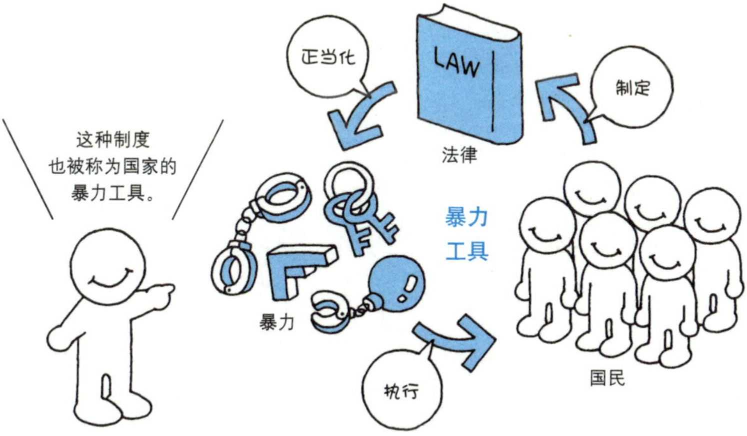

科层制

文　献《支配社会学》

备　注　这里所说的科层制是指“随着社会群体的复杂化而产生的理性、高效的组织的存在形式”，并不局限于公共机构

韦伯认为，随着人口增加，**群体**（社会）规模越来越大，构成越来越复杂，**科层制**随之出现。**科层制**的特征是：基于理性规则运转、通过文书处理事务、对受过专业培训的工作人员进行分工。所有现代团体，如政府机关、学校和公司等都是以**科层制**为基础的。

科层制的特征

其一

根据理性规则开展业务。

其二

自上而下传达命令，
职位越高责任越重，
拥有层级体制。

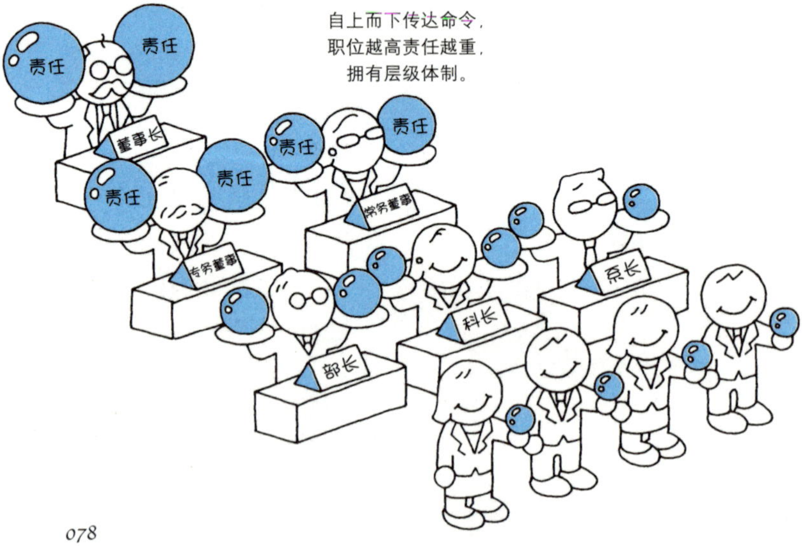

其三

以文书这种客观方式
而非口头方式处理工作。

其四

履行职责时
公私分明。

其五

给具有专业知识或技能的
人员分配相应的工作。

科层制具有当今社会不可或缺的理性和高效性。然而，也正由于它的这种性质，个人丧失了其作为人的存在感（**人的异化**）。此外，**韦伯**也曾预言**官僚主义**的存在，即强调遵守规则而非实现目标。

科层制的问题

人的异化

变得只重视理性和效率，
个人成为组织的齿轮。

规则万能主义

责任逃避

权威主义

支配的三种类型

文　献　《支配社会学》

备　注　韦伯认为，随着人的社会行动（P074）从非理性向理性进化，支配方式也从非理性向理性进化

一个**群体**（社会）中通常存在**支配**和**服从**的关系。支配是指“使一定范围的人服从某一命令的可能性”。为了实现支配，需要使得服从者服从支配者的理由。**韦伯**将该理由分为**传统型支配**、**魅力型支配**和**法理型支配**三类（**支配的三种类型**），并考察**支配关系**是如何产生的。

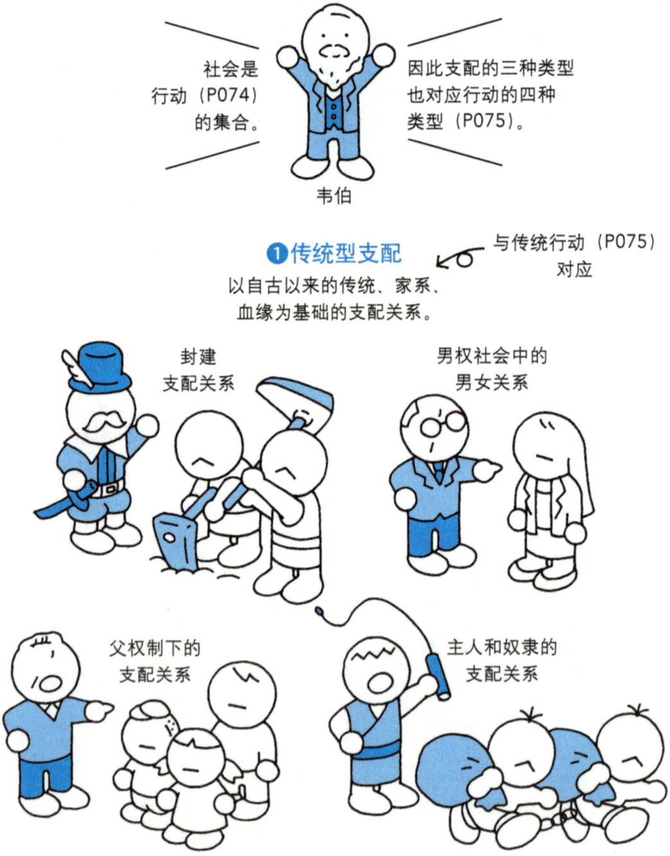

❷魅力型支配

与情感行动（P075）对应

因自愿服从先知、巫师和英雄等人的超人类特质而形成的支配关系。

※ 某些人物所具有的非凡能力和特质被称为**魅力**

与价值合理性行动、目的合理性行动（P075）对应

❸法理型支配

基于法律等规则的支配。
可以说是对规则的服从。

现代社会是建立在**科层制**（P078）原理的基础上的。**法理型支配**的典型就是**科层制**。**韦伯**认为，通过探讨**法理型支配**的**原理类型**（理想类型P068），可以审视**科层制**的问题，如**规则万能主义、权威主义**和**责任回避**。

礼物理论

文　献《礼物》

备　注　莫斯的礼物理论认为，赠与和还礼是社会的根本原理，这对包括列维－斯特劳斯（P121）的结构主义（P159）在内的法国人文学科产生了深远影响

公共性和集体

赠与不仅仅是单方面赠送**礼物**的行为。赠与物包含“灵”和“心意（人格)”，而接受方则受**还礼**义务的心理性约束。换句话说，无论在什么样的经济原理下，**赠与**行为都会自动产生**还礼**行为。**礼物**产生了超越物品本身的意义，从而影响着我们的社会。

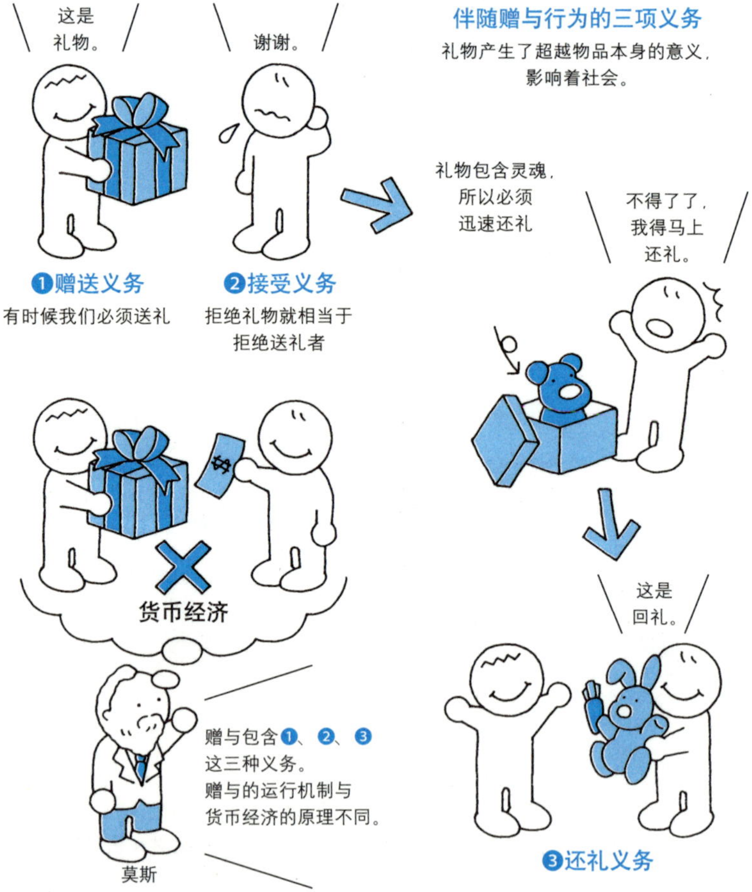

莫斯认为**赠与**并不只是个人行为。他通过对波利尼西亚社会的调查，研究了**赠与**所产生的人际关系，并由此发现**赠与和还礼的交换**行为在社会存续中扮演着重要的角色。

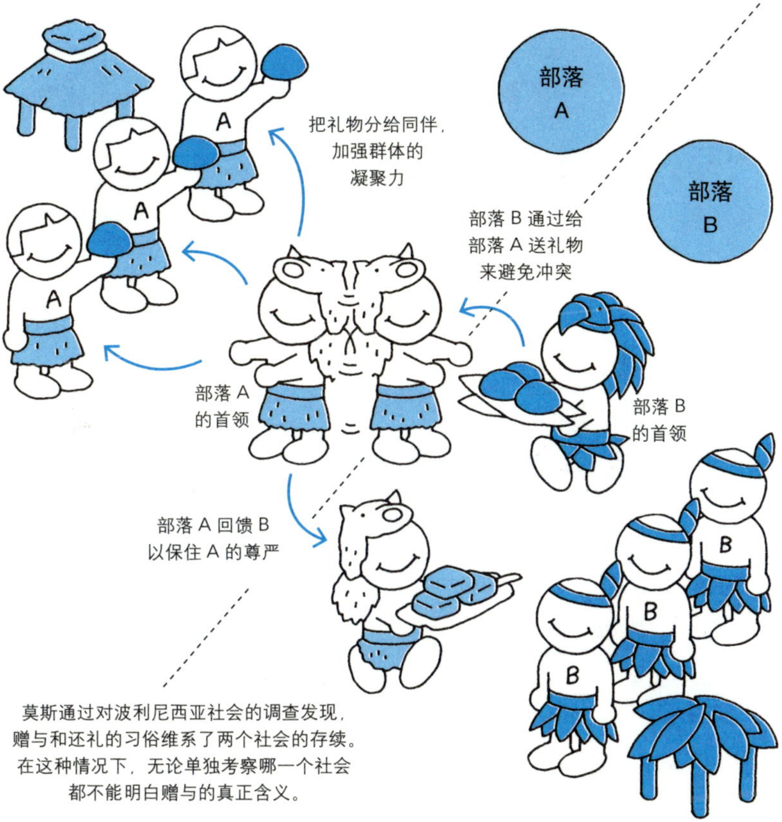

莫斯通过对波利尼西亚社会的调查发现，
赠与和还礼的习俗维系了两个社会的存续。
在这种情况下，无论单独考察哪一个社会
都不能明白赠与的真正含义。

最后，**莫斯**得出的结论是，构成人类社会的要素是**赠与和还礼的交换**行为（**礼物理论**）。

身体技术

含　义 不同社会中人们使用他们身体的方式

文　献 《社会学与人类学》

备　注 除了列维－斯特劳斯的结构主义（P159）外，这一理论还影响了布尔迪厄的惯习理论（P216）

社会理论

莫斯认为，步行和进餐等日常**举止**也并非所有人共通，而是在个人所属文化圈中培养出来的。日常举止反映了它们所属社会的特征。

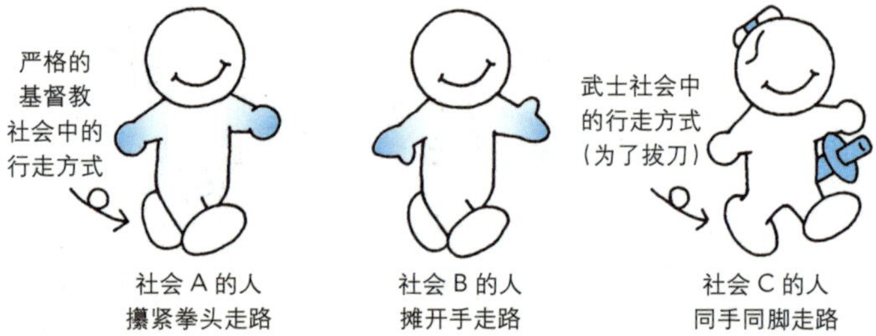

人在自身所处的社会里逐渐学会如何使用自己的**身体**，并使之成为对自己来说“理所当然”的举止。换句话说，我们的**身体技术**是由社会外部无意识地塑造的。这种想法极大地影响了**结构主义**（P159），后者认为人类的行为是由人类所属社会而非人类自己决定的。

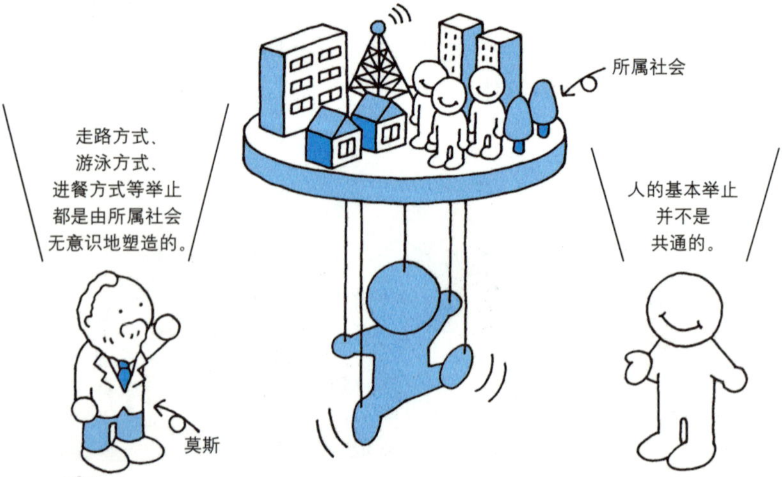

镜中我

含　义　在与他人的社会关系中，自我得以形成

文　献　《人类本性与社会秩序》

备　注　持这种观点的库利是一个社会唯实论（P063）者

“我是这样的人”这样的**自我**意识不是从出生起就拥有的。人观察、想象别人对自己的看法，从而形成**自我**。

出生时并没有自我

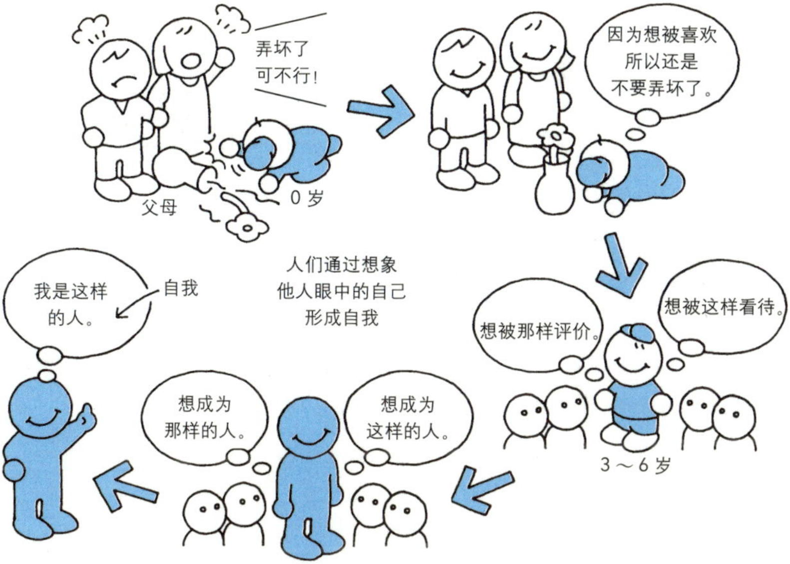

人不能直接看到自己的外表，只能在镜子里看到。同样地，人通过他人反应这面“镜子”才能了解到自己的社会形象。**库利**称这为**镜中我**。**自我**不是由自己创造的，而是由**社会**（他人）创造的。

主我和客我

含　义　社会自我是客我，主体自我是主我

文　献　《心灵、自我与社会》

备　注　米德从主我和客我两方面解释自我，主我的存在的提出对后来的诠释学派（P141）产生了重大影响

我们根据他人的期待，找到自己的**角色**并行动。这样一来，我们就成了**社会性存在**。**米德**认为，我们正是从孩童时代起通过**游戏**（比赛）**规则**开始学习角色承担（**获得**）的（角色获得）。

然而，并不是所有人的期待都完全相同。因此，在和不同人的关系中，我们是基于对泛化的他人而非特定对象的期待的想象而采取行动的（社会化 P054）。

米德将通过**泛化的他人获得角色**的**社会自我**和**客观自我**称为**客我（me）**。这和**库利**（P023）所主张的**镜中我**（P085）异曲同工。但**米德**认为，**自我**中还存在一个抵抗、改善**客我**的**主我（I）**。正是这个**主我**体现了人的**主体性**，是**改造**社会的力量（**主我和客我**）。

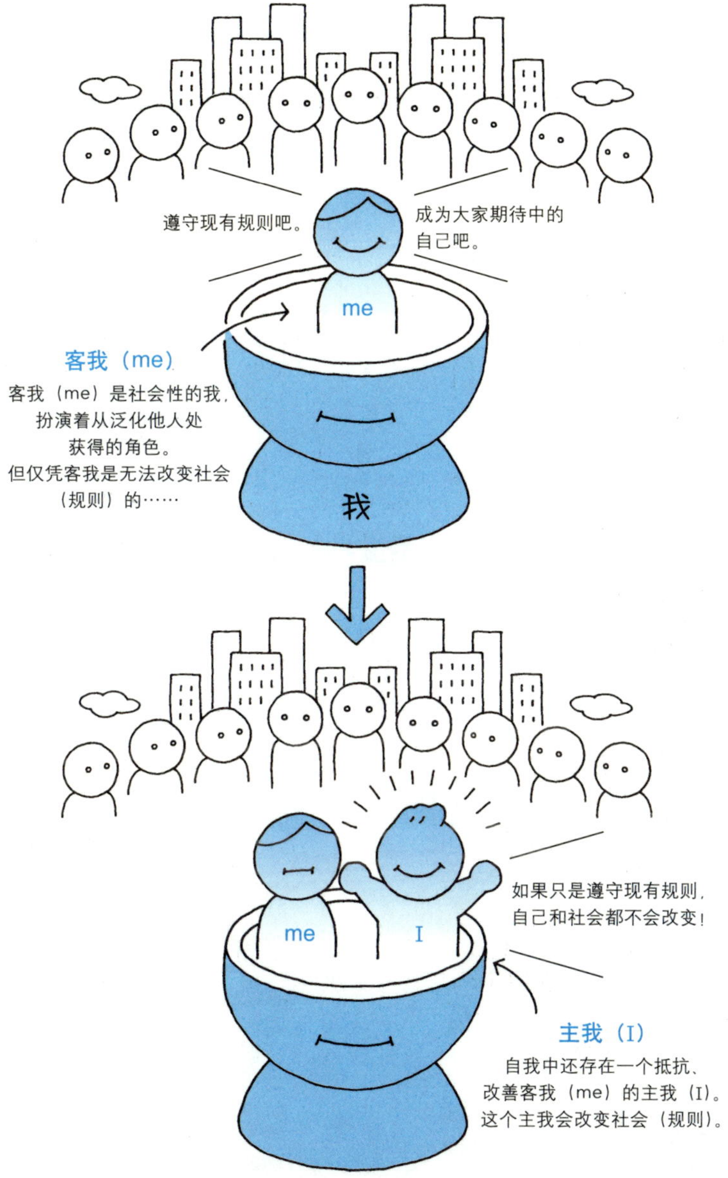

城市

文　献《作为一种生活方式的城市主义》
备　注　**城市社会学**是一门从城市生活的实际情况以及城市的功能和结构来把握社会的学科（实证性城市社会学始于沃斯所属的**芝加哥学派**）

空间和城市

城市是**现代社会**（资本主义社会）的特征最明显的地方。**沃斯**所在的**芝加哥**就是这样的地方。他通过实地观察芝加哥人的生活方式和采访等手段，实证地研究城市，进而理解现代社会。

沃斯将**城市**定义为**人口数量多、密度高**且**异质性强**的地方。该定义明确了**农村**与**城市**之间的区别，成为分析**城市（现代社会）**生活的重要线索。

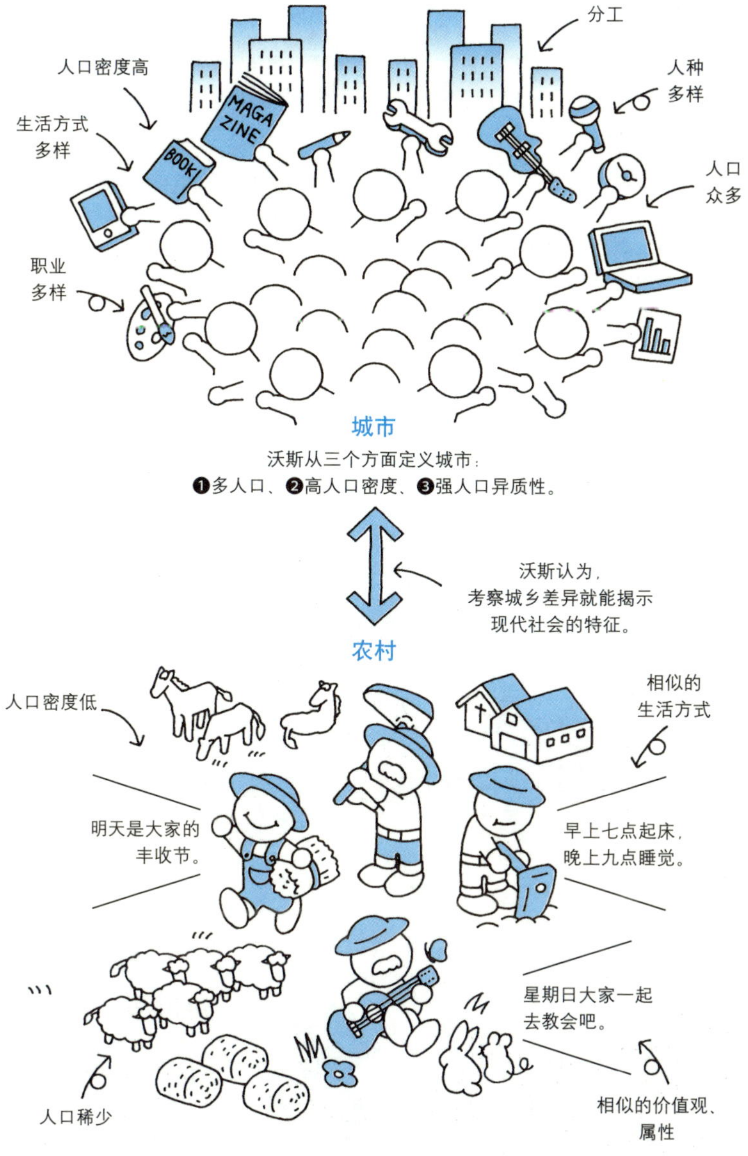

然而，如果现在仍单纯将**城市**与**农村**二元对立地看待，就不再是一种有效的研究方式了。

城市主义

文　献《作为一种生活方式的城市主义》

备　注　该理论框架的产生除了受米德的角色获得（P086）影响，还受滕尼斯的共同体 / 社会（P050）和涂尔干的机械团结 / 有机团结（P058）等理论影响

沃斯将城市特有的生活方式称为**城市主义（城市的生活模式）**。在城市中，亲密无间的人际关系削弱，**人与人之间的表面关系（间接接触）**加强。**沃斯**认为，当表面关系占上风时，人们虽然可以摆脱亲密关系的束缚，但家庭纽带也被随之削弱，导致**社会失范**（P056）**（社会解体论）**。因此，他强调城市规划的重要性。

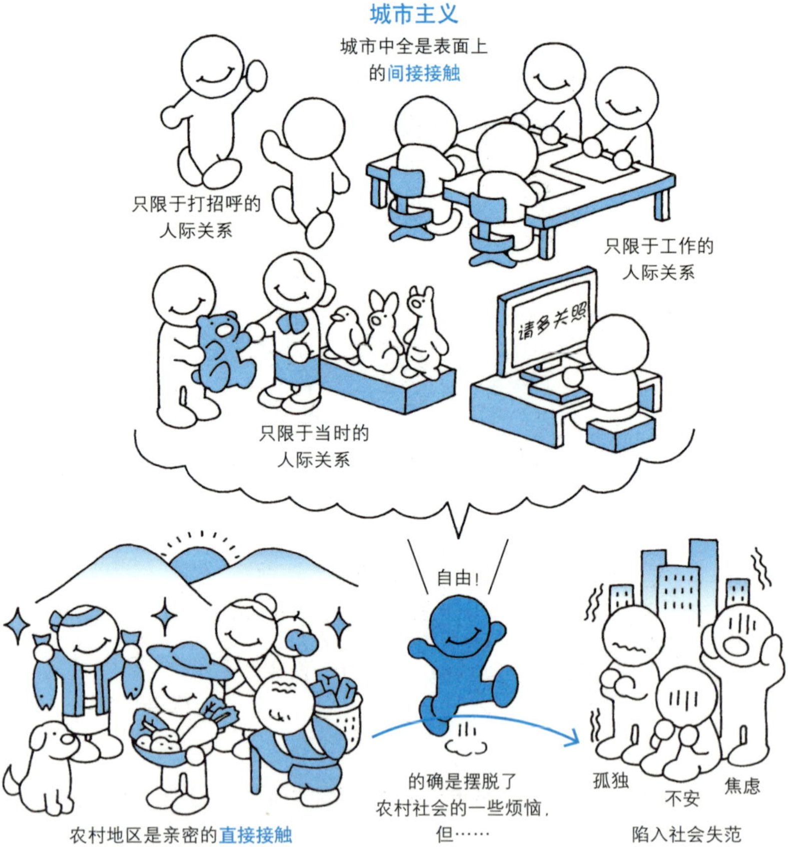

同心圆模型

文　献《城市的成长》

备　注　芝加哥学派（P088）的帕克（P023）和伯吉斯等人的研究方法，因类似于研究动植物的生态学，被人们称为**人类生态学**

伯吉斯也调查了二十世纪初的芝加哥，并发现土地的利用形态呈自内而外扩展的**同心圆状**。从位于城市中心的**中心商业区**起依次形成了**过渡带**、**工人住宅带**、**中产阶级住宅带**、**通勤住宅带**五个地带。

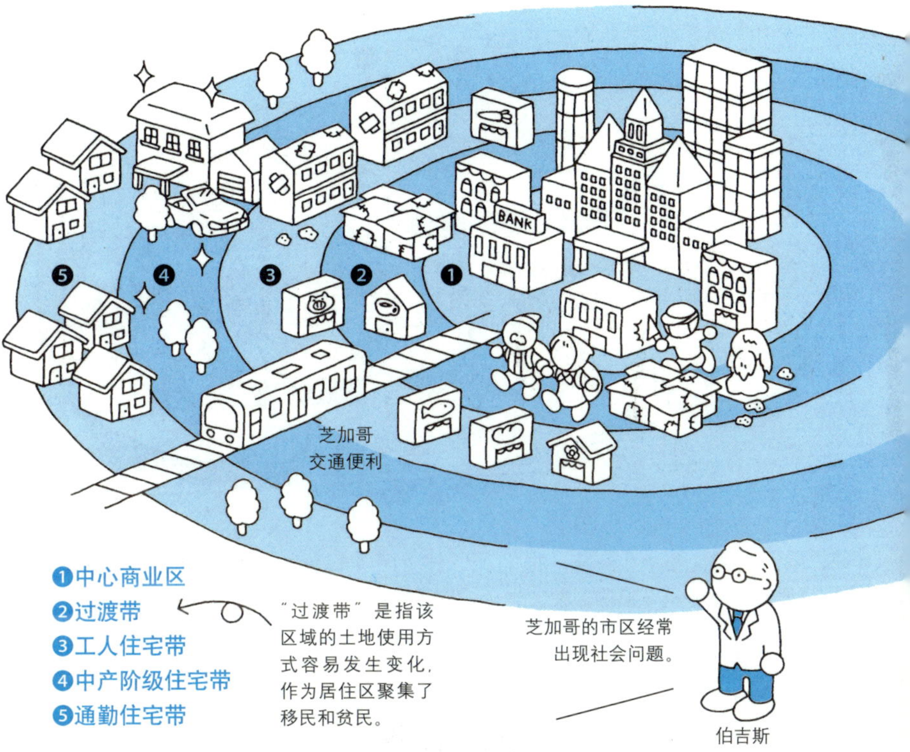

伯吉斯通过**同心圆模型**，表明了离城市中心的距离与阶层的关系。虽然**同心圆模型**是以起伏小、景观变化少的芝加哥地理特色为前提建立的，存在许多例外，但它至今仍被广泛应用于城市规划。

边缘人

含　义　不完全属于多种文化中任何一种的人

文　献　《人类迁徙与边缘人》

备　注　移民、少数民族和改宗者是典型的边缘人

空间和城市

帕克将生活在多文化并存的社会里、不完全被任何一种文化群体同化、不完全属于任何一种文化的群体称为**边缘人**。

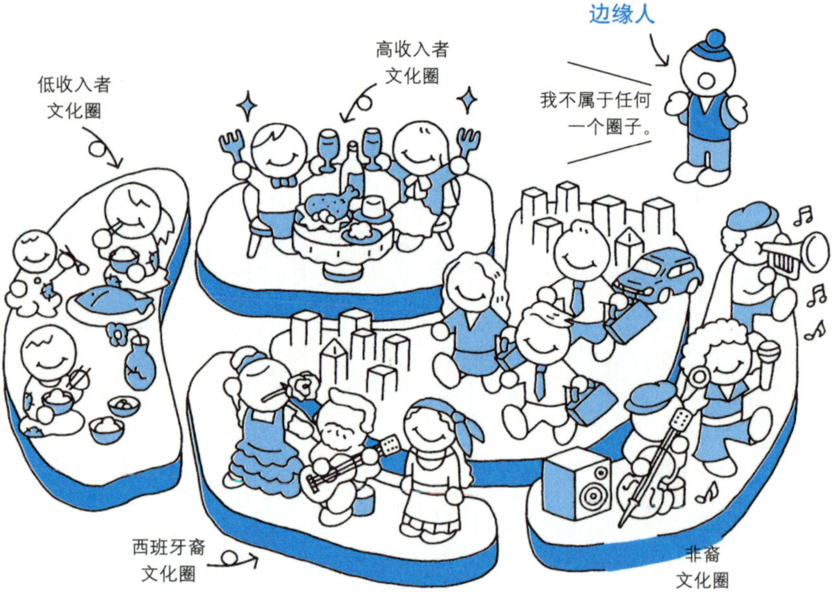

边缘人很难找到统一的身份认同。但正是因为处在多种文化之间，他们才有可能客观地把握每种文化，并将其融合，从而创造新的价值和文化。

非正式组织｜正式组织

文　献《工业文明的人类问题》
备　注　霍桑实验发现，人际关系的影响大于照明亮度和室温等工作环境因素

在公司或政府办公室，有正式的职位和组织结构图（**正式组织**）。然而，在**正式组织**内部，除了正式的任务分工之外，私人关系也会自然产生。这种**非正式**的同伴关系被称为**非正式组织**。

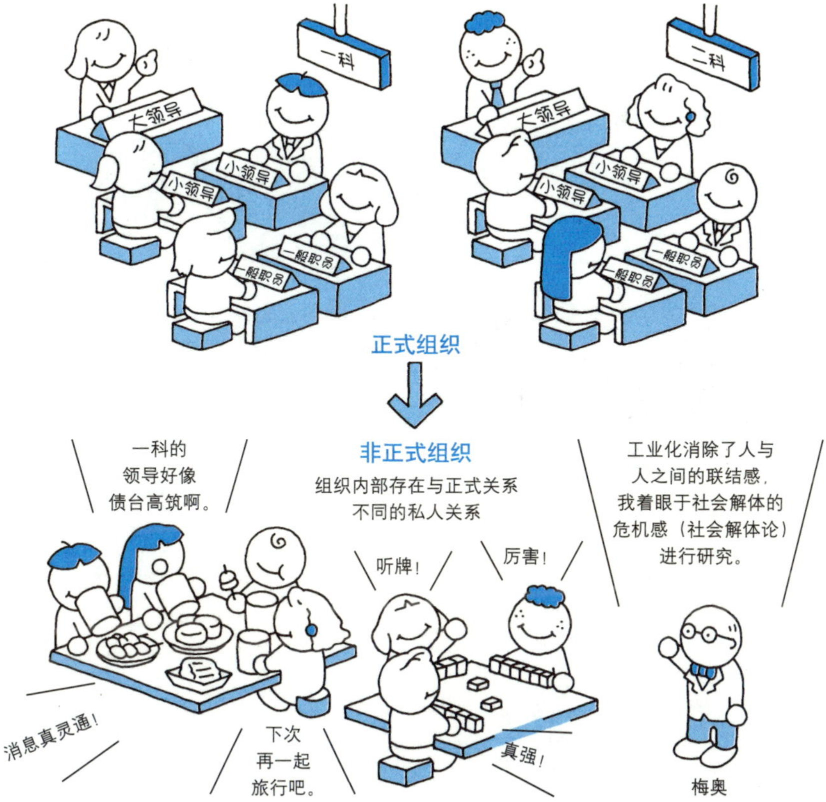

梅奥在**芝加哥**的**霍桑工厂**进行了检测工作效率的实验。实验发现，**非正式组织**的存在对于实现组织目标所必需的**士气**至关重要（**霍桑实验**）。

福特主义

含　义　亨利·福特（1863～1947）建立的资本主义特色生产方式

备　注　葛兰西所命名的福特主义，成为了表现大规模生产、大规模消费时代和社会本身的概念

文化和消费社会

在二十世纪的资本主义制度下，美国的汽车公司**福特**引进了有助于**大规模生产**的生产方式。**福特主义**具有**机械化**（如使用传送带系统）、**体力劳动简单化**和**计件工资**等特点，是**经济高速增长**不可或缺的生产方式。

然而二十世纪七十年代以后，伴随着**福特主义**时代的结束，**多品种、小批量生产**的**后福特主义**时代到来了。

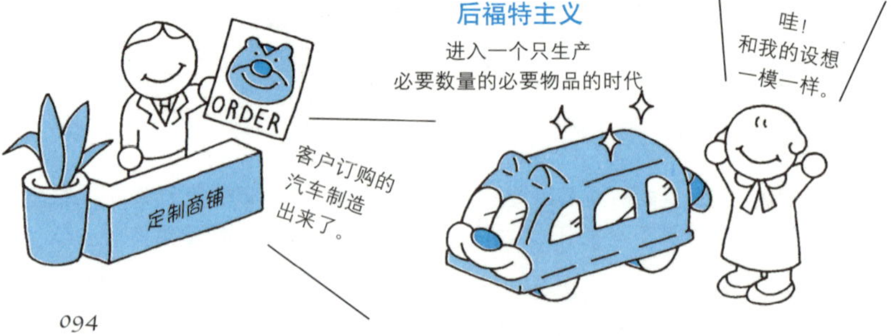

霸权

含　义　葛兰西用霸权一词来描述现代（资本主义）国家通过强制（暴力）和共识（认同）实现的统治

文　献　《狱中札记》

秩序和权力

葛兰西称**霸权**为国家和政治运动的**霸主权力**和**领导权力**。现代（资本主义）之前的统治是基于暴力的；与此不同，现代国家的统治既根植于暴力的**强制性**，同时又通过媒体和学校教育的知识、文化引导与人们建立了**共识**（取得同意），巧妙地掌握了霸权。

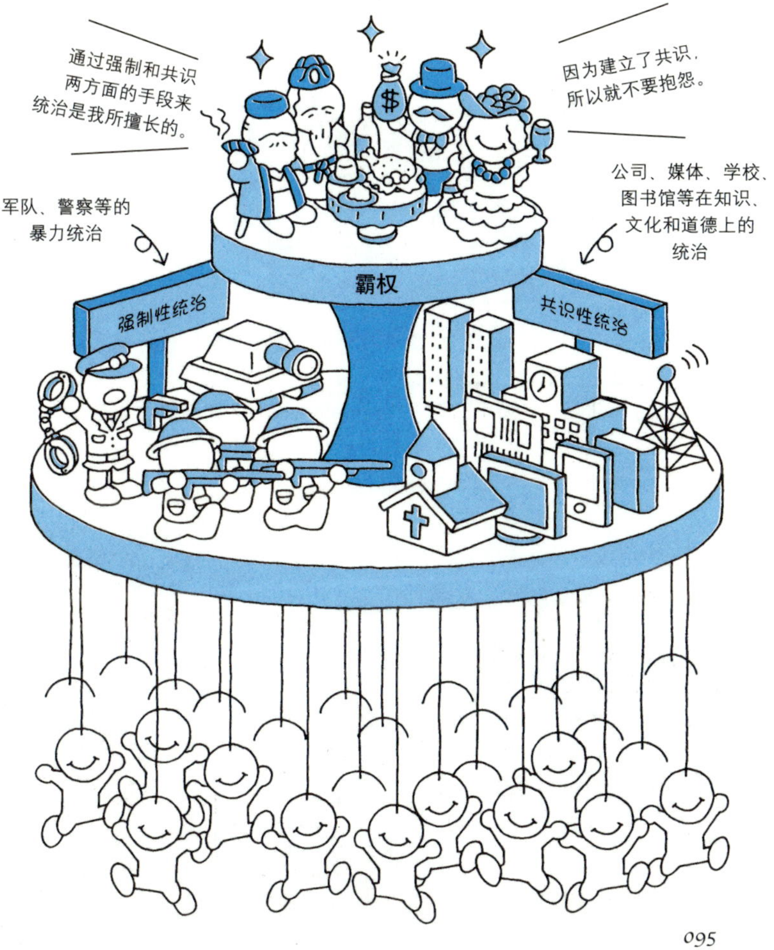

社区 | 社团

备　注　群体的分类除了此处列举的之外，还有所属群体 / 参照群体（P134）、非正式组织 / 正式组织（P093）、内群体 / 外群体（P048）等

在**社会学**中，社区和社团是成对的概念，用于对群体进行分类。在**麦基弗**看来，**社区**是一个自然产生的群体，有着“共同生活在同一场所或地域”的共识。另一方面，**社团**是指基于相同兴趣或目的而结成的群体。

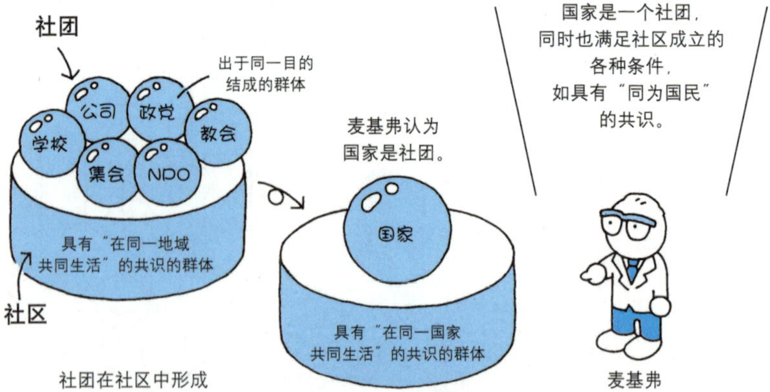

在群体的分类中，还有如**滕尼斯**（P020）的**共同体和社会**（P050）这样的相对概念。让我们尝试着将其和**麦基弗**的分类方法进行比较。

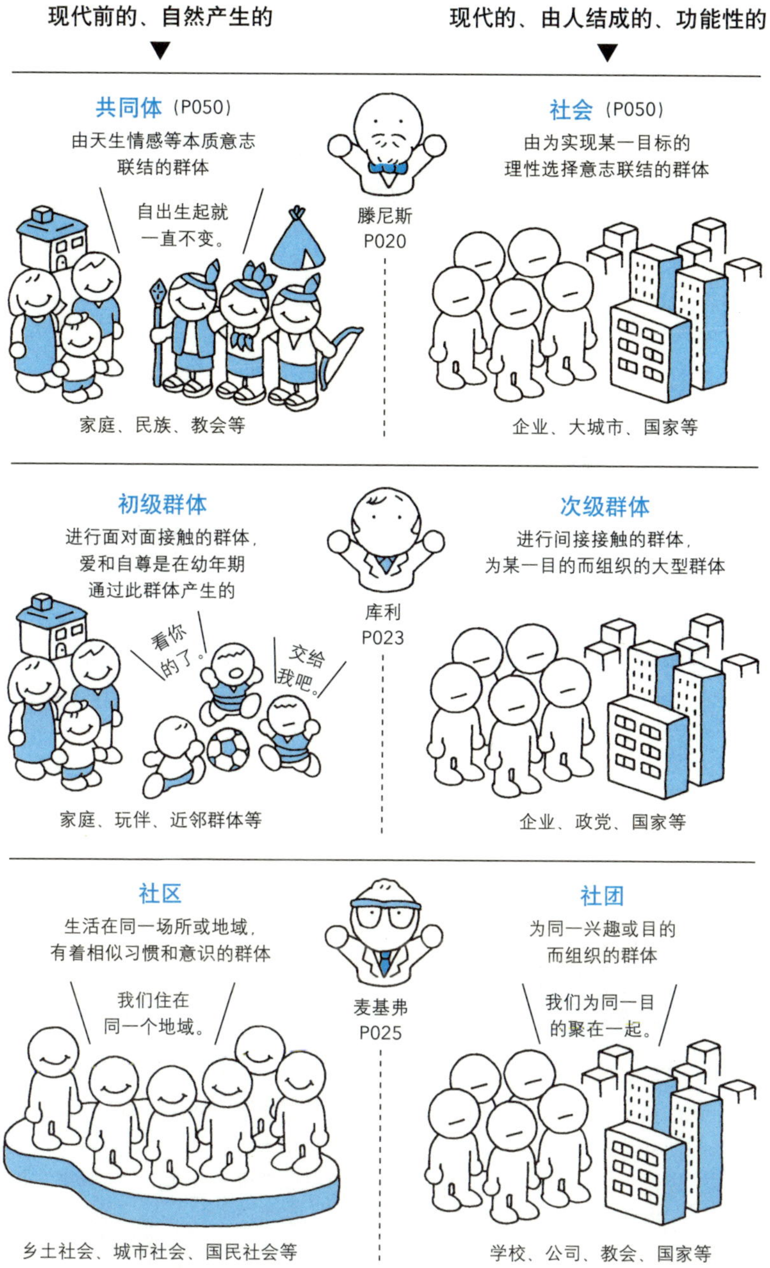

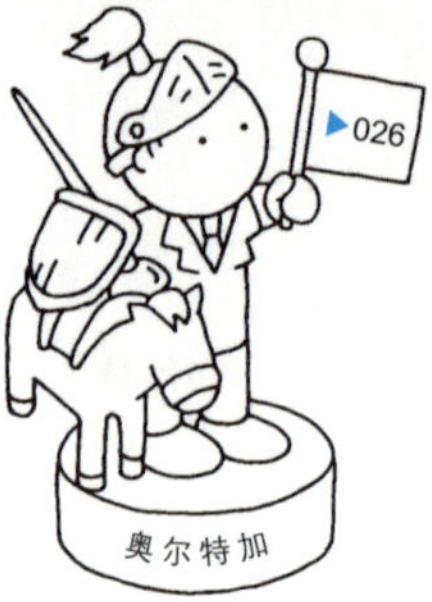

大众的反叛

文　献《大众的反叛》
备　注　精英主义在日本并不受欢迎，但在欧洲却流传了下来；另外，精英主义的反义词是**民粹主义**

奥尔特加认为，人类分为**精英（少数者）**和**大众**。第一次世界大战后的欧洲，大众的影响力开始增大，**奥尔特加**对此表示担忧。

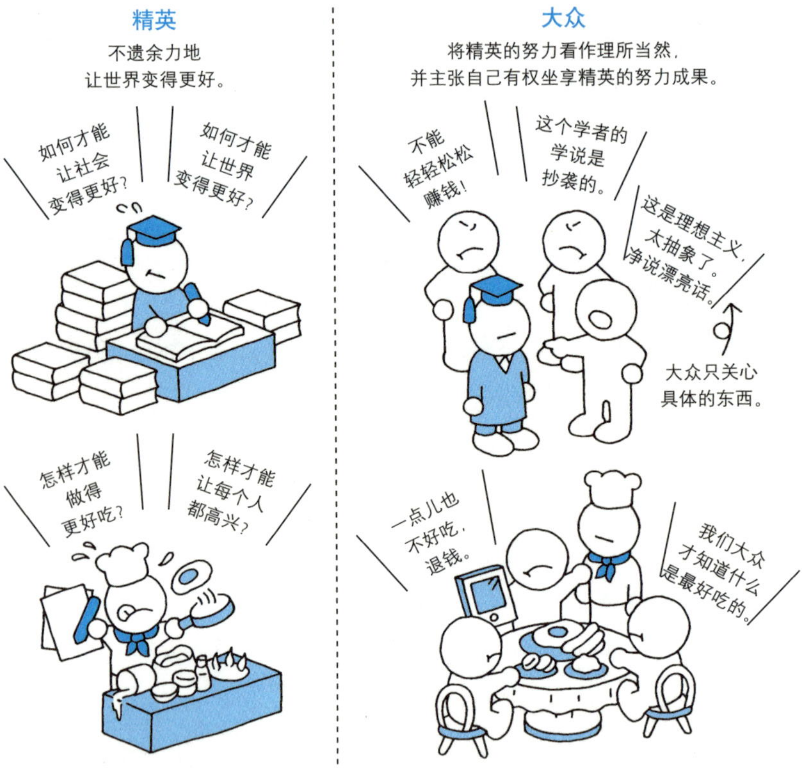

精英是指那些想让社会变好、不遗余力地积累专业知识和技能并要求自己承担许多义务和责任的人。另一方面，**大众**是不对社会或自己负责、乐于与他人保持一致并不为此感到痛苦的人；他们把平庸的观点和价值观重新表述为“一般性思维”，然后强迫他人接受。

大众将**精英**所构筑的技术和知识视作理所当然，并只主张自己有权坐享精英的努力成果。**大众**夺去了**精英**原本承担的角色。**奥尔特加**用“大众的反叛”来形容这一现象。

奥尔特加认为，世界是建立在精英努力的基础上的，但是大众却为了自己的利益侵蚀了精英原属的地方。

这里所说的**大众**并不是由实际的职业或阶级决定的，而是取决于本人的思想。因此，即使是像科学家这样的专家也可能是**大众**。

奥尔特加认为，即便是像科学家这样的专家，若作为“文化人”对于自己专业外的内容随意发表看似合理的评论，那他也属于大众中不好的一类。

批判理论

含　义　强调批判性功能而不是分析性功能的一种理论，主要是法兰克福学派的思想

文　献　《启蒙辩证法》（霍克海默／阿多诺）

备　注　批判理论以马克思主义为基础

社会理论

“现代社会为什么会产生**纳粹主义**？”**霍克海默**、**弗洛姆**、**本雅明**和**阿多诺**等法兰克福学派的思想家们将解答这个问题作为一生的课题。

霍克海默 P028　弗洛姆 P029　本雅明 P027　阿多诺 P012　哈贝马斯 P182

法兰克福学派

成立于一九二三年，由以犹太人为中心的社会研究所的成员组成。
他们毕生研究极权主义和纳粹主义。

法兰克福学派成员**霍克海默**和**阿多诺**将法西斯主义的产生和对犹太人的屠杀归因于自现代以来一直存在的**理性至上主义**。

他们指出，现代以来的欧洲的**理性**只是作为“实现某些目的的工具”而发展的。为了实现某一目的的**理性**仅对现实进行局部分析，不具备广阔的视野。

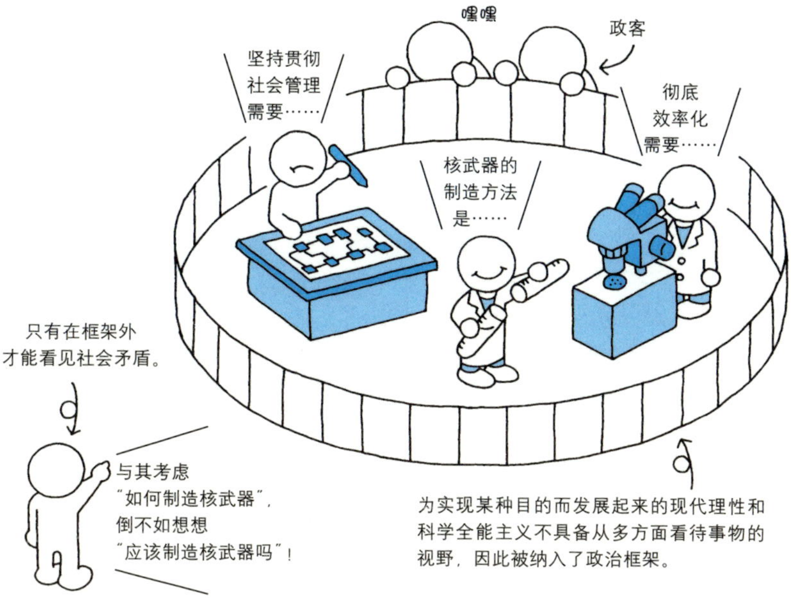

他们认为，仅为实现目的而发展起来的欧洲的**理性**追求利益，成了制定法西斯政策和开发战争武器的工具。他们把这种**理性**表述为**工具理性**。

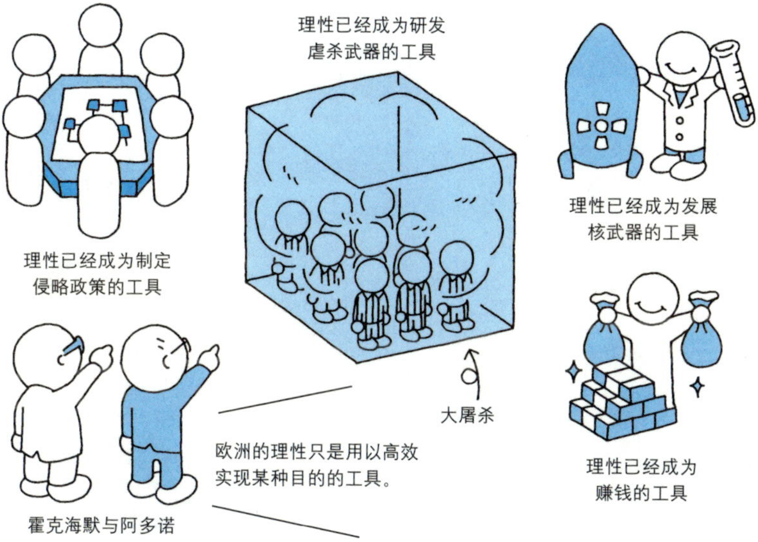

法兰克福学派的思想因社会批判性强于分析性而被称为**批判理论**。**批判理论**至今仍对哲学、社会学、经济学等学科有着重大影响。

权威主义人格

文　献　《逃避自由》

备　注　弗洛姆的《逃避自由》出版于一九四一年，当时德国正处于纳粹政权的统治之下

现代（资本主义社会）以来，人们摆脱了传统框架的束缚，获得了自由。但结果是各种纽带被切断，人们不得不自己决定个人的生活方式。这时，人一旦不能忍受焦虑和孤独，就会心甘情愿地接受权威的约束。**弗洛姆**称之为**权威主义人格**。

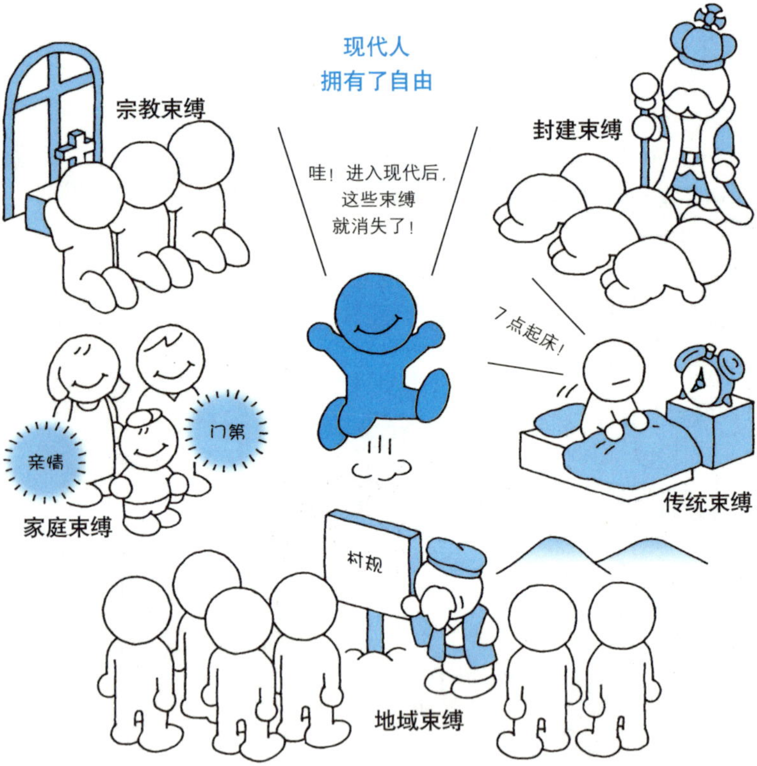

弗洛姆在**纳粹主义**时期的德国发现了**权威主义人格**这一**社会性格**。他认为德国人民之所以崇尚**纳粹主义**，正是由于他们获得了自由。

自由啦！
村规
小A
进入现代以后，
人们摆脱了各种束缚
与他人之间的牢固纽带
消失了。我得一个人
决定自己要过
怎样的生活吗？
好不安、好孤独！
我想找到
归属感。
自由是
不安和
孤独
小A
我也要
加入！
小A
渴望压倒性的权力，
产生服从的欲望
（受虐）
权威主义人格的
诞生
小A
向集体欺凌弱者的
欲望转化（施虐）
可悲的是，
比起自由，
人们更喜欢权威、
束缚、组织、群体、
规则等不自由
的东西。
我已经受够
自由了！
想回到
笼子里。
逃避自由
弗洛姆

灵韵

文　献　《机械复制时代的艺术作品》

备　注　本雅明从艺术平等化的角度肯定了“复制破坏艺术品的灵韵”这一观点

通过拍摄或印刷得到的艺术品**复制品**无论多么精巧，都不可能是独一无二的原真作品。**本雅明**将仅于此刻存在眼前的原真作品的无形力量称为灵韵。

近年来，艺术品的机械复制变得越来越容易。但复制品永远没有原真作品的独特性和历史性。

电影和照片等复制艺术的出现将艺术的概念从“崇高”和“珍贵”变为“切身”和“轻松”。**本雅明**为**复制技术**进步导致的灵韵消散深感遗憾。但另一方面，**本雅明**认为无论权力如何控制和约束艺术、表达和信息等，复制技术的进步也将使艺术和表达摆脱权力的控制。

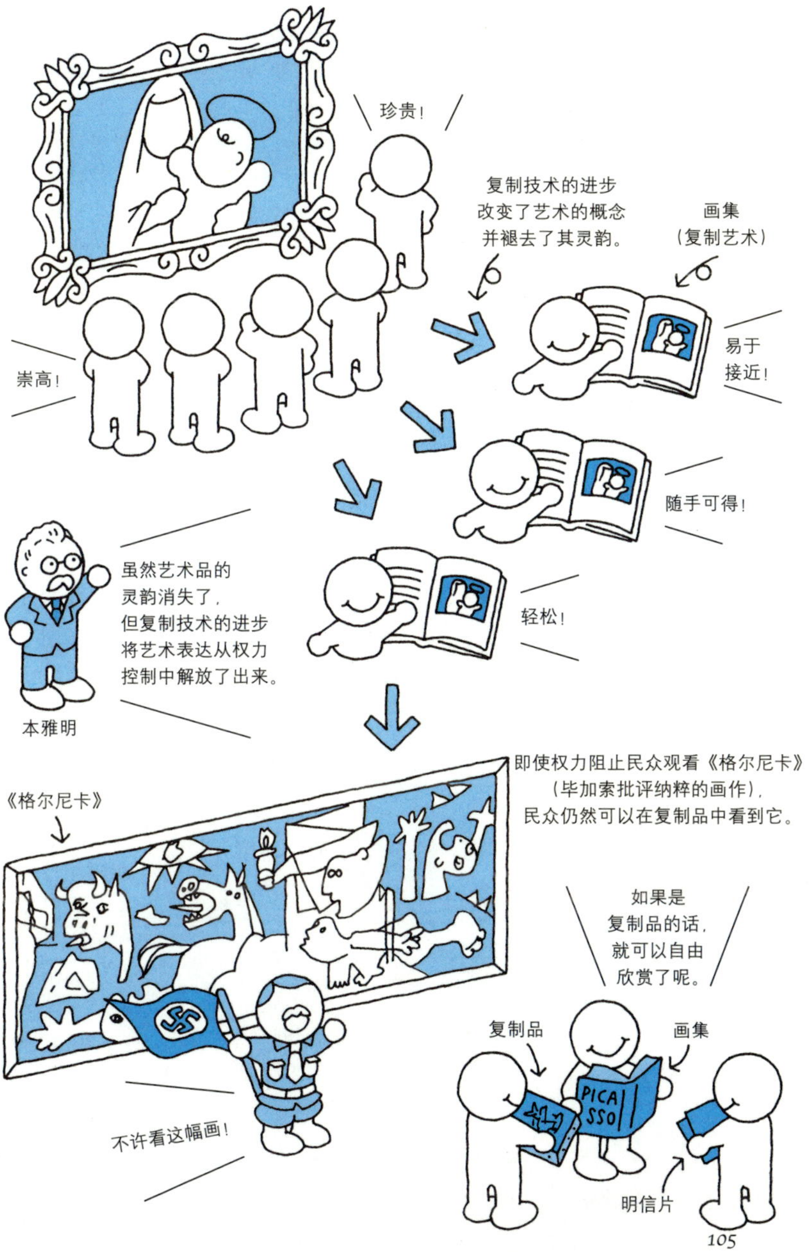

拱廊计划

文　献　《拱廊计划》
备　注　在象征着未来和进步的巴黎辉煌的拱廊中，本雅明隐约看到了重返古代乌托邦的愿景

出生在德国的犹太人**本雅明**，曾为了躲避纳粹逃往巴黎。在那里他成了漫游者（flâneur），并以此为契机开始撰写《拱廊计划》这一文集。**拱廊**是指十九世纪巴黎的玻璃屋顶商店街。在透过玻璃的微弱的光线中，各种各样的旧物并排陈列。

成为拱廊漫游者的本雅明，
借由被透过玻璃的微弱光线包裹的十九世纪旧物，
思考了人们对资本主义的看法。

本雅明回想了十九世纪人们在这些商品中寄托的梦想，并通过这种方式了解当时人们对资本主义的看法。这种从物件和街景中捕捉人们意识的方法对后来的**流行文化研究**产生了重大影响。

他这样形容：“**拱廊是没有外部的房屋或通道——犹如梦。**”但是，在实际的**拱廊**外侧，纳粹的脚步声正在迫近。彼时，他可能已经被拱廊的昏暗光线包裹，逃往纳粹尚未掌权的十九世纪的记忆里了。

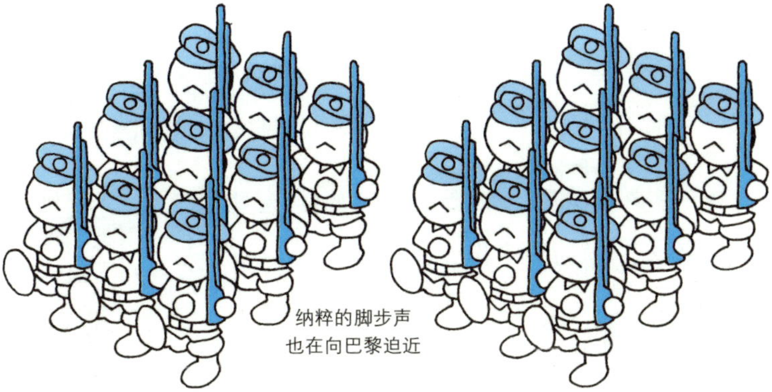

一九四〇年，纳粹入侵巴黎。**本雅明**将未完成的《**拱廊计划**》手稿交给当时在巴黎国家图书馆工作的朋友、哲学家**乔治·巴塔耶**（1897～1962）后逃离巴黎。他试图步行跨越比利牛斯山脉，却在国境附近被截留，遂服毒自杀。

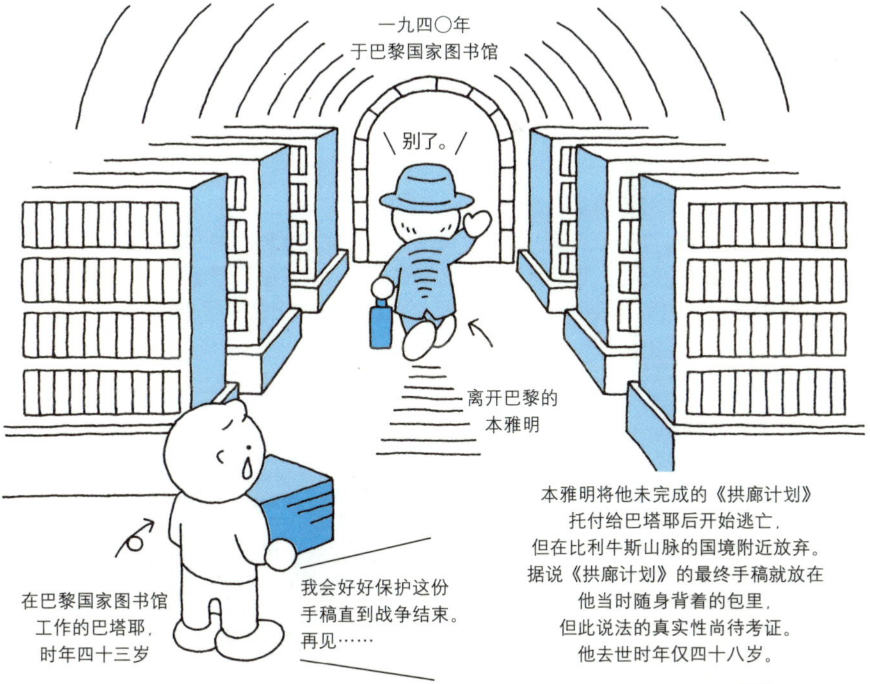

集体记忆

含　义　不同于个体记忆，是根据集体所共享的框架而产生的记忆形式

备　注　哈布瓦赫认为过去并不存在于内心，而是存在于外部空间和事物中

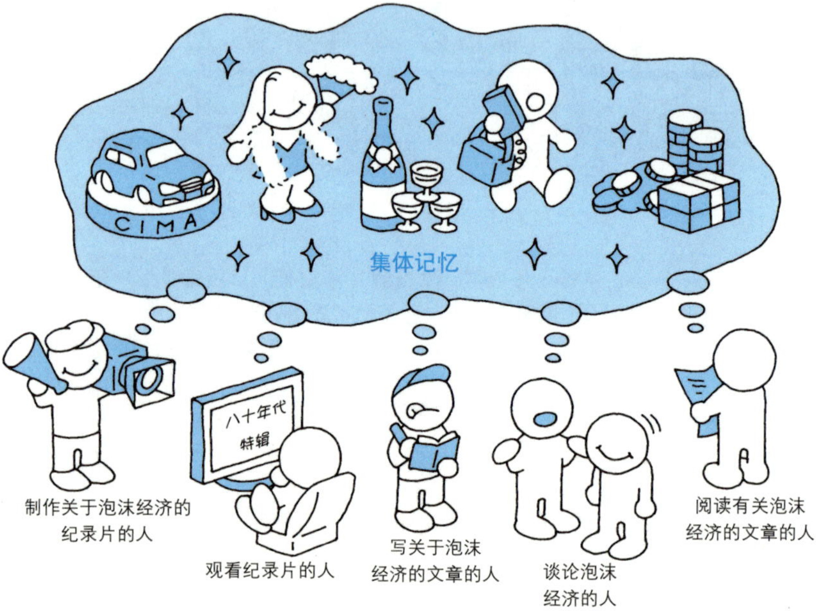

例如，从社会学的角度来考察“泡沫时期”时，就可以从集体记忆切入。人们通过与他人交谈、看照片和电视等接触社会环境的方式来唤起与泡沫时期有关的记忆。泡沫时期的记忆不仅由个人的头脑所塑造，而且还由经历泡沫时期的所有人所持有的记忆框架组成。**集体记忆**不是个体化的记忆，而是作为集体中一员的记忆。

哈布瓦赫通过作为
“集体记忆”的历史
而非教科书和历史书中
记载的“事实”来考察社会。

但是，当一个人试图回忆某一事件或地点时，记忆并不只来自其所在的某一个群体。基于个人所属的各个群体（如工作伙伴、朋友和家庭）的记忆相结合，在个人的脑海里形成了记忆。这些记忆的总和对每一个人来说都应该是不同的。**哈布瓦赫**称此为个人记忆。

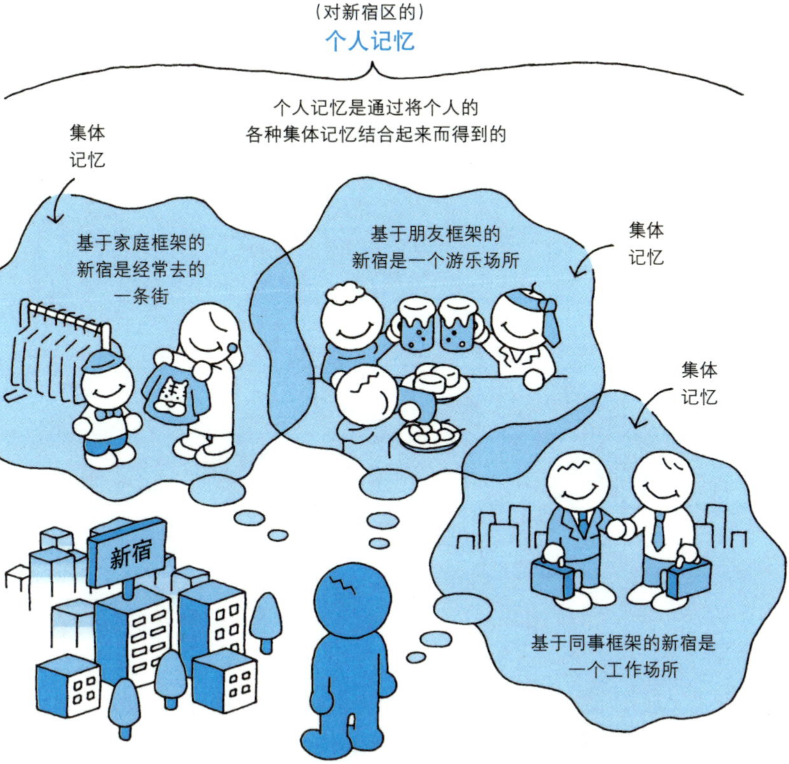

集体记忆会被不断改写。换句话说，**过去**是从**现在**回忆起来的，并且总是在重建中。

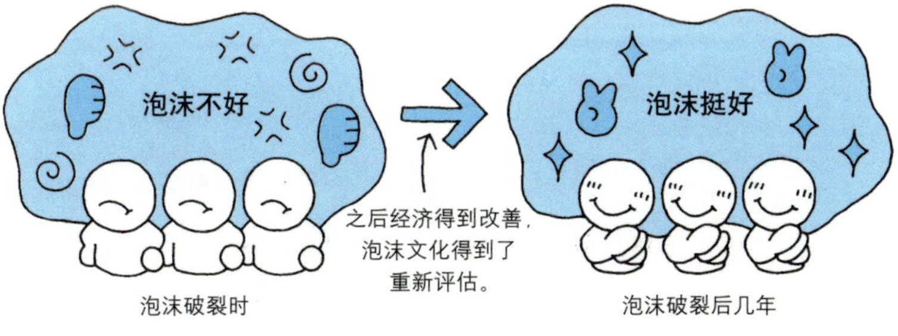

泡沫时期本身没有发生变化，却在日后得到重建。

知识社会学

含　义　研究知识与社会之间的关系的学科

文　献　《意识形态与乌托邦》

备　注　知识社会学将韦伯的价值中立（P066）概念纳入马克思的意识形态理论（P045）

马克思曾经主张，个人所有**知识和思想**（世界观）都是由其所属的社会结构所定义的**意识形态**（P045）。

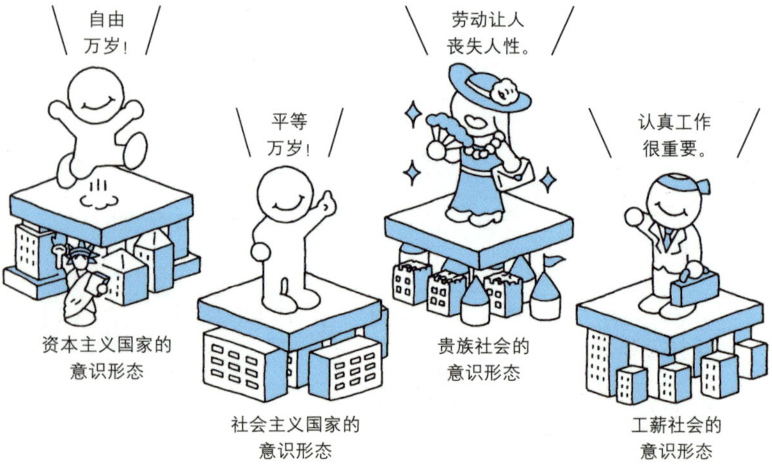

如果是这样，这个世界就不可能有真理存在。或者说，知识和思想都是相对真理，只有知识的数量是真理。为了克服这一**相对主义**的困境，**曼海姆**提倡**相关主义**。**相关主义**是指将不受阶级或立场约束的各种主张聚集在一起，从而得出某种共同的真理的立场。

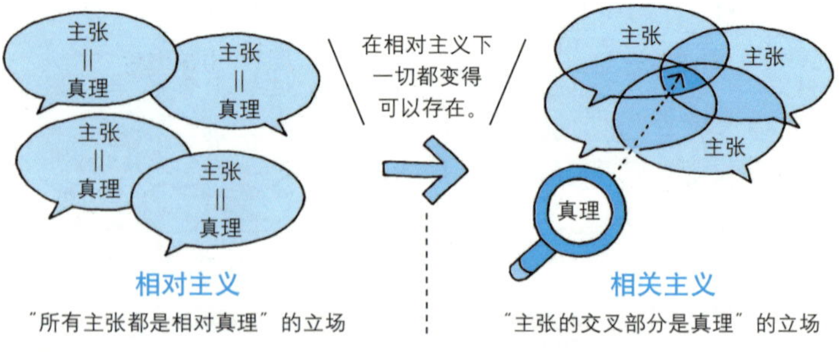

曼海姆认为，首先必须承认自己的主张是**意识形态**，是受限的知识。因为只有从这种有自觉意识的知识和思想中才能得出真理。为了更好地认识**意识形态**，他按以下方式对**意识形态**进行了分类整理。

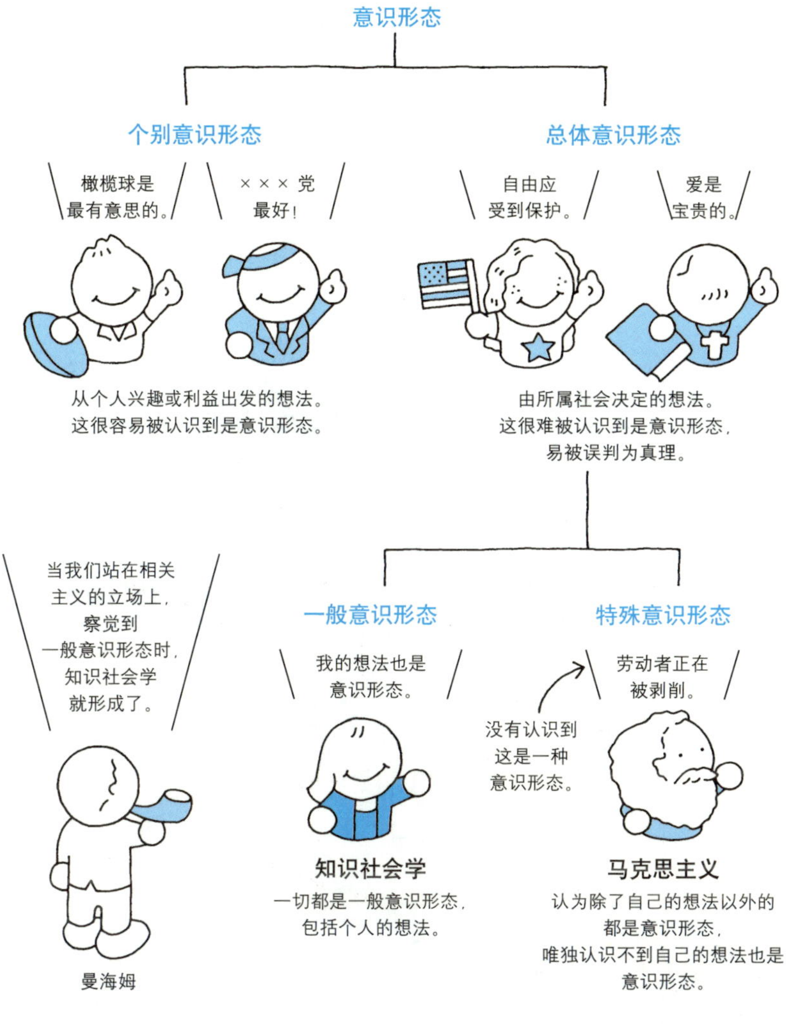

人类的知识和思想受到其所属社会的极大影响。**曼海姆**将研究知识与社会之间的**关系**（而不是**知识本身**）的学问称为知识社会学。他认为，要建立**知识社会学**，就需要站在**相关主义**的立场上、对**一般意识形态**的存在有自觉意识的知识分子。

连字符社会学

含 义 与研究社会一般原理的**理论社会学**（例如社会系统理论）形成鲜明对比、研究特定领域的社会学

备 注 采用诸如“科学－社会学”“家庭－社会学”这样“领域－社会学”的形式（“－”即连字符）

人类的**知识**和思想受其所属时代和**社会**的影响很大（知识社会学P111）。例如，在对宇宙的认识上，现代以前地心说是主流，但到了现代，日心说变成了主流。其间宇宙本身并没有发生改变。因此，甚至科学知识也独立于“事实”而存在。

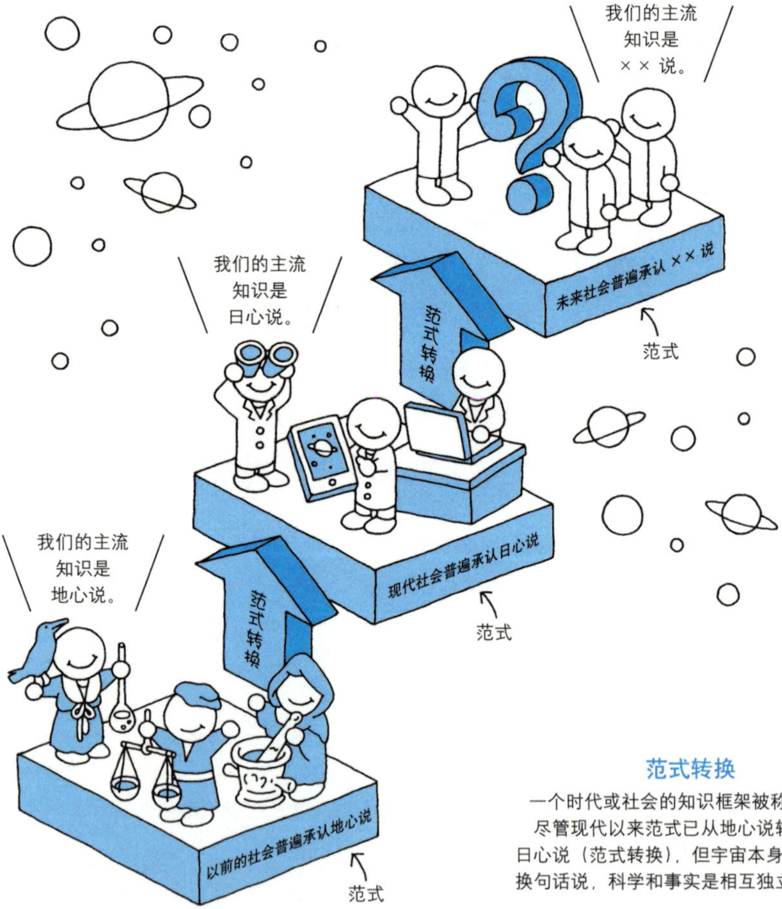

范式转换

一个时代或社会的知识框架被称为范式。尽管现代以来范式已从地心说转变为了日心说（范式转换），但宇宙本身并未改变。换句话说，科学和事实是相互独立存在的？

有些“科学”是被社会利用和制造的，例如“女性有母性本能”和“×× 民族具有优秀的基因”。

社会可能会利用或制造科学

考察**科学**与**社会**之间关系的学科被称为**科学－社会学**或**科学知识的社会学**。同样地，考察**医学**与**社会**之间关系的叫作**医学－社会学**，考察**宗教**与**社会**之间关系的叫作**宗教－社会学**。有多少领域，就有多少相关领域的社会学。**曼海姆**将研究特定领域的社会学称为**连字符社会学**。

科学－社会学

考察科学与社会之间的关系

例如，考察被社会利用或制造的“科学”

医学－社会学

考察医学与社会之间的关系

例如，考察“疾病”这一概念的历史性、社会性变化

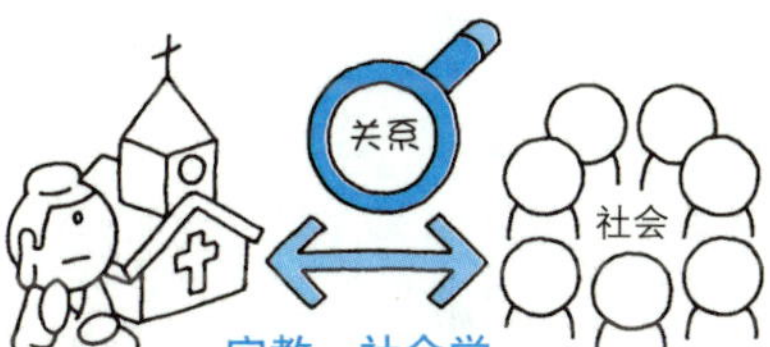

宗教－社会学

考察宗教与社会之间的关系

文化－社会学

考察文化与社会之间的关系

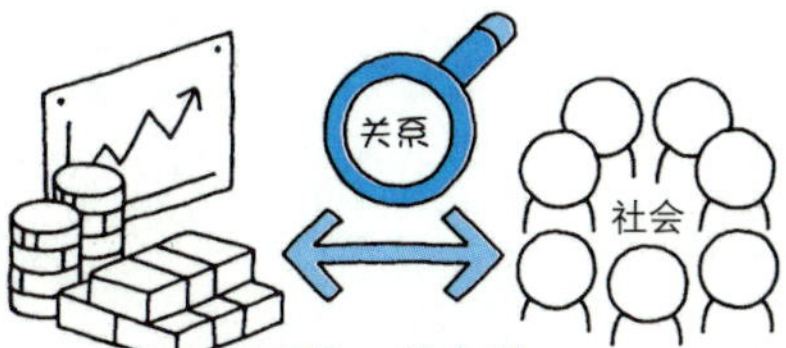

经济－社会学

考察经济与社会之间的关系

各种各样的连字符社会学

连字符即标点符号“－”。
像城市－社会学、信息－社会学、
历史－社会学、教育－社会学、
体育－社会学、政治－社会学、
家庭－社会学、法－社会学、
犯罪－社会学等等，
均采用“领域－社会学”的形式。

从现代到当代

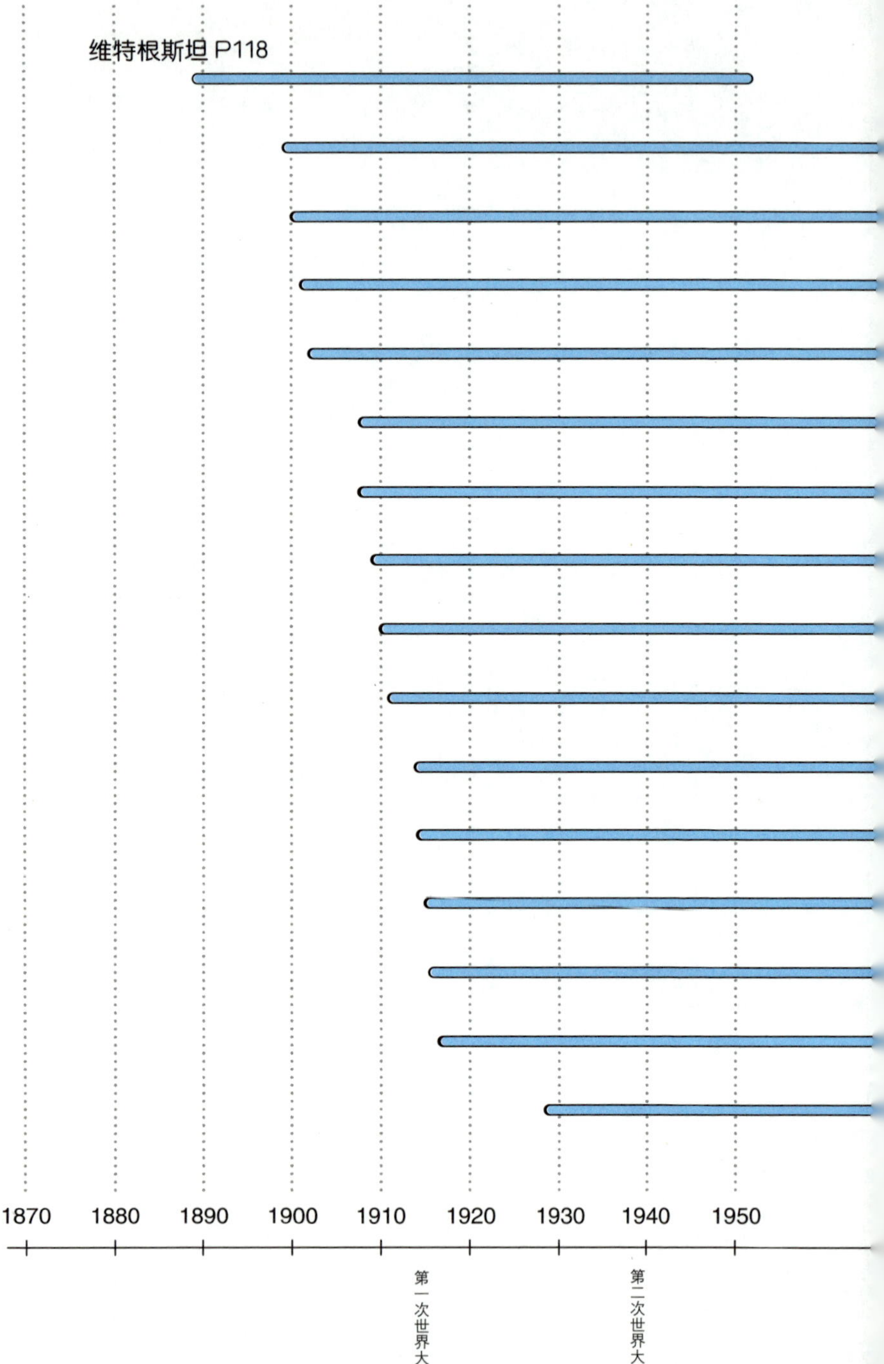
维特根斯坦 P118
1870
1880
1890
1900
1910
1920
1930
1940
1950
第一次世界大战（14）
第二次世界大战（39）

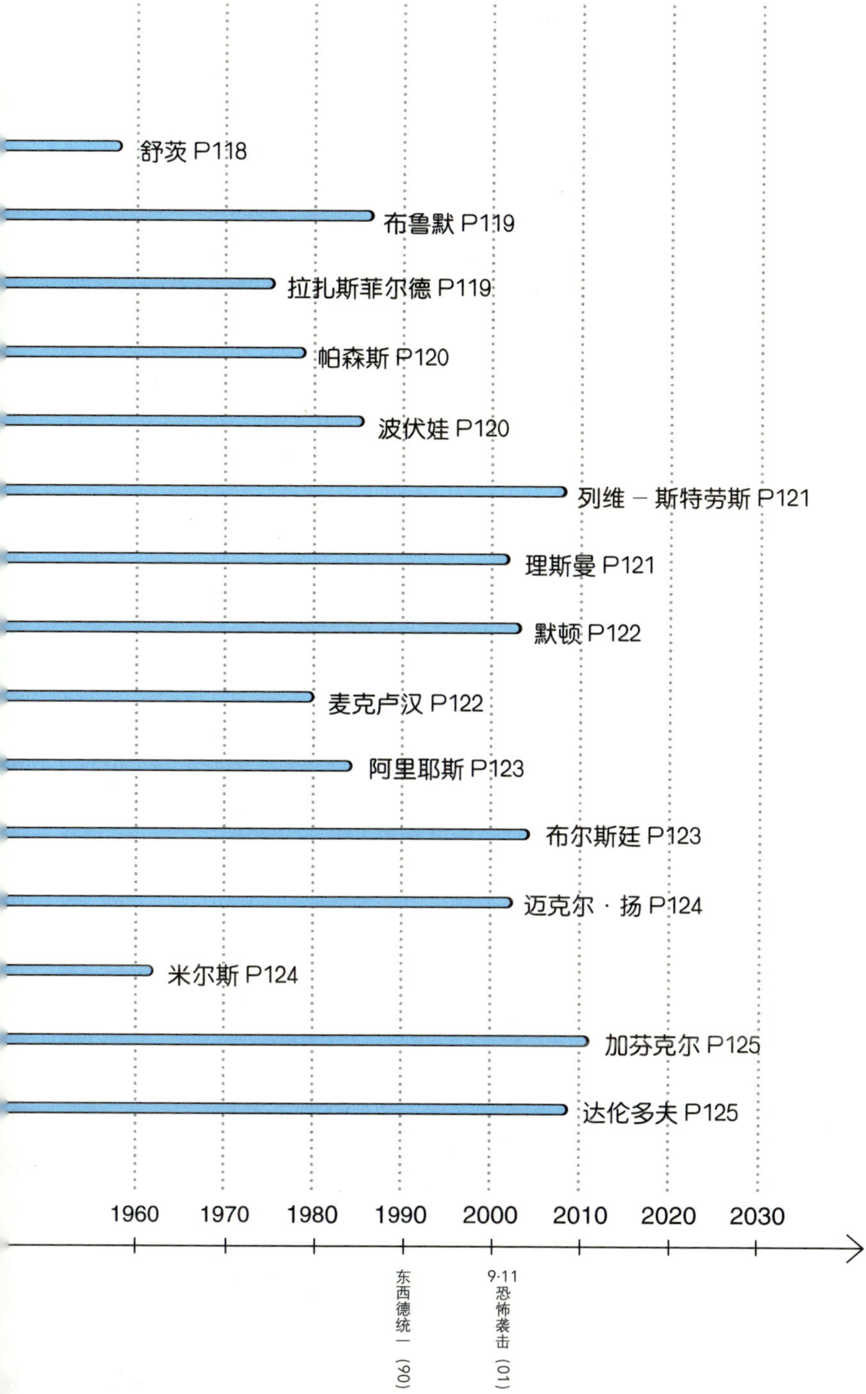
舒茨 P118
布鲁默 P119
拉扎斯菲尔德 P119
帕森斯 P120
波伏娃 P120
列维－斯特劳斯 P121
理斯曼 P121
默顿 P122
麦克卢汉 P122
阿里耶斯 P123
布尔斯廷 P123
迈克尔·扬 P124
米尔斯 P124
加芬克尔 P125
达伦多夫 P125
1960
1970
1980
1990
2000
2010
2020
2030
东西德统一（90）
9·11 恐怖袭击（01）

著作《逻辑哲学论》《哲学研究》

后期的维特根斯坦批判了自己以前的语言观，并将语言活动作为游戏考察。

语言以及穿插语言的活动即语言游戏。

应该从词语周围的环境和生活方式理解词语的含义。

路德维希·维特根斯坦

LUDWIG WITTGENSTEIN

▶P152

哲学家，生于奥匈帝国。在一个从事钢铁业的富裕犹太家庭长大。大学主修机械工程和数学。第一次世界大战时作为志愿兵参战，其间撰写了其职业生涯前半期的主要著作《逻辑哲学论》。战后成为一名小学老师，在四十九岁时成为剑桥大学的教授，但为了专攻哲学，在五十八岁时辞职。晚期主要著作《哲学研究》超越了《逻辑哲学论》，于其离世后出版。

著作《社会世界的意义构成》

不管是在祖国还是流亡地，舒茨一生几乎都在同时从事研究和银行相关工作。

多元的现实。

日常生活之外存在一个蕴含其他解释和常识的现实，而人们正是在体验多元现实的过程中生活。

阿尔弗雷德·舒茨

ALFRED SCHÜTZ

▶P144

社会学家，生于奥匈帝国。参加第一次世界大战后就读于维也纳大学。毕业后边在银行工作边从事研究。在马克斯·韦伯的理解社会学和埃德蒙德·胡塞尔的现象学的影响下构想了现象学社会学。纳粹入侵奥地利后，因犹太人的身份逃到巴黎，随后又流亡美国并移居纽约。

著作《符号互动论》

读研究生时，布鲁默还是一名职业橄榄球运动员。

必须直接深入经验世界。

符号互动论认为必须深入作为研究对象的世界进行仔细观察。

赫伯特·乔治·布鲁默

HERBERT GEORGE BLUMER

▶P141～142

美国社会学家、社会心理学家。出生于圣路易斯。通过学习乔治·赫伯特·米德的研究，提出了符号互动论，对后来的研究者产生了很大的影响。获得芝加哥大学博士学位后又留校任教二十七年，是芝加哥学派成员之一。亦因集体行动理论和工业社会理论闻名。

著作《人际影响》

拉扎斯菲尔德关注影响人们的兴趣和决策的意见领袖。

意见领袖是另一种媒体。

对交流而言，意见领袖与报纸、广播一样重要。

保罗·拉扎斯菲尔德

PAUL FELIX LAZARSFELD

▶P148

社会学家，生于奥匈帝国，成长于维也纳，父母是犹太人。曾在维也纳大学教授数学，并领导社会心理学研究中心。纳粹上台后逃离奥地利，流亡美国。后任哥伦比亚大学应用社会研究所所长。在广播相关研究中发挥了主导作用，并在此过程中与默顿深交，两人的友谊维持了三十年以上。

著作《社会行动的结构》《社会系统》《经济与社会》

帕森斯对医生这一职业的关注使他尤其重视精神病学，并且取得了精神分析的资格证。

社会秩序何以可能？

为了维护社会稳定，有必要将人们共同的价值观和理念内化。

塔尔科特·帕森斯

TALCOTT PARSONS

▶P126～128·▶P140

美国社会学家。生于科罗拉多州。始终探究“社会秩序何以可能”，是提出 AGIL 图式的功能主义代表人物，亦是二十世纪五十年代具有世界影响力的理论家。自一九二七年担任哈佛大学讲师以来，一直在该校工作至一九七三年。一九七九年在德国演讲期间于慕尼黑去世。

著作《第二性》

波伏娃指出，“女性气质”是由社会塑造的，这和后来的“性别”概念相关。

人并非生为女人，而是成为女人。

这表明“女人”不是天生的，而是由社会建构的。

西蒙娜·德·波伏娃

SIMONE DE BEAUVOIR

▶P170～171

法国作家、哲学家。从索邦大学毕业后曾在高中担任哲学老师。凭借小说《女宾》进入文坛。二十世纪七十年代加入妇女解放运动团体 MLF，其主要著作《第二性》成为女权主义的基本文献。此外还与公共及私人生活中的终身伴侣让－保罗·萨特一起，积极开展政治活动。

列维－斯特劳斯将图腾（某一群体崇拜的动植物或自然现象）解释为一种符号而非宗教。

对以人类中心主义为基础的现代西方价值观产生怀疑。

著作
《亲属关系的基本结构》《忧郁的热带》《野性的思维》

克洛德·列维－斯特劳斯

CLAUDE LÉVI-STRAUSS

▶P156～158

法国文化人类学家。出生于比利时布鲁塞尔。二十多岁时曾在法国和巴西做过老师，第二次世界大战期间流亡美国。其间接触到美国的民族志资料，并结识罗曼·雅各布森，形成了自己的结构人类学理论。超越了人类学家的范畴，对现代西方思想产生了强烈冲击，被称为结构主义之父。

在他人导向型社会中，人从他人那里接收信号，理斯曼将这一现象比作雷达。

现代美国是努力迎合他人期望和偏好的孤独的人群的集合。

著作
《孤独的人群》

大卫·理斯曼

DAVID RIESMAN

▶P150

美国社会学家。其父是宾夕法尼亚大学医学院的教授。离开哈佛法学院后在美国最高法院任职，同时也在布法罗大学任教。一九四九年成为芝加哥大学社会学教授，并出版了《孤独的人群》等代表作。后转到哈佛大学任教，并在教育社会学领域积累了许多学术成果。

著作《社会理论和社会结构》

十几岁时曾是一名业余魔术师。"罗伯特·默顿"是他当时的艺名。

预言使预言本身变为现实，这被称为"自我实现预言"。

罗伯特·金·默顿

ROBERT KING MERTON

▶P132～138

美国社会学家。生于费城的一个犹太移民家庭。本名迈耶·R. 斯科尔尼克。在哈佛大学研究生院接受塔尔科特·帕森斯等人的指导，成为批判继承帕森斯功能主义的代表性学者。与拉扎斯菲尔德共同领导哥伦比亚大学应用社会研究所。

著作《谷登堡星汉璀璨》《理解媒介》

在电视机普及的时代，麦克卢汉提出了一种新的媒介研究方法。

对某种媒介的使用本身就具有信息性。

马歇尔·麦克卢汉

HERBERT MARSHALL MCLUHAN

▶P164～166

加拿大文化批评家。在剑桥大学留学期间受到 I. A. 瑞恰慈的文学批评的强烈影响。在多伦多大学教授英语文学时，对新时代信息技术带来的媒体变革展开批评。二十世纪六十年代的主要著作《谷登堡星汉璀璨》及其续篇《理解媒介》掀起了麦克卢汉旋风，为媒介研究这一研究领域的确立做出了贡献。

著作《儿童的世纪》

阿里耶斯指出现代家庭和学校孕育了当今的“儿童”观。

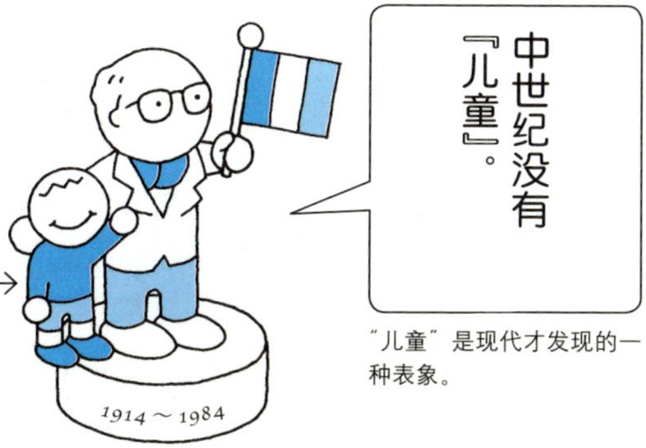

“儿童”是现代才发现的一种表象。

菲利普·阿里耶斯

PHILIPPE ARIÈS

▶P168

法国历史学家。曾在巴黎大学学习历史，并在保皇派组织“法兰西行动”的机关报发表过社论。但其后并没有在大学任教，而是一边在殖民地水果与柑橘类研究所工作，一边作为“星期日的历史学家”从事研究活动。作为年鉴学派的一员曾担任社会科学高等研究院的研究主任，首次在大学任教时已经六十五岁。

著作《形象》《美国人》

布尔斯廷批评了作为“伪事件”传播者的大众传媒及其接收者。

我们渴望“伪事件”，使幻影凌驾于现实之上。

丹尼尔·J.布尔斯廷

DANIEL JOSEPH BOORSTIN

▶P162

美国历史学家。生于佐治亚州亚特兰大。曾就读于哈佛大学、牛津大学和耶鲁大学，以法制史研究获得法律科学博士学位。后在芝加哥大学教授历史，并在史密森学会和国会图书馆担任要职。洞察了二十世纪六十年代电视的普及和大众消费社会的本质，是媒体和消费文化研究的先驱。

著作《优绩主义的崛起》

扬将由能力和功绩而非出身决定社会地位的现象称为优绩主义。

精英政治的法则是智力加努力等于优绩（能力）这一公式。

迈克尔·扬

MICHAEL YOUNG

▶P160

英国社会学家。生于曼彻斯特，在其父家乡澳大利亚度过童年。第二次世界大战期间作为英国工党研究人员活动，并参与起草该党一九四五年的宣言。一九五八年发表以二十一世纪三十年代为舞台的架空故事《优绩主义的崛起》，表达了对优绩主义横行的社会的担忧。

著作《白领》《权力精英》《社会学的想象力》

米尔斯分析了在二十世纪成为美国核心的白领阶层。

在美国，权力由经济、军事、政治的统治阶层掌握。

查尔斯·赖特·米尔斯

CHARLES WRIGHT MILLS

▶P154

美国社会学家。其家庭典型地体现了美国的世代交替，外祖父是德克萨斯州的牛仔，父亲则是保险推销员，而这一出身也在其著作中有所体现。曾在威斯康星大学学习社会学，并受到从德国流亡的 H. H. 格特的巨大影响。后在马里兰大学和哥伦比亚大学任教，但于一九六二年突然辞世，享年四十五岁。

著作《常人方法学研究》

常人方法学学派起源于芝加哥大学的陪审团研究。

关注日常生活中人们“知道但并未特别在意”的知识和规则，将其表述为上句。

哈罗德·加芬克尔

HAROLD GARFINKEL

▶P146

美国社会学家。出生于新泽西州纽瓦克。在哈佛大学研究生院师从塔尔科特·帕森斯等人，也受到阿尔弗雷德·舒茨等人影响，开始思考社会秩序问题并倡导常人方法学。多年来以加州大学洛杉矶分校为据点持续进行研究，并培养了许多常人方法学家。

著作《走出乌托邦》

达伦多夫提出冲突理论，即对立和冲突促进秩序的形成继而推动新社会的建立。

权力的存在总是制造利益冲突并引起斗争，是新秩序形成的契机。

拉尔夫·达伦多夫

RALPH GUSTAV DAHRENDORF

▶P130

社会学家，出生于德国。曾在汉堡大学学习哲学和社会学，并成为该校教授。亦担任过康斯坦茨大学和图宾根大学的教授，后移居英国并连任伦敦政治经济学院院长。此外还是一名政治家。一九六七年当选联邦德国议会议员，后来被英国授予爵位，并成为上议院议员。

AGIL 图式

含　义　帕森斯基于维持一个社会系统的必要条件提出的图式

文　献　《经济与社会》（帕森斯／斯梅尔瑟）

备　注　人类的每个行动都符合 A、G、I 或 L 之一

社会理论

帕森斯认为，大到国家小到家庭，为使任何社会存续，都需要这四个条件**发挥功能**：A= 适应（Adaptation）、G= 目标达成（Goal Attainment）、I= 整合（Integration）、L= 潜在性（Latency）。这就是 AGIL 图式。

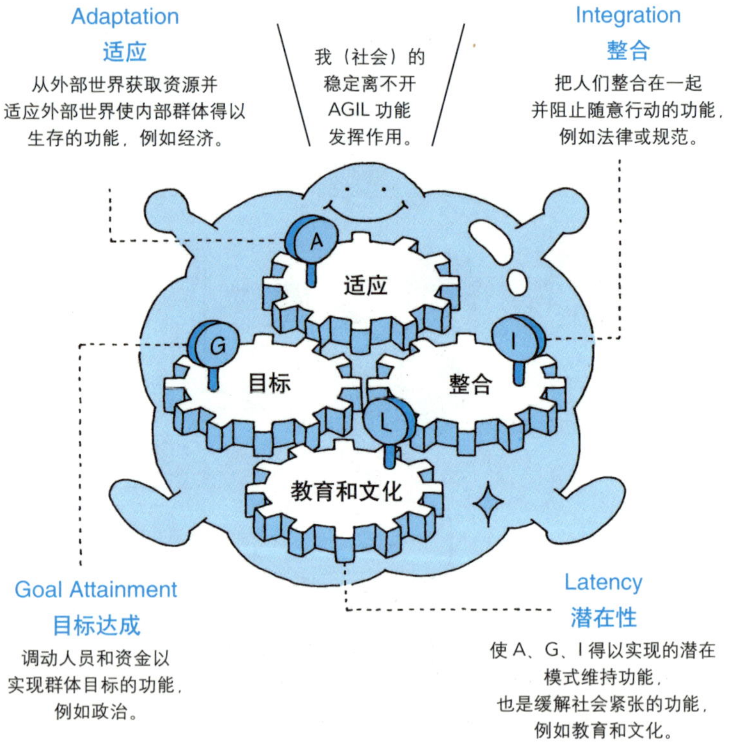

根据上述观点，**人们**在不知不觉中实现 A、G、I 和 L 的**四种功能**之一，继而维系社会运行。一个可持续发展的社会中必然存在 AGIL 图式这样一个**固定的结构**，每个人都为维护该**结构**做出了**功能性贡献**。

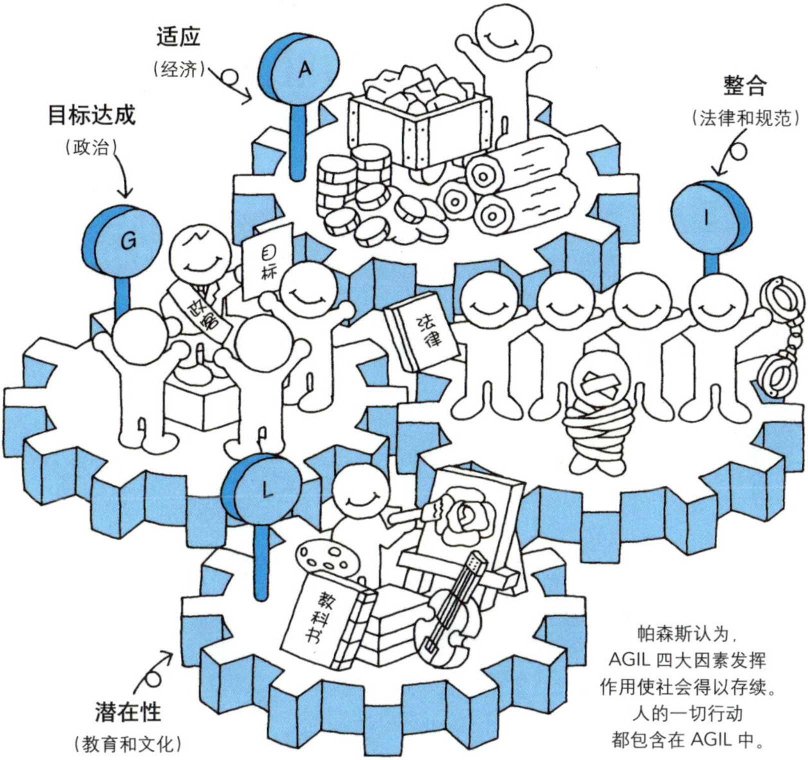

帕森斯认为，AGIL 四大因素发挥作用使社会得以存续。人的一切行动都包含在 AGIL 中。

帕森斯认为，在可持续发展的社会中存在一种名为 **AGIL 图式**的**结构**，因此他试图建立一种可以解释**社会整体**的**一般理论**（结构功能主义 P129）。后来，**默顿**和**卢曼**等人继承了他的**理论**（社会系统理论 P140）。

社会系统论

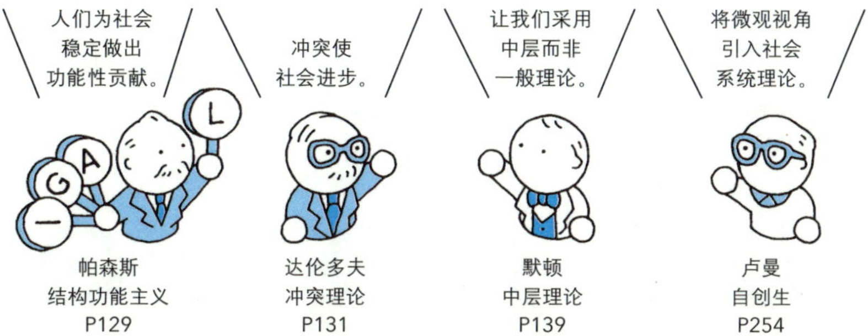

结构功能主义

文　献　《经济与社会》（帕森斯 / 斯梅尔瑟）

备　注　“结构”在帕森斯的结构功能主义中指的是 AGIL 图式，而在列维－斯特劳斯（P121）的结构主义（P159）中主要是指互相交换的习俗（文化）

社会理论

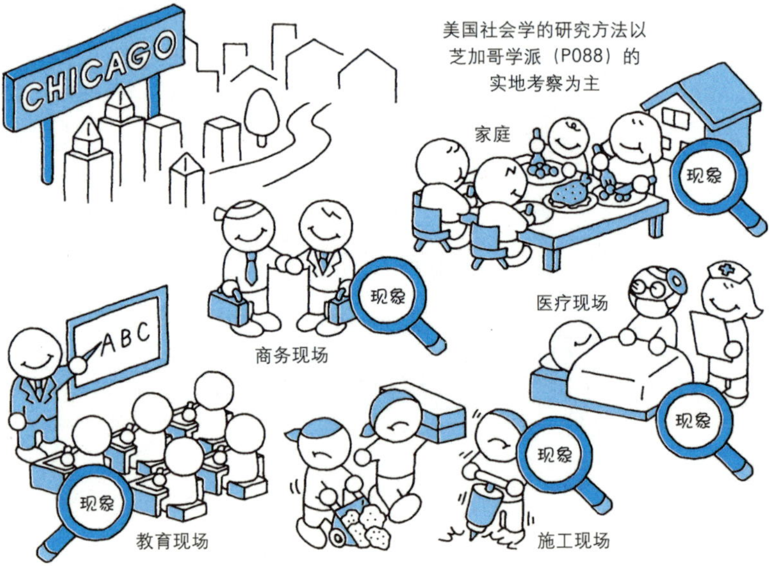

二十世纪初期的美国社会学主要通过直接观察人的生活或访谈等**社会调查**的方法来进行研究。这些方法突出了实际发生的单个**现象**（事实），却无法用**一个统一的理论**来解释这些现象发生的原因。

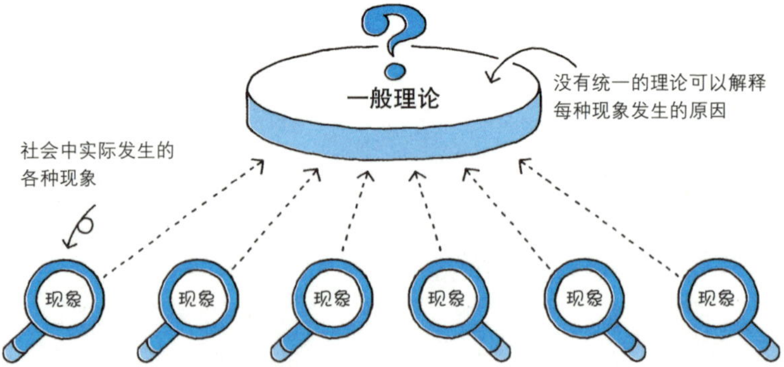

因此，**帕森斯**试图创建一种能够解释所有社会现象的**一般理论（宏大理论）**。其核心内容就是 AGIL **图式**（P126）。所有的社会现象和人类互动都是为了维持这个**图式**而存在的。

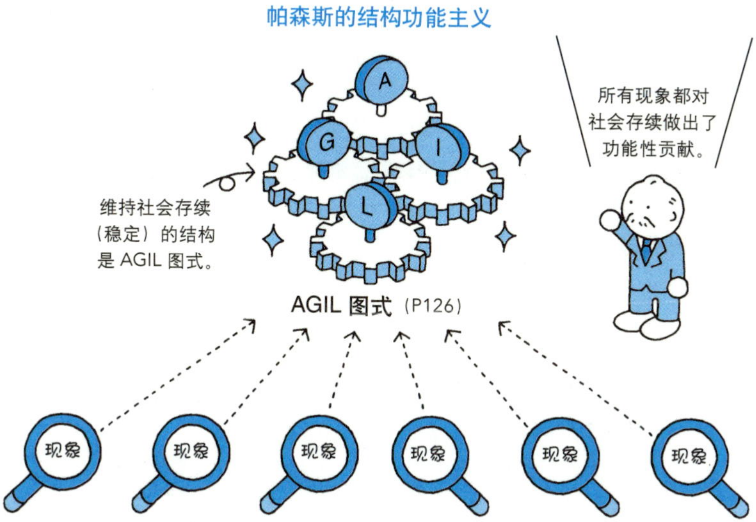

如上所述，功能主义认为社会具有**稳固**（不变）**的结构**（在帕森斯看来这就是 AGIL 图式），并且所有社会现象和互动都为维持该结构而**发挥功能**。我们用结构功能主义来特别强调**帕森斯**的**功能主义**。

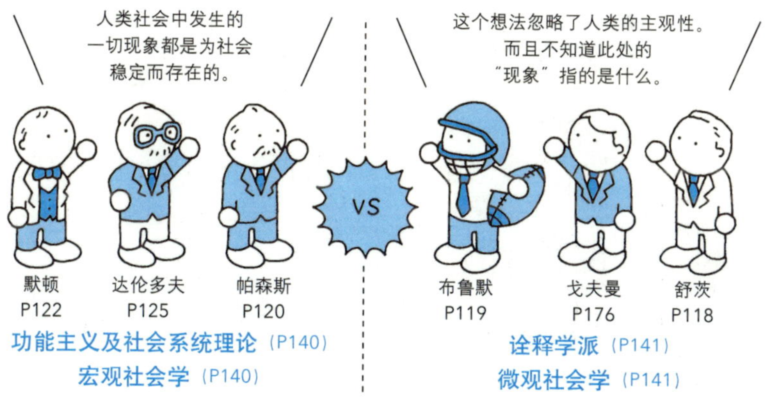

功能主义理论主张客观看待社会，所以在此意义上，该理论是科学的。但是，**诠释学派**（P141）认为"功能主义忽略了人类的主观想法"，后来站到了**功能主义**的对立面上。

冲突理论

文　献《走出乌托邦》

备　注　可以说冲突理论是马克思的阶级斗争理论（P043）和韦伯的权力理论（P076）在这个时代的社会中结合的产物

社会理论

帕森斯基于**结构功能主义**（P129），将社会秩序的**稳定**作为一个重要研究课题。而**达伦多夫**则认为，社会稳定并不能让有权者与无权者紧密联系，反而可能导致权力失控。

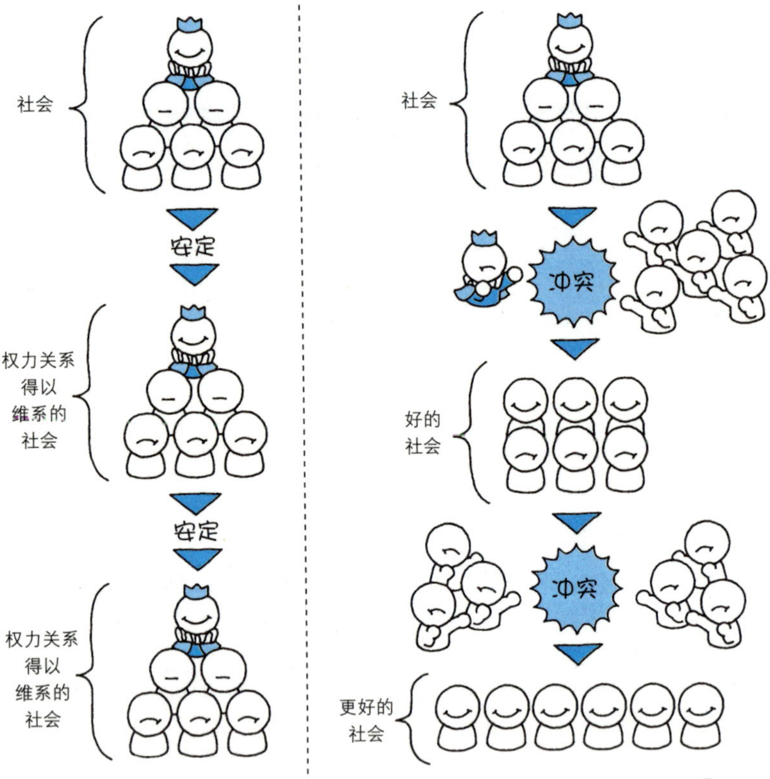

冲突乍一看似乎对社会平衡构成威胁，但**达伦多夫**却着眼于冲突（**抗衡和对立**）这一因素的重要性。这是因为没有权力的人可以通过对抗权力来修正权力。正如资本家和劳动者这样地位不同的人们之间的**冲突**才使社会得以**变化和发展**。这就是所谓的**冲突理论**。

冲突使社会进步

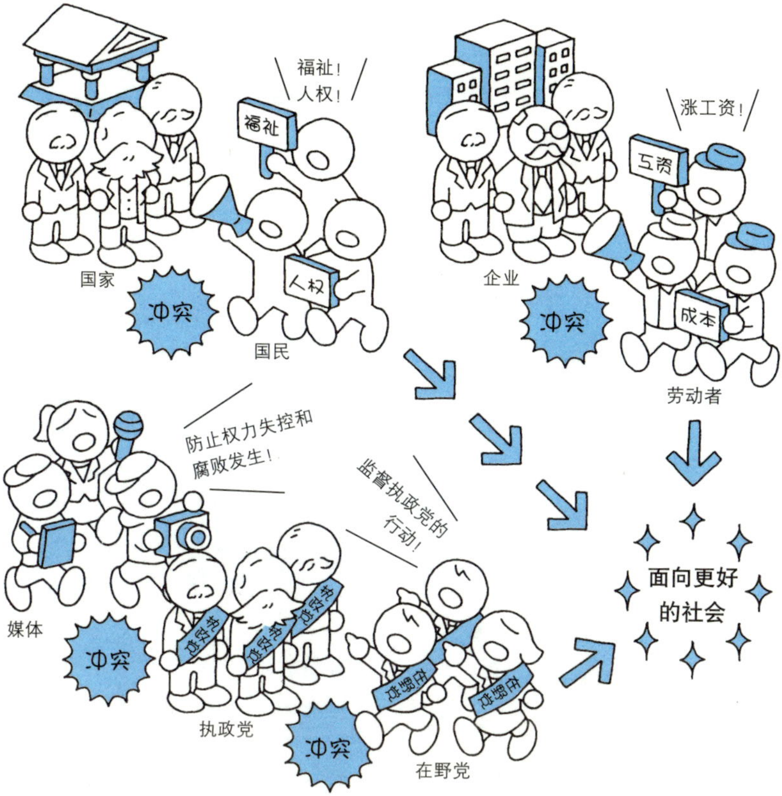

达伦多夫还批判了那些只遵循社会系统（例如 AGIL 图式）所规定角色的人，即社会人（homo sociologicus）。

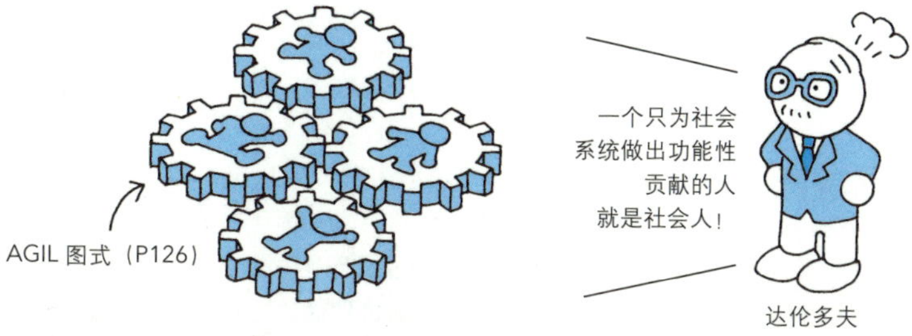

正功能 | 负功能

含　义　适应社会的功能是正功能，不适应社会的功能是负功能

文　献　《社会理论和社会结构》

社会理论

科层制的正功能和负功能

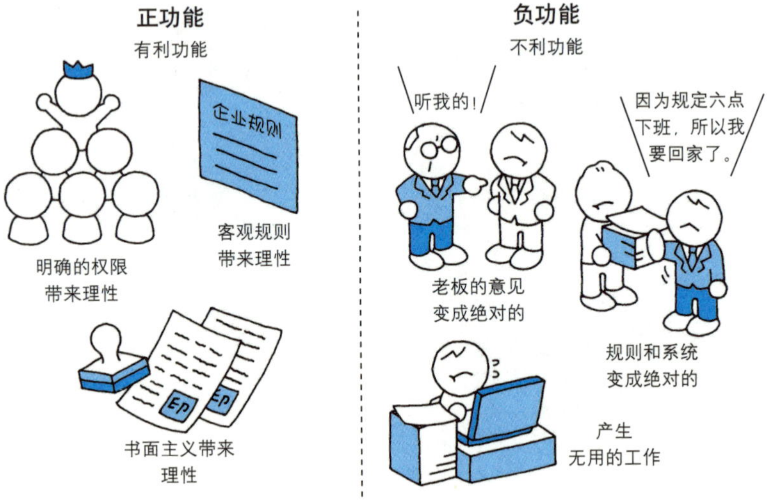

新产品的正功能和负功能

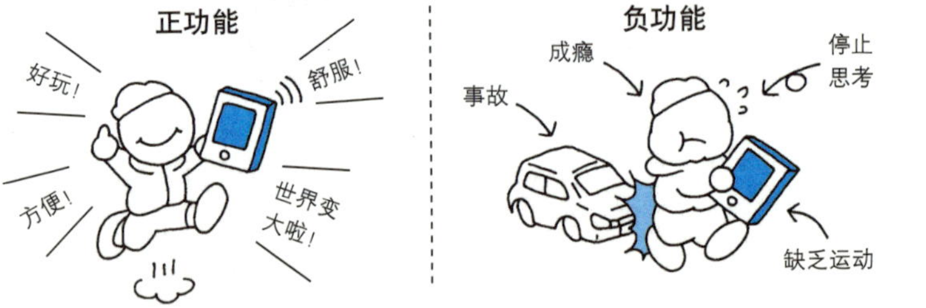

帕森斯（P120）认为社会中的各种现象和人们的行动是维持社会系统存续的**功能（作用）**，这就是**功能主义**（P129）。站在同一**功能主义**立场上的**默顿**指出，功能分为对社会有用的**正功能**和对社会有负面影响的**负功能**。

显功能 | 潜功能

含　义　已知存在的功能是显功能，未知和意外的功能是潜功能

文　献　《社会理论和社会结构》

社会理论

新产品的显功能和潜功能

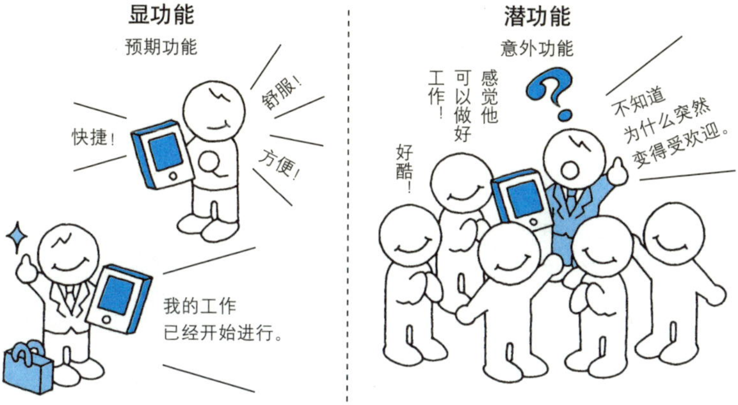

捡垃圾的显功能和潜功能

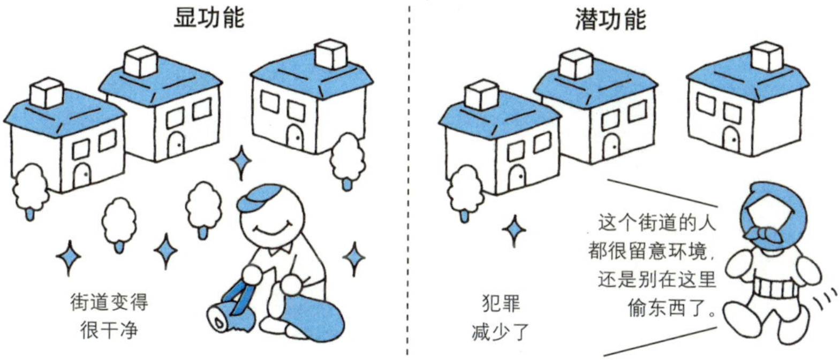

当人做出一个行动并获得预期结果时，该作用结果被称为**显功能**。相反，如果获得意外结果，则被称为**潜功能**。**默顿**试图从**潜功能**和**负功能**（P132）的角度考虑社会事件背后所潜藏的东西。

参照群体

含　义　作为比较或统一步调的标准的他人

文　献　《社会理论和社会结构》

备　注　与参照群体相对，个人实际所处的群体被称为**所属群体**

参照群体是社会学最重要的概念之一。所谓**参照群体**就是对个人决策制定产生重大影响的人群。**参照群体**并不限于某个特定群体，既可以是某个阶层整体，也可以是自己不直属的群体。例如朋友群体、受尊敬的名人群体，或仅仅是“有钱人”群体。

个人的价值观受个人所属的参照群体影响。
然而由于现代人同时属于多个参照群体，
针对某个选择，以哪个群体为参照群体要看具体情况。

打个比方，如果个人头脑中的**参照群体**比自身强，人可能会产生自卑感或赶超他们的进取心。相反，如果**参照群体**比自身弱，人可能会产生优越感或丧失进取心。

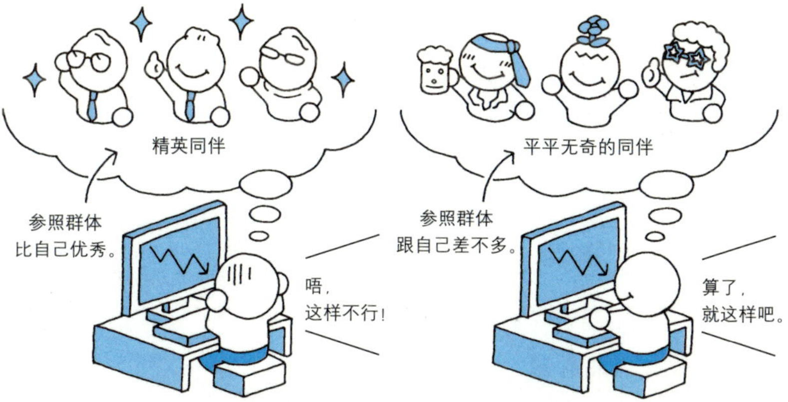

自我实现预言

含　义　揭示了预言的影响会使预言变成现实

文　献　《社会理论和社会结构》

备　注　这个观点后来影响了贝克尔的标签理论(P194)

社会理论

即使没有任何特殊根据，如果认为“×× 应该是好的”，它实际上就会变好；而如果认为“×× 肯定是不好的”，那么它实际上就会变糟。

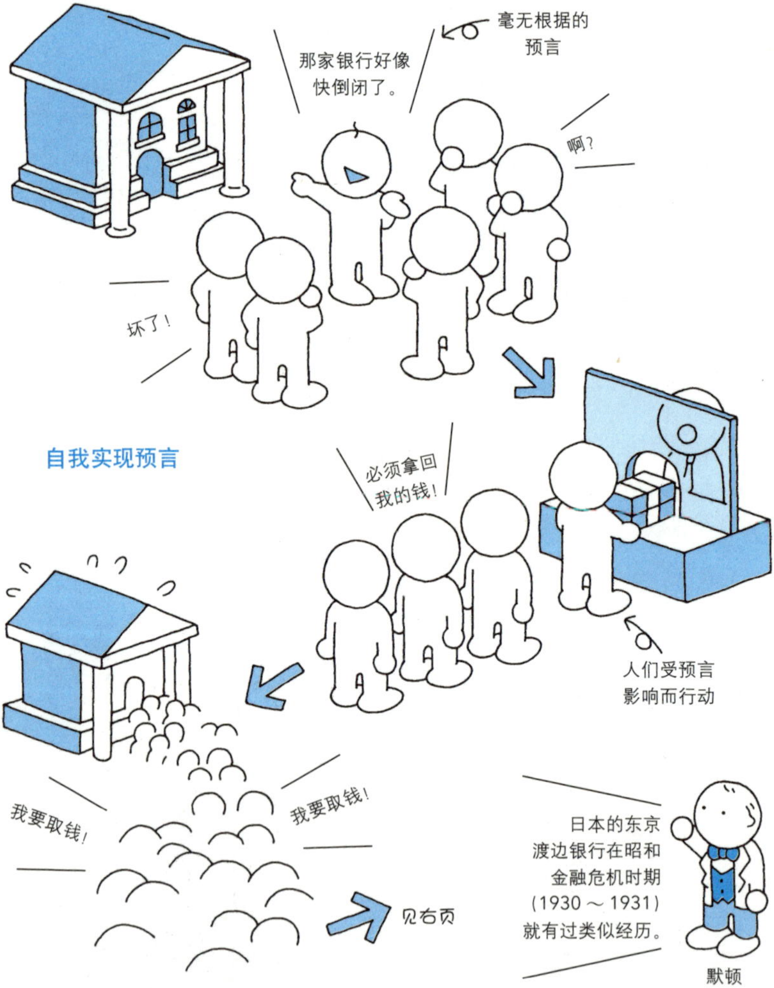

接左页

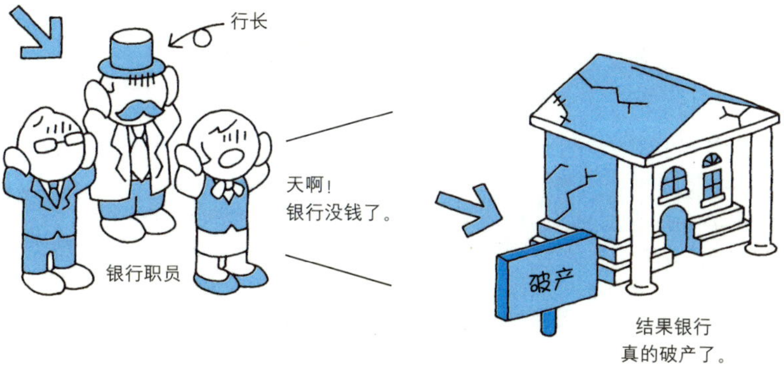

这些现象是人类世界所独有的，自然界中不会发生。例如，对哈雷彗星轨道的**预言**（预测）对其实际轨道不会产生任何影响。而只有人类才会根据他人或自身的**预言**来采取行动，并导致事情按**预言**结果发生。这被称为**自我实现预言**。

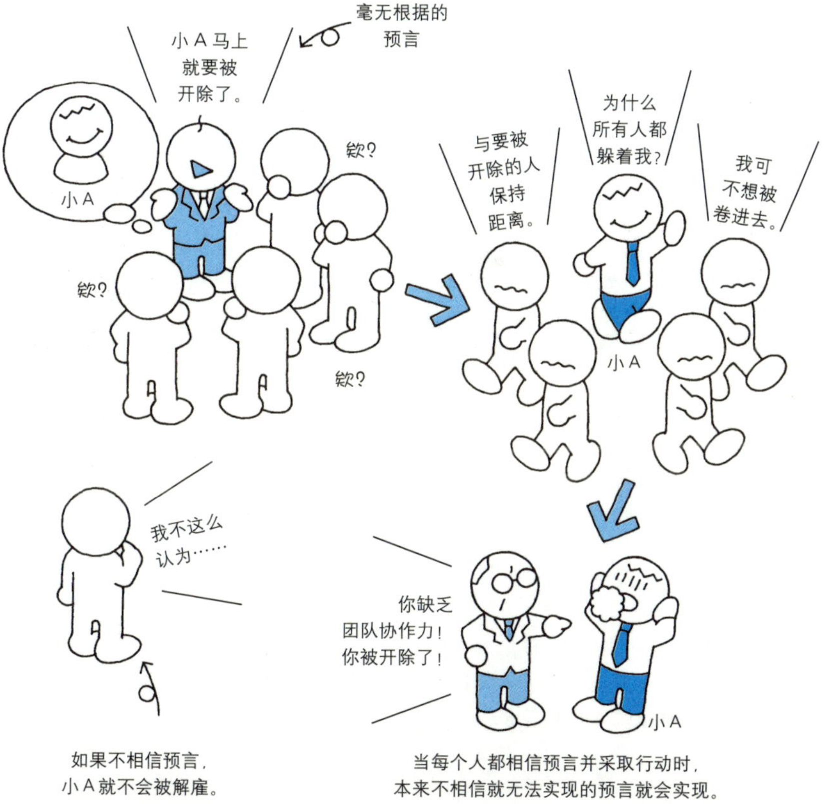

中层理论

含　义　个别实证研究和一般理论之间的理论（中层是指介于微观与宏观之间，介于具体与抽象之间）

备　注　默顿认同功能主义（P129）的基本部分，即“社会决定人类的行为”

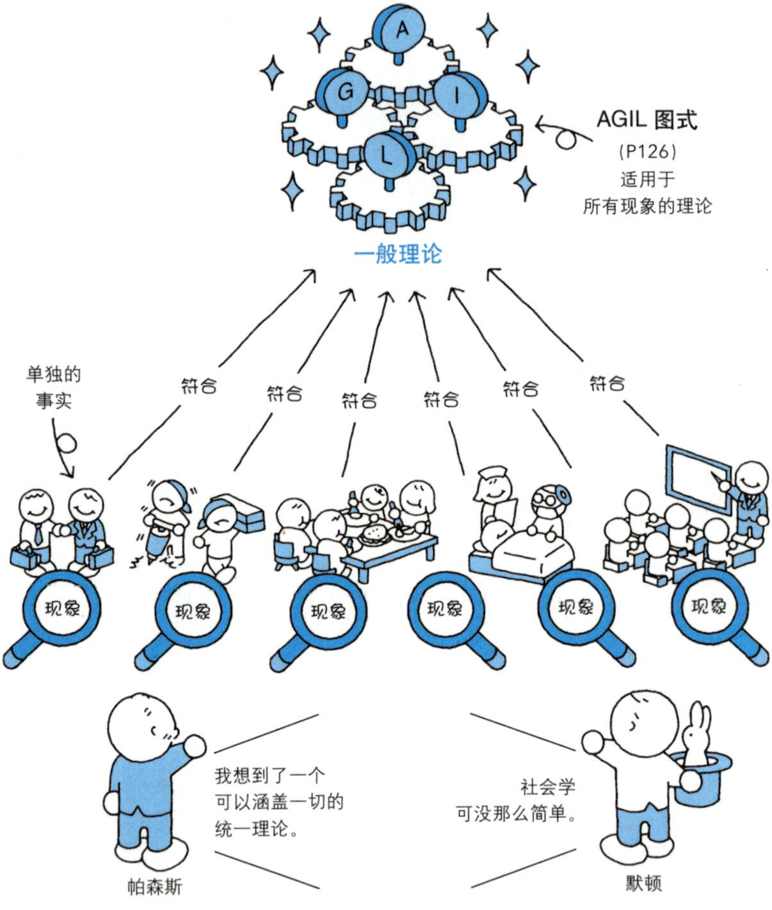

帕森斯试图用一种理论（结构功能主义 P129）解释世界上存在的各种社会现象。于是他提出了 **AGIL 图式**（P126）。但**默顿**认为，建立这样一个抽象的**一般理论（宏大理论）**对于考察实际发生的单个现象（事实）并没有帮助。

因此，**默顿**认为，社会学家的作用是建立一个可以经受实证研究考验的**中层理论**。这里的**中层**是指介于**抽象的一般理论**和**具体的单独事实**的**中间**。

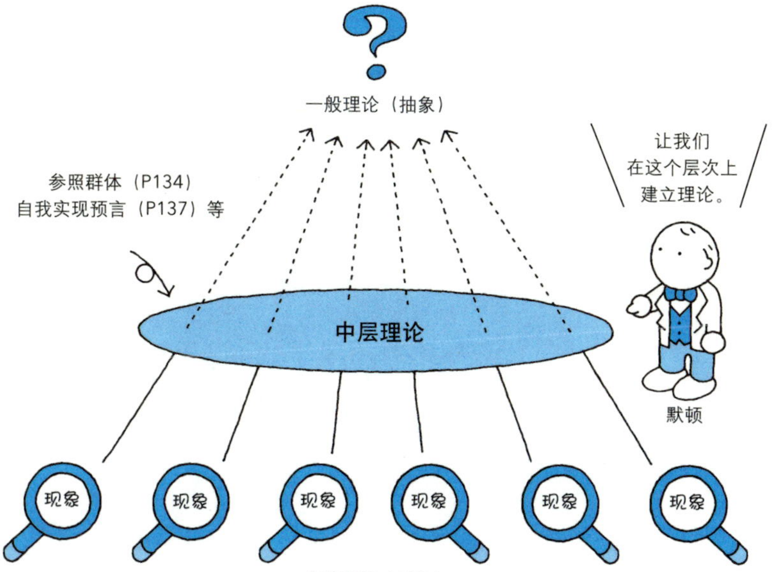

默顿举了几个**中层理论**的例子，例如**参照群体**（P134）和**自我实现预言**（P137）等。他认为，这些理论可以起到解决现实中的各种问题的**实际**作用。

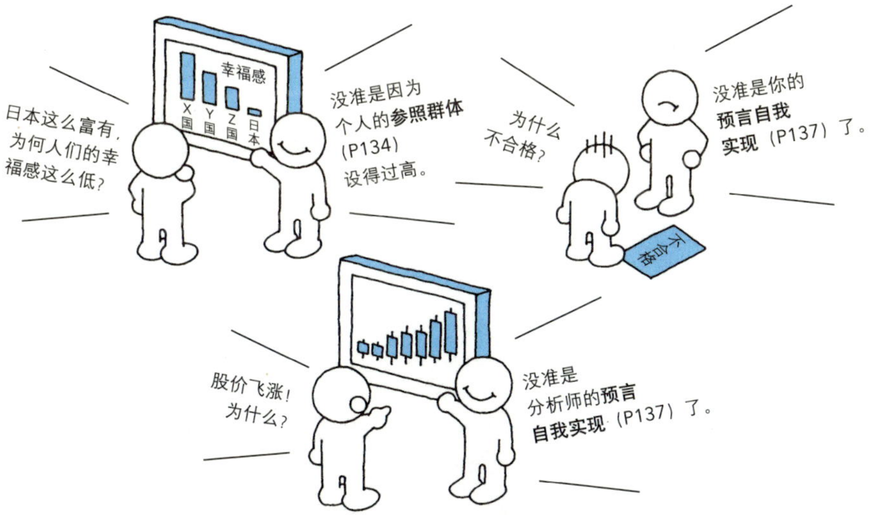

宏观社会学

备　注　在福特主义（P094）时代之前，人们认为持有相同的价值观、为社会做贡献有助于个人和社会的存续，在这种背景下，以帕森斯的结构功能主义为代表的社会系统理论迎来了鼎盛时期

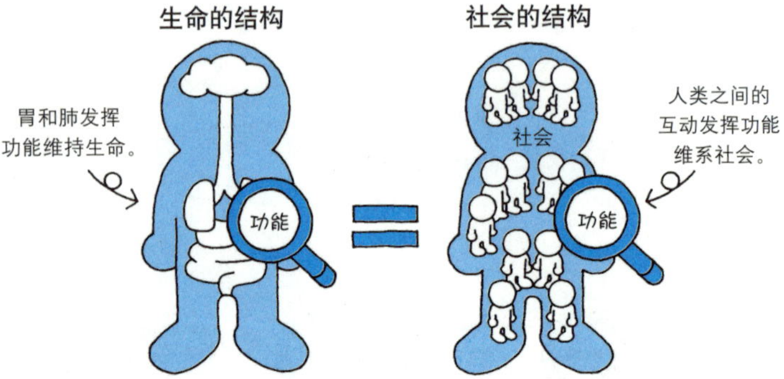

社会系统理论将社会视为一个生命系统，并以此来考察其结构。

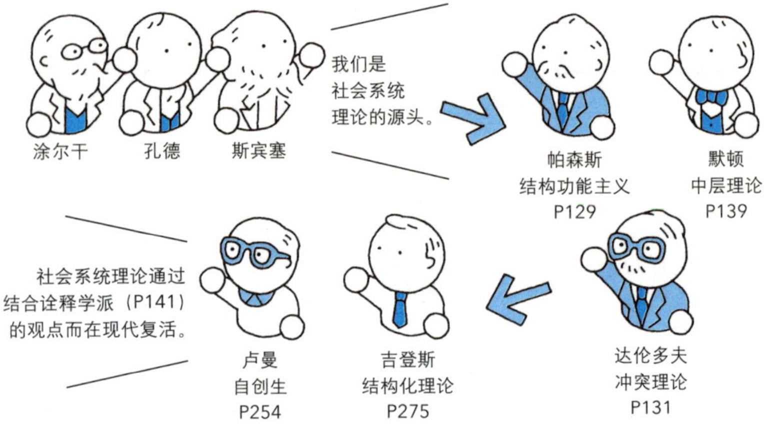

社会系统理论将社会视为具有**类似于生命结构的系统**（统一体）。正如胃通过消化**功能**使生命系统得以存续一样，人类之间的互动也发挥**功能**使**社会系统**得以存续，这就是**功能主义**（P129）的观点。像**功能主义**这样将社会整体视为一个**系统**并研究其**结构**如何影响人类行动的社会学，也被称为**宏观社会学**（另见 P012）。

微观社会学

备 注 随着从福特主义时代到后福特主义时代的转变，以及个人价值的多样化，各种行动的个体意义开始受到重视，在这种背景下，诠释学派等微观社会学流派开始出现

考察人们的综合行动的意义的学派是诠释学派。

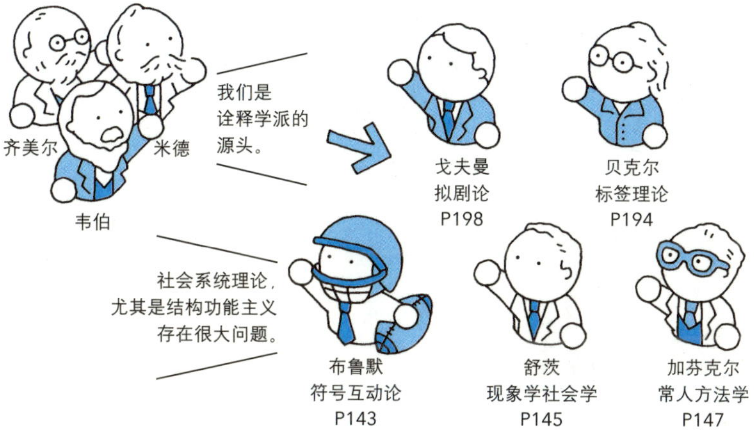

客观反映整个社会的结构的**社会系统理论**（P140）无疑是科学的。但是，**诠释学派**认为不能忽略组成该社会的**个体**的主观性。与动物不同，我们人类赋予各种对象以**意义**（对对象进行解释）并根据此**意义**开展互动。**诠释学派**试图通过理解这种互动的**意义**来考察社会。这种社会学也被称为**微观社会学**（另见 P012）。

符号互动论

文　献　《符号互动论》

备　注　符号互动论也被译为**象征互动论**，通过关注人类互动和主体的意义解释来考察社会的流派被称为诠释学派（P141）

社会理论

我们**赋予**事物各种**意义**，并基于该意义采取行动。事物的意义不是预先确定的，而是通过与他人的互动而得出的。因此这种意义在不断被重新解释和修正。

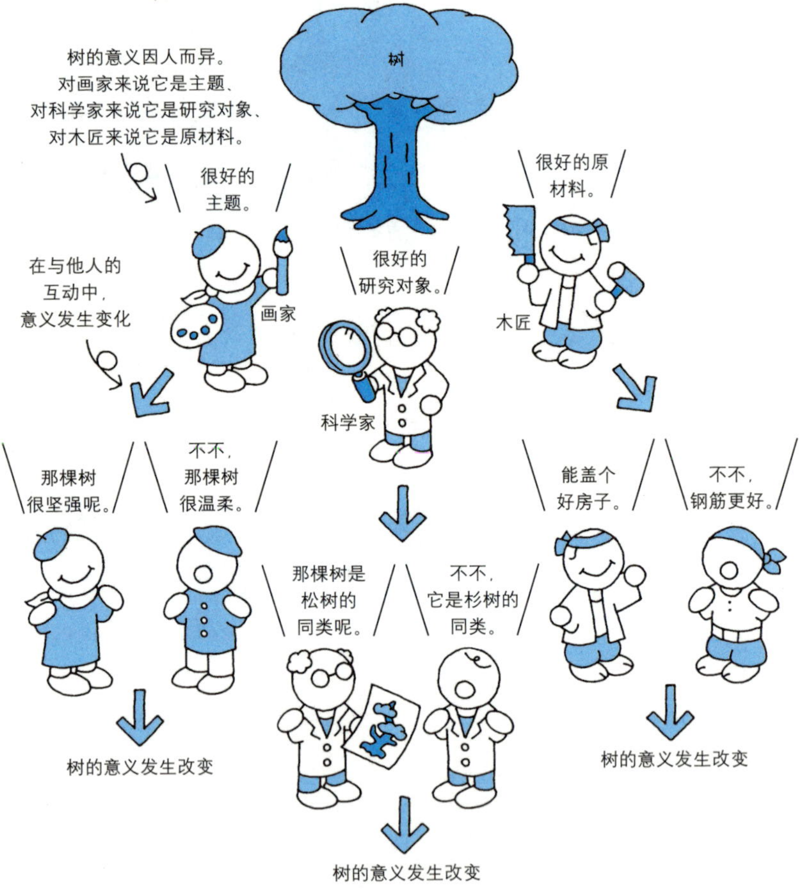

人类通过赋予意义（解释）来理解事物，并基于此意义采取相应言行。
社会是这些言行的集合。换句话说，一旦意义改变，社会也会改变。

布鲁默的**符号互动论**认为，社会并不是基于固定不变的特定价值成立的。他将社会想象成一个动态过程，事物的**意义**通过人类的每次主体性解释被修正。

人们通过解释“树”
“人”“家庭”“国家”
等意义（概念）使社会得以成立。
但是，“树”和“家庭”等
意义一直在因每个人的重新解释而改变。
社会并不像帕森斯所想的那样具有固定的结构。

帕森斯的**结构功能主义**（P129）指出，社会具有**不变**的特定**结构**（AGIL 图式 P126），人们为了维系它而采取行动。与之相对的**符号互动论**认为，人们通过**赋予**各种对象以**意义**并基于该**意义**采取行动，使社会得以成立。并非是社会规定人类的行动，而是人类凭主体性建立社会，并使之发生改变。

结构功能主义

人与人之间的每一个行动都是
为了维持社会结构而存在的。
换句话说，社会决定了人类的行动。

符号互动论

人们赋予各种事物以意义并据此意义
采取行动，使社会得以成立。换句话说，
人类的行动不断塑造着社会。

现象学社会学

文　献　《社会世界的意义构成》

备　注　现象学社会学源于E. 胡塞尔（1859～1938）的现象学，通过关注互动和主体的意义解释来考察社会的流派被称为诠释学派（P141）

假如我们面前有一个苹果，我们会认为这里“存在苹果”。然而将“存在苹果”当作事实并确信的唯一根据是我们的**意识**中“存在苹果”。在自己的意识之外的客观世界中是否真的“存在苹果”则不得而知。

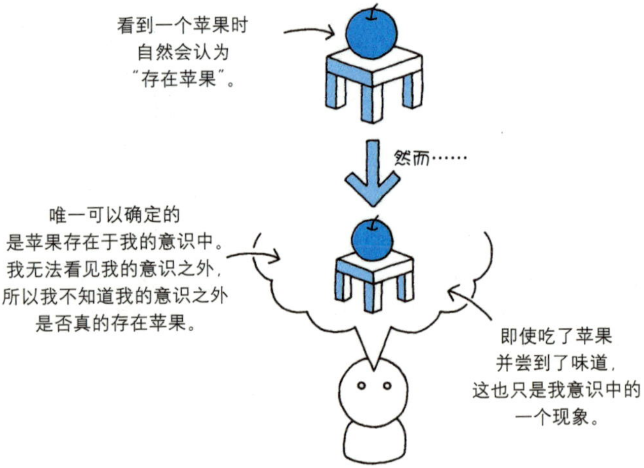

换句话说，世界仅存在于意识中。**现象学**就是站在这样的立场上思考现实世界是如何构建的。

舒茨认为，社会并非独立于我们的意识客观存在。相反，我们之所以认识到社会存在，是因为我们意识所共享的观念创造了“现实”、认为社会存在。这个观点被称为**现象学社会学**。

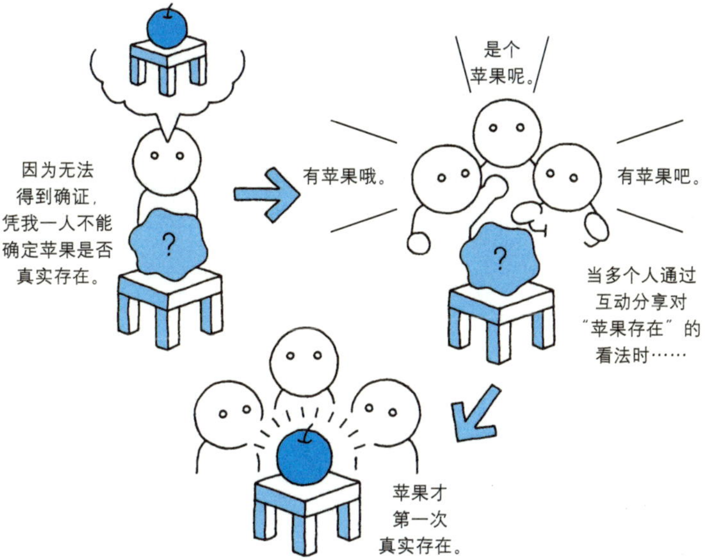

如果上述观点是正确的，那么没有我与他人的关系，世界就不会存在于现实中。

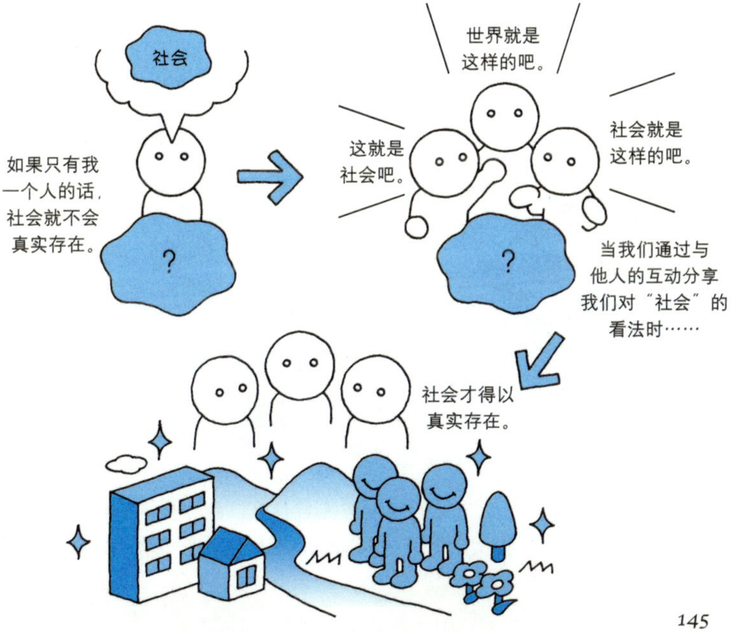

常人方法学

含　义　社会成员（常人）所使用的方法论

文　献　《常人方法学研究》

备　注　常人方法学受到了现象学社会学（P145）和语言游戏（P153）的影响

社会理论

同**舒茨**（P118）一样，**加芬克尔**也认为社会是由人们的**共同认识**构成的（现象学社会学 P145）。因此，**加芬克尔**对不同社会的普遍观念进行了具体调查。

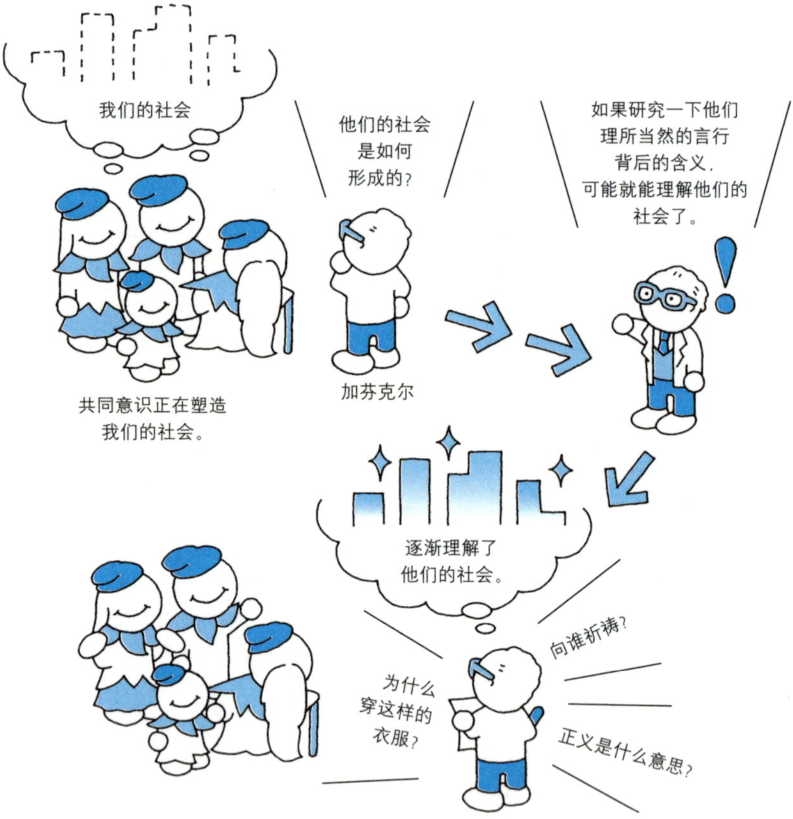

例如，“健康”对医学领域的医生意味着什么？什么样的学生是老师眼中的“好学生”？如果在实际调查中明白了这些问题，就能更接近他们的共同认识。

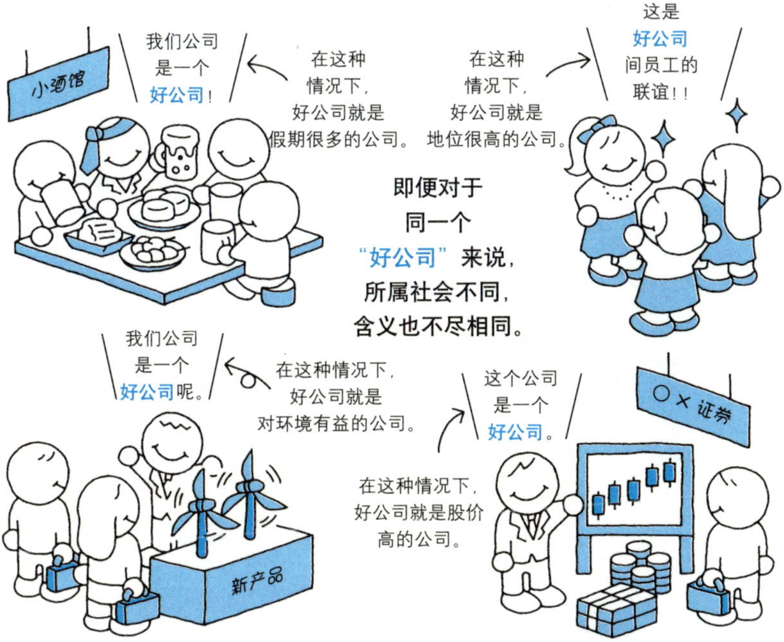

人们的**行动和对话**（语言）**方式**取决于他们所属的社会（语言游戏 P153）。**加芬克尔**认为，如果我们**调查人们的日常对话和行动方式**（调查共同认识），就可以看清他们所属社会的本质。基于这种观点的**对话和行动分析**被称为**常人方法学**，至今仍然很流行。

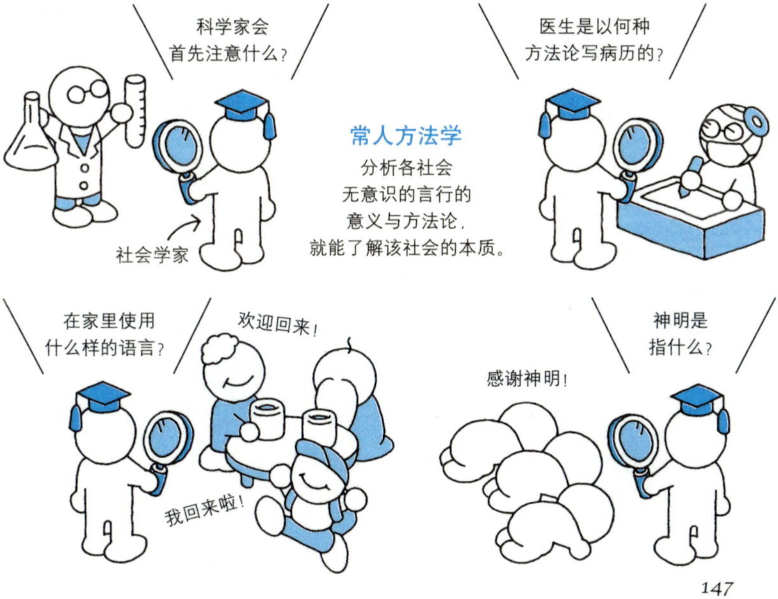

意见领袖

文　献　《人际影响》[E. 卡茨（1926～）/ 拉扎斯菲尔德]

备　注　意见领袖的存在进一步证明了初级群体（P097）的重要性

拉扎斯菲尔德认为，来自大众媒体的信息通过**意见领袖**流向那些对信息关心程度低的人，而不是直接与人们接触。这被称为**两级传播论**。

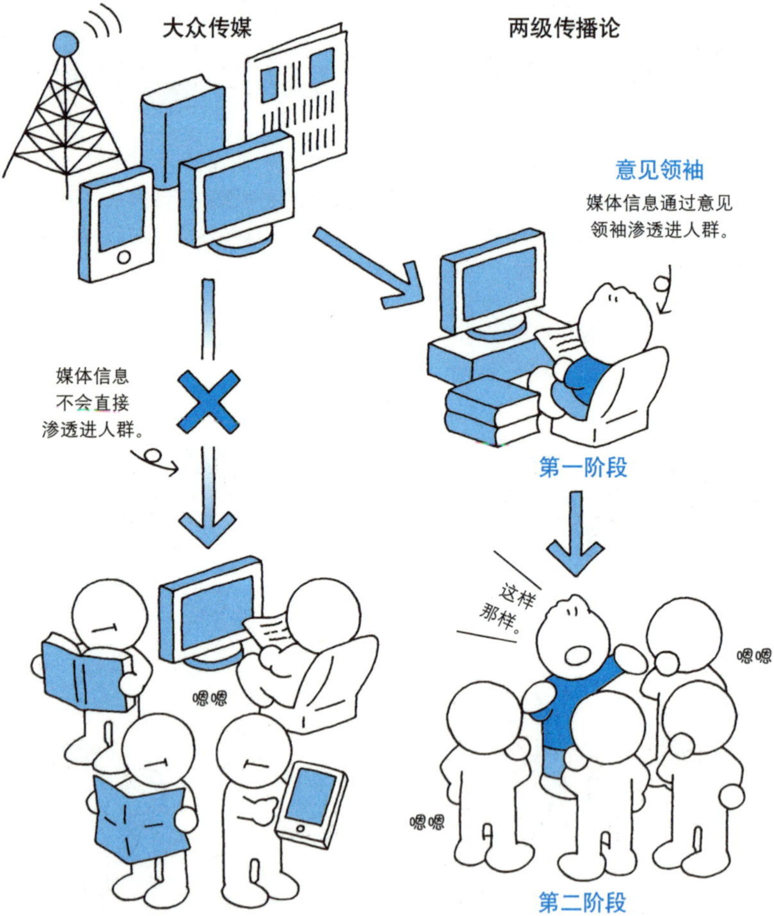

拉扎斯菲尔德认为，无论现代化如何增加**间接的人际关系**（次级群体 P097），人们依然会受到**直接面对面交谈的同伴**（初级群体 P097）的影响。为了使媒体消息传播到更多人那里，我们需要**意见领袖**。

意见领袖的社会地位与其所属群体里的其他人相同。

意见领袖对社会问题更感兴趣、发言频率更高。

意见领袖在其所属群体中受到信任。

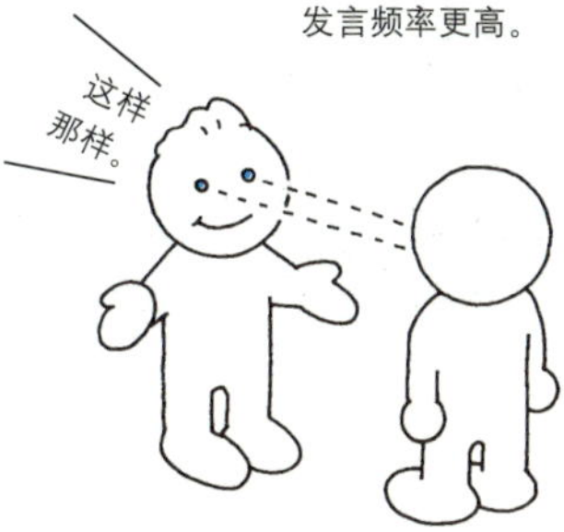

意见领袖重视面对面的单独交流。

意见领袖有时会被政治和企业所利用。**意见领袖**需要意识到他们的影响。

如今，有些拥有大量关注者的社交媒体用户已经成为意见领袖了。因此，他们的影响力变得更大了。

他人导向型

含　义　追求与他人的价值观同步，是现代社会（资本主义社会）中的群体的典型性格

文　献　《孤独的人群》

备　注　此观点承袭了弗洛姆的学说（社会性格 P102）

理斯曼将组成社会的人们的性格分为**三种类型**：❶**传统导向型**，遵循共同体的传统行事；❷**内在导向型**，脱离共同体后按照自己内心的信念行事；❸**他人导向型**，对他人的想法敏感，并试图与他人的偏好和期望保持一致行事。

❶传统导向型

在人口数量低于一定水平的传统共同体社会（中世纪之前）中，人们将姻族和家族的价值观作为行为指南。

× 岁前结婚

× 点起床、× 点睡觉

每天的祷告

❷内在导向型

在人口增长、人口流动剧烈的早期资本主义（十九世纪初期的资本主义）社会，人们的行为准则来源于内心而非传统。

❸他人导向型

在像现代大都市这样成熟的资本主义社会中，
人们将同时代人的目光和评价作为自己的行为指南。

现代人在摆脱各种束缚的同时变得越来越孤独。为了减轻这种孤独感，人们追求与他人同步，变成了依靠大众传媒来判断方向的**他人导向型**人。当今社会可以说是一个以**他人导向型**人群主导经济、政治和文化的**大众社会**。

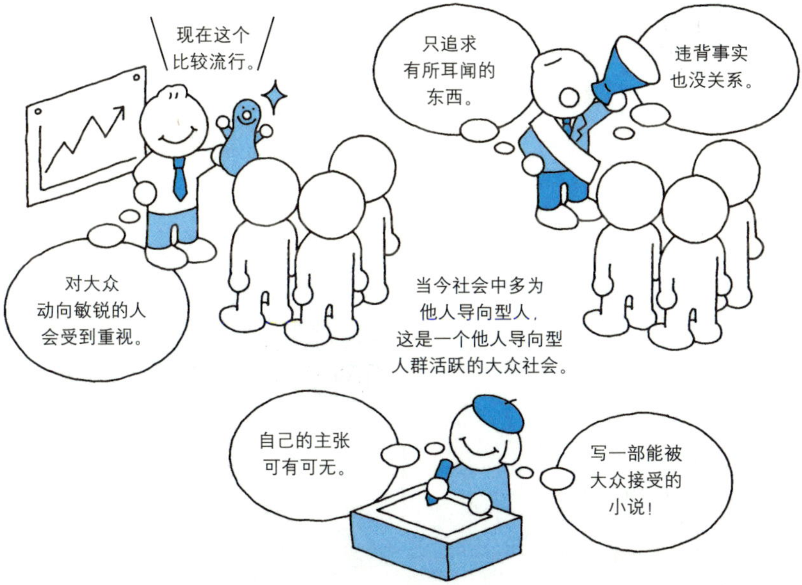

语言游戏

文　献　《哲学研究》

备　注　维特根斯坦曾经认为事实与语言之间存在一一对应关系（**映射理论**），但后来改变了看法，提出了语言游戏的概念

假设你**主张**“**今天天气很好**”（语言）。在这种情况下，如果今天天气很好，则此主张是正确的，否则此主张是错误的。

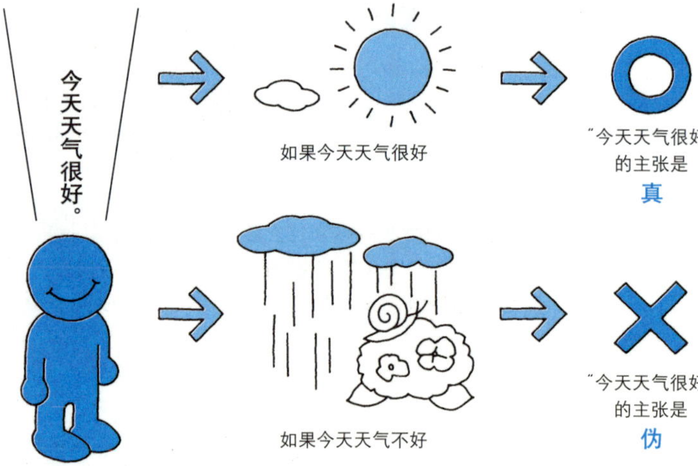

但并非总是如此。因为主张的含义会因时间和场合不同而发生变化。事实和语言不是**一一对应**的。

语言的含义会
根据情况而变化

“今天天气很好”，
有时意味着“今天有好事发生”。

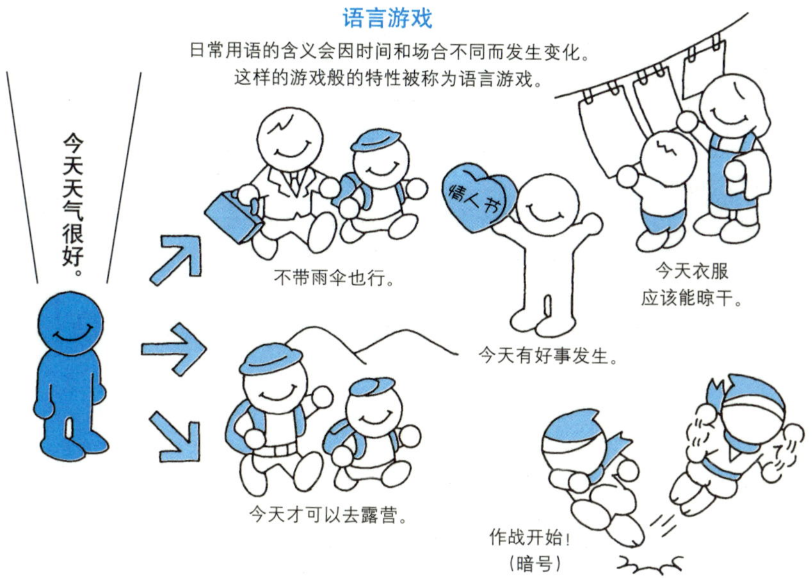

我们理解某一语言以及与该语言的含义相关联的**规则**后，根据这些规则行事。学习这些语言活动规则的唯一方法就是实际参与日常生活。**维特根斯坦**认为参与社会生活就是参与**语言游戏**。

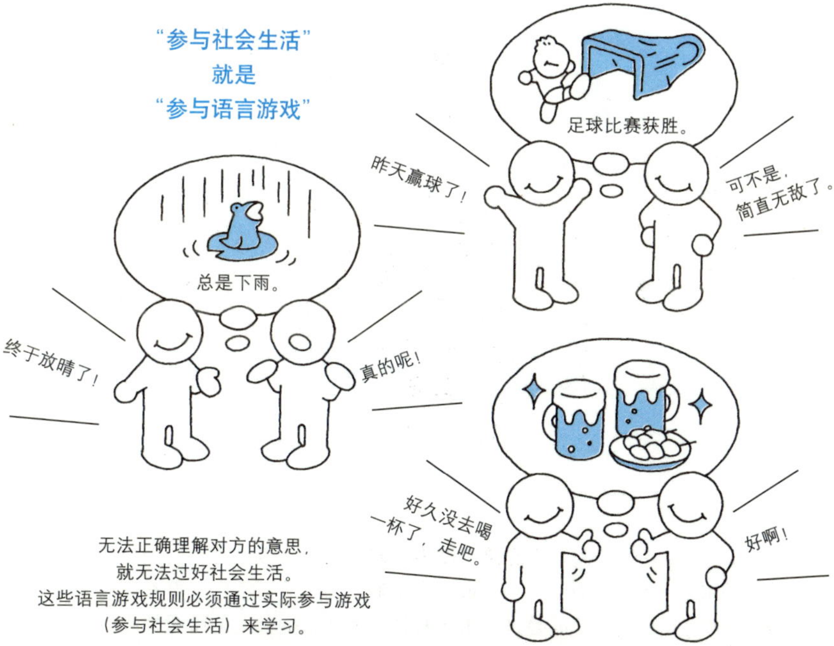

权力精英

含　义　在民主社会的背景下，拥有集中权力的统治阶层（军方高层、政府高层和大企业的经营者）

备　注　米尔斯认为，美国看似是民主社会，实际上拥有类似于法西斯政权的权力结构

秩序和权力

第二次世界大战后，美国的形象是"富足、人民自律、理想的民主社会"。

但是，真正的美国是由**经济、军事、政治**三个领域的统治阶层组成的**权力精英**们联合掌控权力的一个国家。**米尔斯**认为，看似活跃的群众实质上无权控制政治。真实的美国是一个由少数精英所统治的**典型的阶级社会**。

真正的美国情况

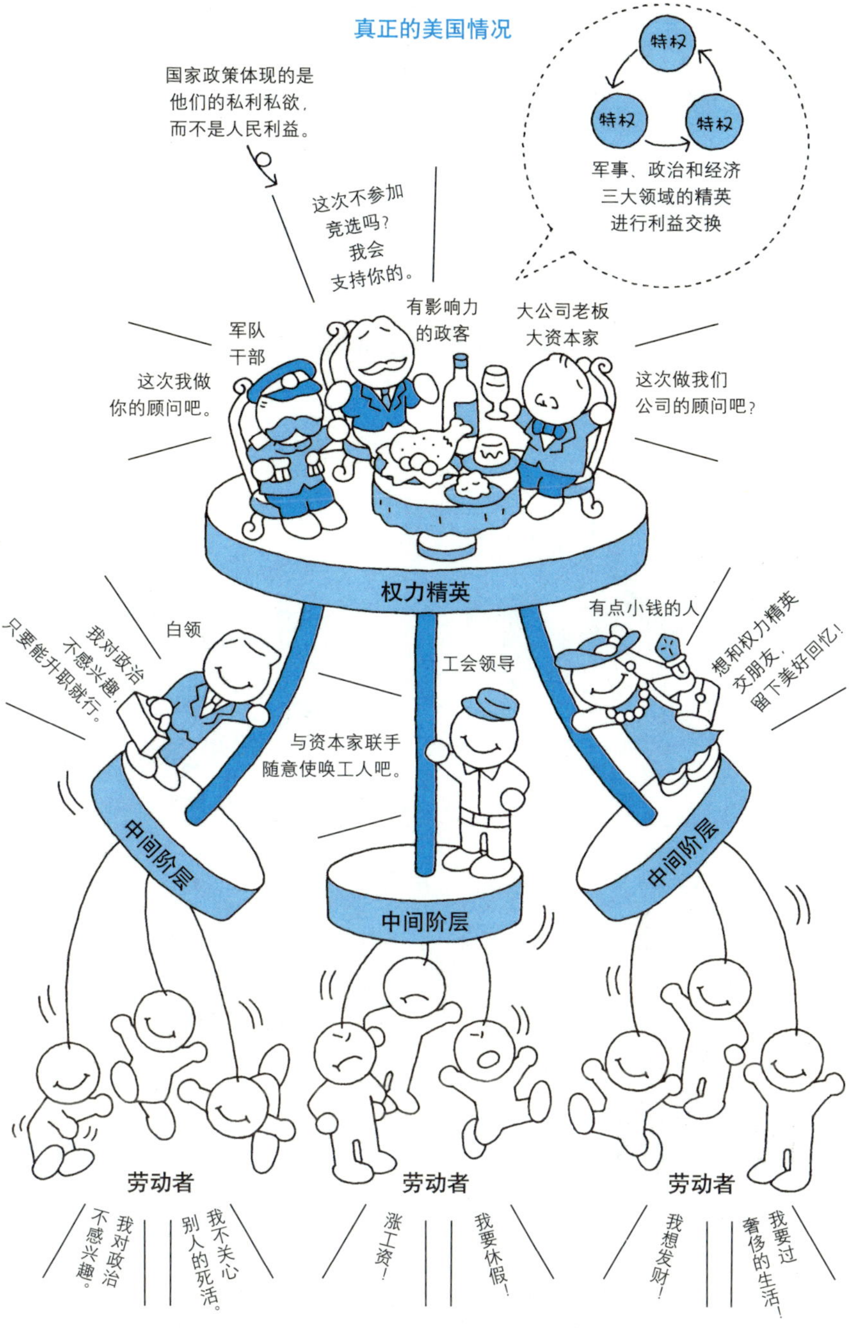

米尔斯认为，真实的美国就是由权力精英的私利私欲、
投靠他们的中间阶层（包括大公司的高管、
中小型企业的总裁等）和对此毫不质疑的劳动者组成的。

乱伦禁忌

文　献《亲属关系的基本结构》

备　注　社会的根本原理是交换（赠与和还礼），从交换的角度解读社会的理论被称为**社会交换理论**

公共性和集体

乱伦在所有社会都是**禁忌**。**列维－斯特劳斯**与“原始社会”的人们生活在一起，调查了乱伦在该社会成为**禁忌**的原因。

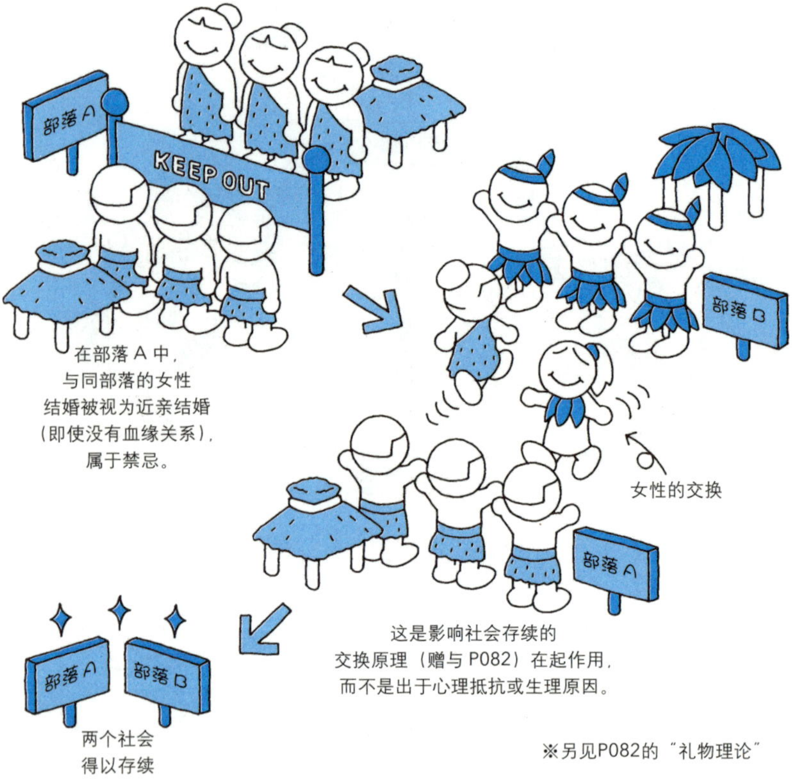

※另见P082的“礼物理论”

赠与和还礼的交换是人类社会存续的根本条件（礼物理论 P083）。**列维－斯特劳斯**将**婚姻**视为群体间的“女性交换”。他认为，**被禁止当作结婚对象的女性近亲**和**可以成为结婚对象的女性**之间的区别，或许正是**作为交换对象赠与其他群体的女性**和**由其他群体赠与的女性**之间的区别。

成为**交换**对象的东西被赋予了价值。换句话说，女性近亲是具有向其他群体进行赠与（交换）的价值的对象。这样一来，乱伦就是关闭交换机制的行为，应被视作禁忌。

西方和日本都有女性嫁往别处的**习俗**，但我们并没有意识到该**习俗**的真正含义。**列维－斯特劳斯**认为，不仅限于“女性交换”，通过**赠与和还礼的交换**这一**习俗**来维系社会，是在各种社会中都存在的一种**结构**。他认为，人类只是无意识地遵循构成社会基础的这些**结构（习俗和文化）**（结构主义 P159）。

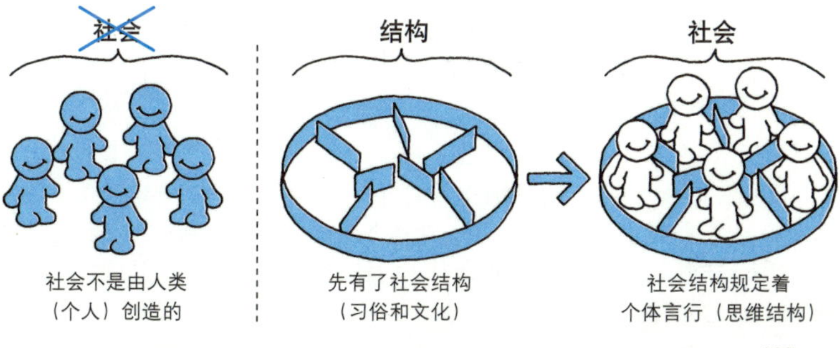

结构主义

含　义　主张人类言行是无意识地被其所属的习俗和文化（社会结构）决定的

文　献　《亲属关系的基本结构》《野性的思维》

备　注　主张结构主义的还包括阿尔都塞、前期的福柯等人

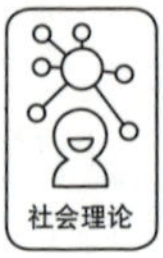

法国人用“papillon”一词表示蝴蝶和飞蛾。换句话说，“飞蛾”（或“蝴蝶”）对法国人来说并不存在。这表明并不是有了飞蛾这种生物，我们才将其命名为“飞蛾”的。

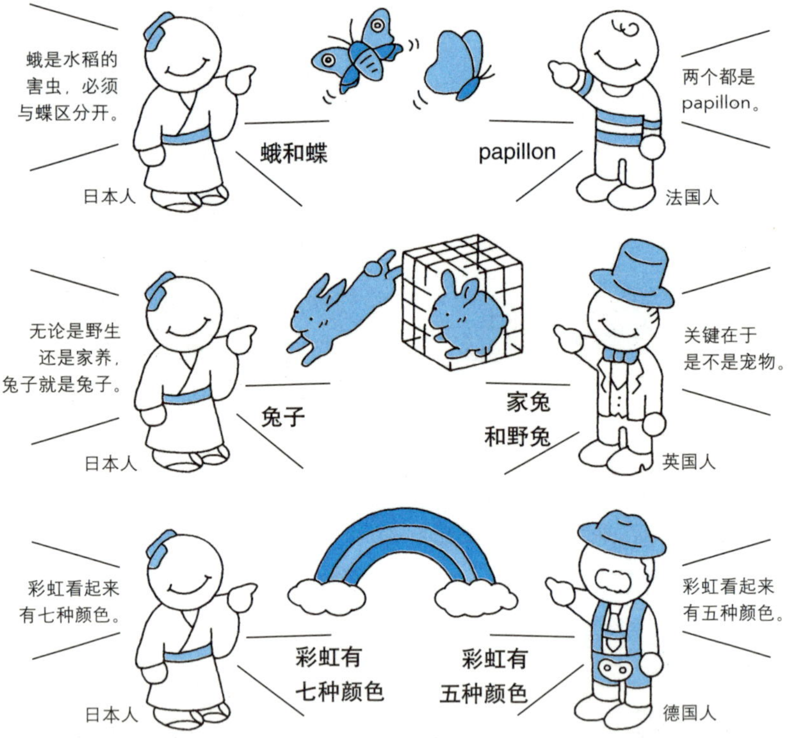

并不是单独的元素的存在在先、名称的分配在后。当我们用**语言**区分世界时，每个元素才得以存在。我们在这个语言世界的范围内进行思考。**列维－斯特劳斯**由此认为，人类的思维（的结构）是无意识地被其所属的社会和文化（的结构）所支配的。

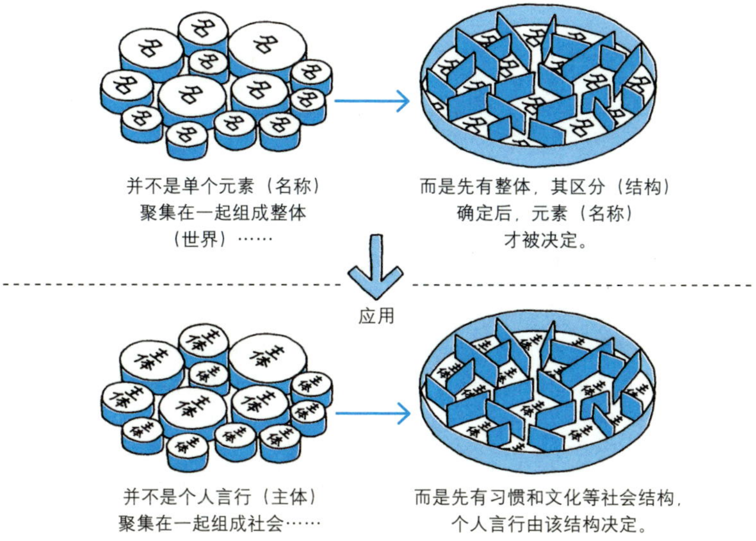

例如，生活在被称为“未开化社会”的共同体中的人们与西方拥有不同的世界划分。与西方的“文明”社会相比，在这种划分下形成的社会并不落后于人类发展进程。这就是**结构主义**的思想。

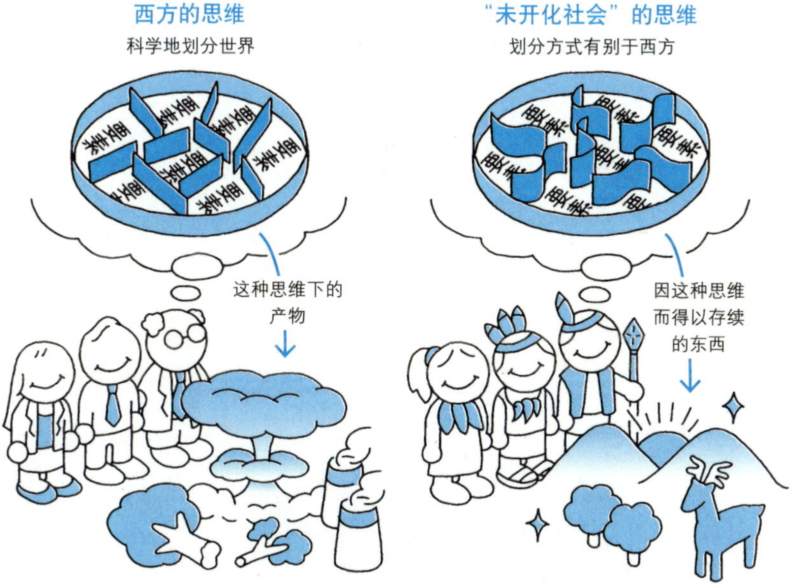

由于西方发展了“科学”，人们便无意识地认为西方的思维是先进的。
但是“科学”造成了环境破坏和大规模杀伤性武器的产生。
西方科学思想与所谓“未开化社会”的思想相比，并不能称得上是一种先进的思想结构。

优绩主义

含　义　即精英统治、贤能主义

备　注　过去的优绩主义以学历等为评判标准，而近年来，人们开始追求新的“能力”，例如“沟通能力”和“人际交往能力”（**超优绩主义**）

在**现代社会**（资本主义社会）中，社会地位不是由出身或家庭决定的，而是由个人的**能力**决定的。**扬**将这种由个人能力决定地位和权力的社会和状况称为**优绩主义**。

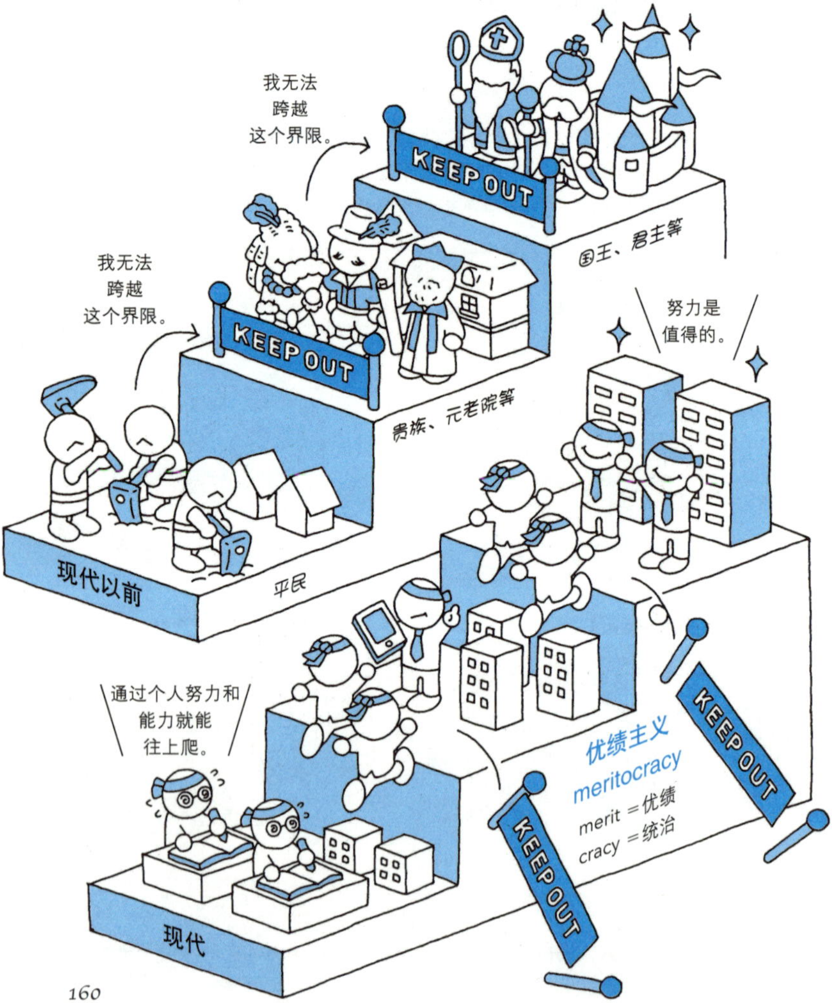

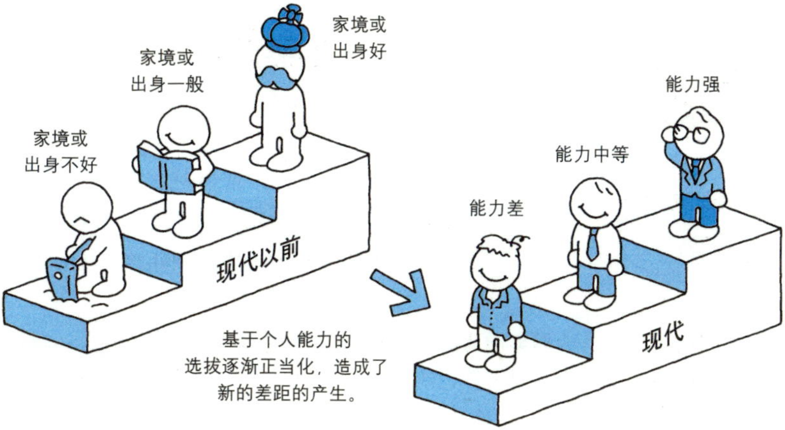

在**优绩主义**的世界中，由个人能力而非出身决定社会地位似乎是平等且可取的。但是，如果基于能力的选拔变得绝对化，则会产生新的不平等和统治结构。**扬**用**优绩主义**一词告诫人们警惕对**优绩**的过度依赖。

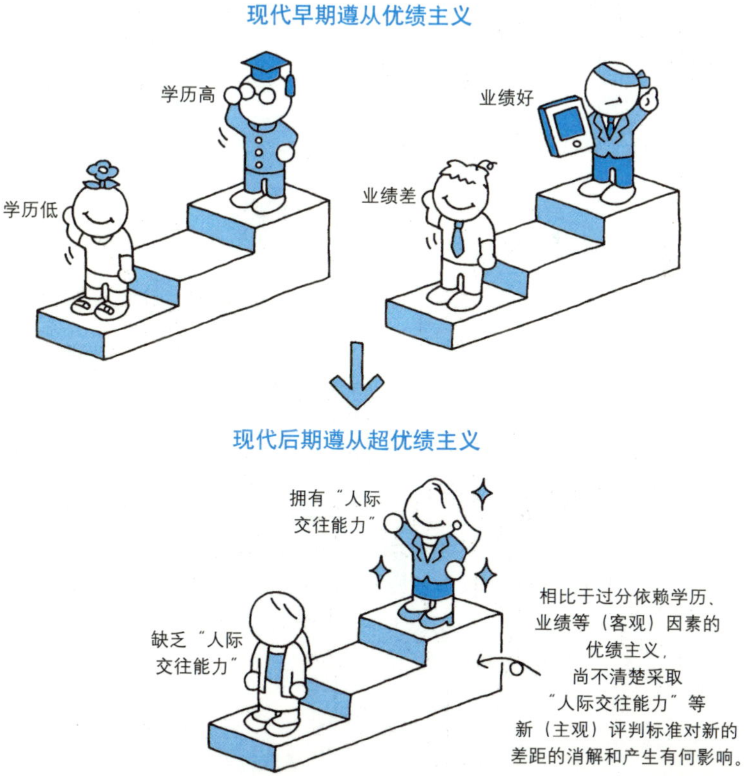

伪事件

含　义　朴素事实经大众媒体戏剧化处理后产生的次生事实

文　献　《形象》

备　注　这种观点与后来的符号消费理论（P244）相通

布尔斯廷称**大众媒体**制造的类似事实的事件以及刻意在很大程度上割裂部分事实呈现出来的观点为**伪事件**。大众传媒反映的往往不是“事实”。

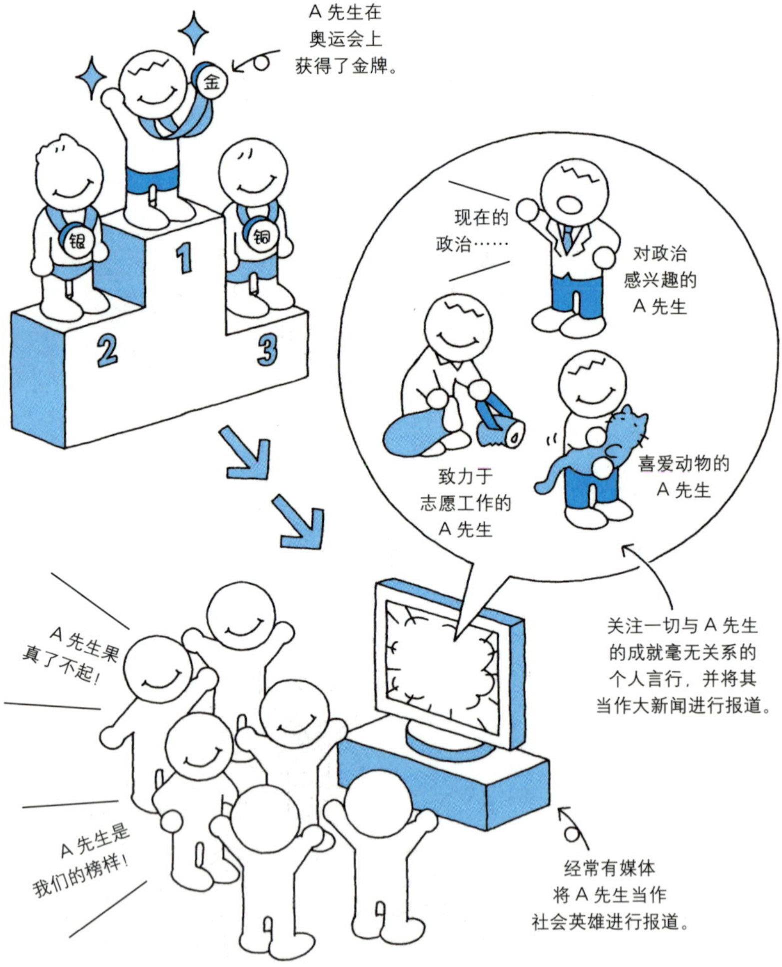

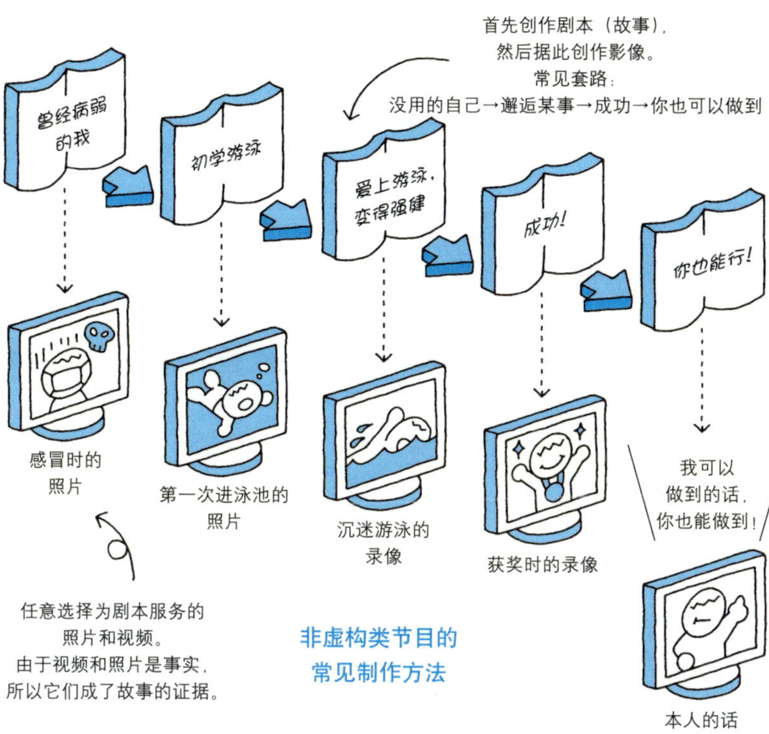

非虚构类节目的常见制作方法

布尔斯廷认为，这种视角并非由**伪事件**的创建者单方面制造。人们对世界上的戏剧性事件心怀期待，而**伪事件**则迎合了这种期待。

人们相信自己想相信的东西，而不是事实

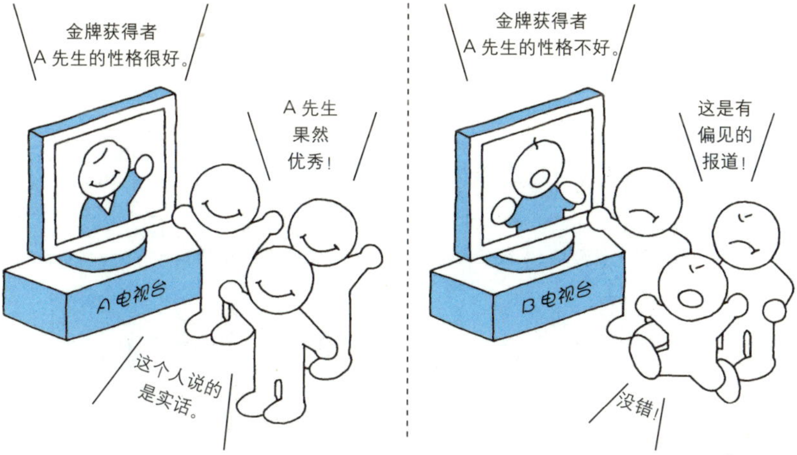

媒介即信息

含　义　与媒介（电视、报纸、杂志、互联网等）传播的信息内容无关，媒介的形式本身会对人类和社会产生影响

文　献　《理解媒介》

一般认为**媒介**仅是将**信息**传递给接收方的一种手段，而影响人们的仅是媒介传播的信息**内容**。

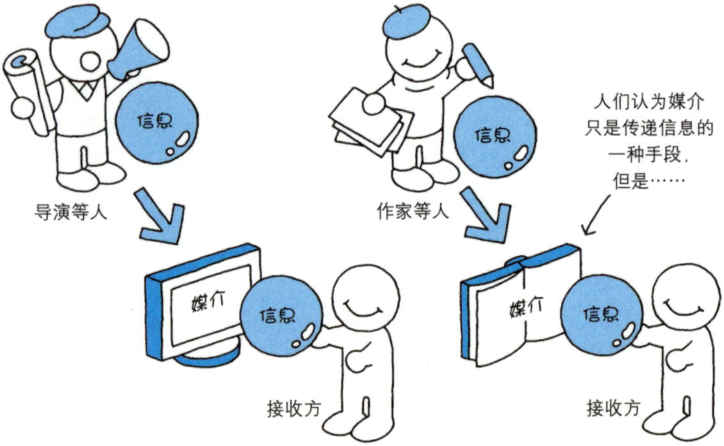

但是**麦克卢汉**认为，媒介的**形式**对人类的思想和行为有着重大影响。除了媒介所携带的信息外，**媒介本身**也具有信息的属性。这就是**麦克卢汉**所谓的**“媒介即信息”**。

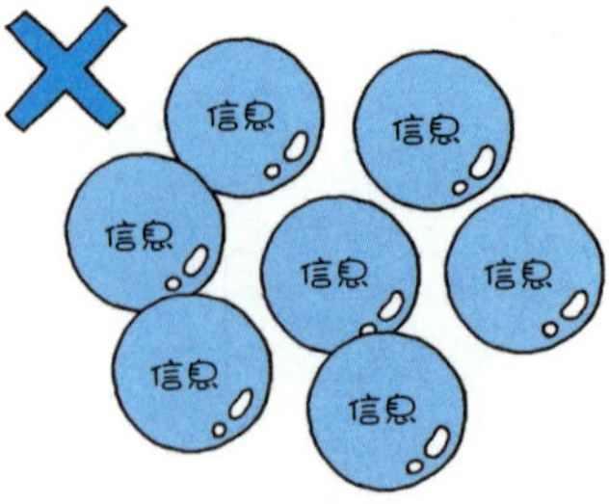

麦克卢汉不关注媒介传播的
信息（内容）……

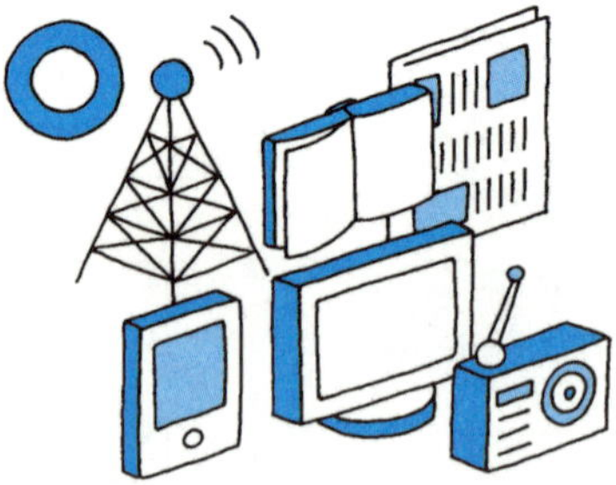

关注的是媒介本身

以前的生活方式

不得不根据电视节目播出时间调整生活。

互联网时代的生活方式

不再需要根据电视节目的播出时间调整生活。

麦克卢汉认为，新的媒介将从根本上改变人们的思想和行为。这意味着新的媒介的出现将创造一个新的社会。

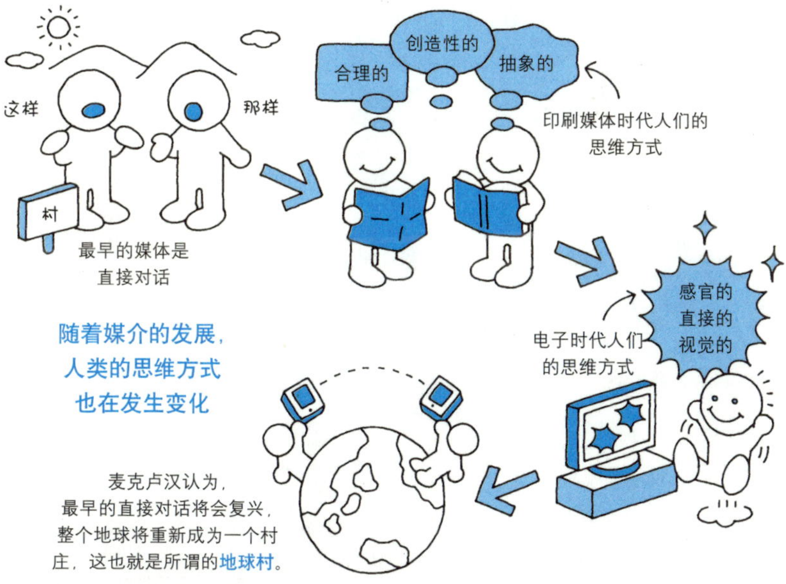

人的延伸

含　义　将媒介视为外化的人体器官

备　注　麦克卢汉在《谷登堡星汉璀璨》一书中称，活字印刷技术的出现极大地促进了声音（语言）的扩展

麦克卢汉将**媒介**视为**人的延伸**。对他来说，媒介不仅仅是所谓的电视和书籍，或者电话和信件。他将所有人造物都视为媒介。

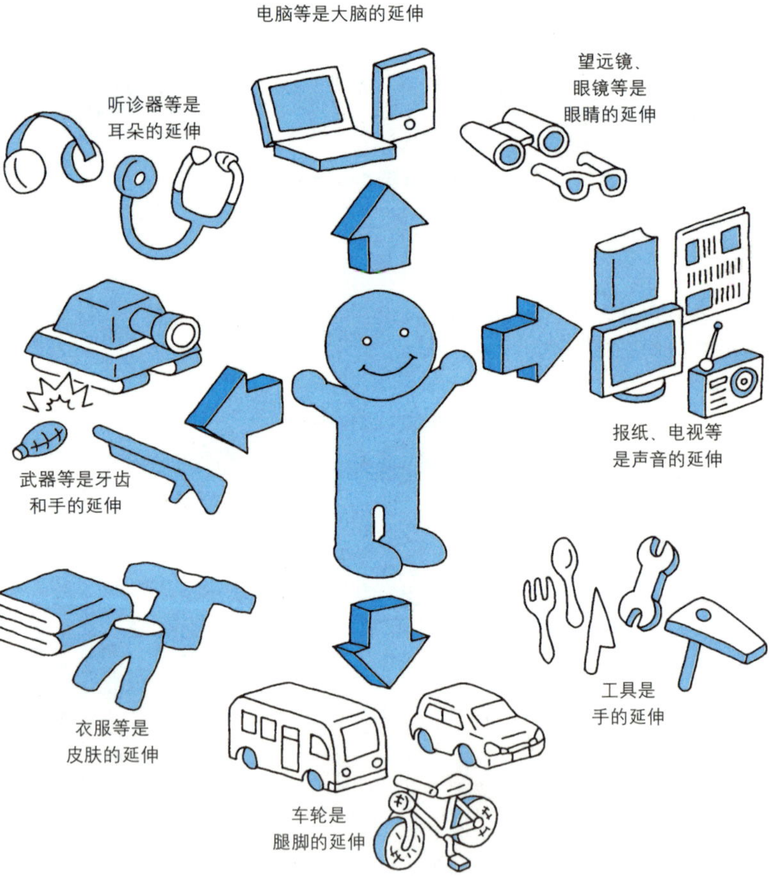

麦克卢汉将所有人造物都视为
增强人类身体能力的媒介。

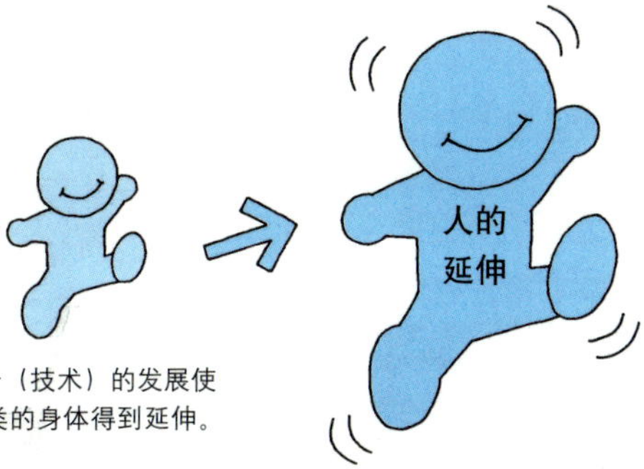

媒介（技术）的发展使
人类的身体得到延伸。

例如，**麦克卢汉**认为，望远镜、显微镜之类的媒介是眼睛的延伸，车轮是腿脚的延伸，因此，人类创造的所有技术都是延伸人体功能的媒介。将媒介看作身体的话，我们就会发现，新创造的技术给人的身体感觉带来了变化。

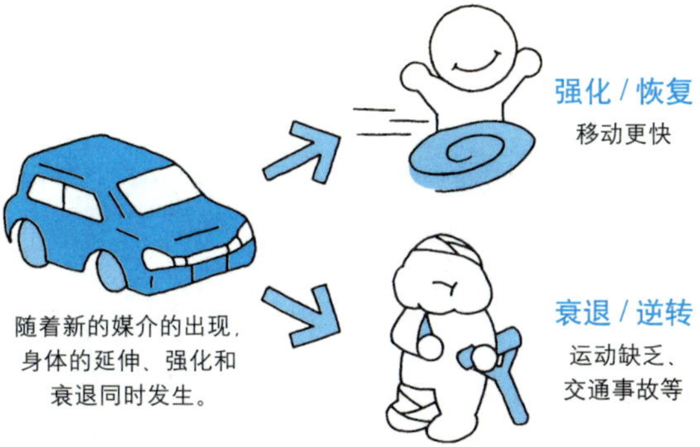

随着新的媒介的出现，
身体的延伸、强化和
衰退同时发生。

如果每个人的身体感觉都发生变化，整个社会自然就会发生变化。对于**麦克卢汉**来说，人类的历史无非就是媒介的进化使人类身体得到延伸、感觉发生变化的过程。

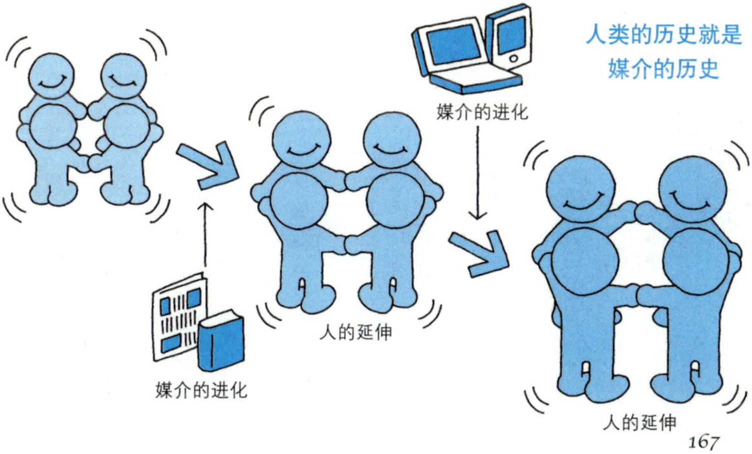

“儿童”的诞生

含　义　“儿童”的概念诞生于现代
文　献　《儿童的世纪》
备　注　对“儿童”的特别意识最早产生于十六、十七世纪的上层阶级

并不是每个时代都有“儿童”这一概念。**阿里耶斯**认为“儿童”的概念诞生于十七世纪左右。以现代学校体系的发展为转折，人们产生了“在一定年龄前进行保护和教育的对象”这一观念，于是与成人截然不同的“**儿童**”就产生了。而在此之前，儿童仅仅被看作“小成人”。

接左页

以“儿童”为中心的核心家庭诞生

此后，以“**儿童**”和**父母**为核心单位的现代家庭观念诞生。与成人相比，“**儿童**”变得更容易在安全、教育、情感上得到保障。但另一方面，“**儿童**”及母亲各自的社交关系也被局限了。

今后，家庭观念将会如何变化？

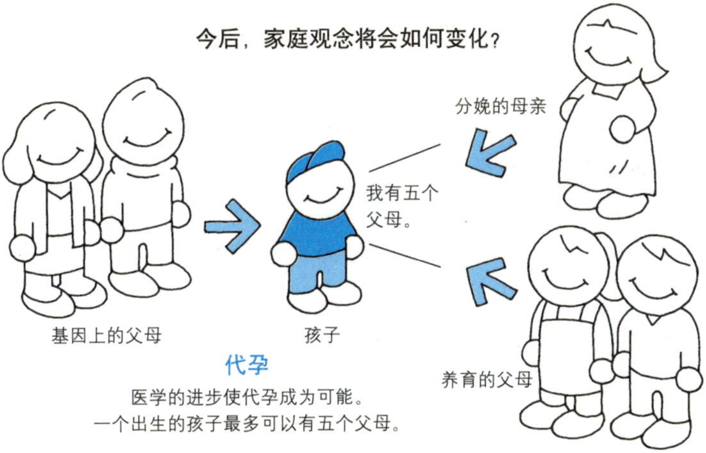

代孕

医学的进步使代孕成为可能。
一个出生的孩子最多可以有五个父母。

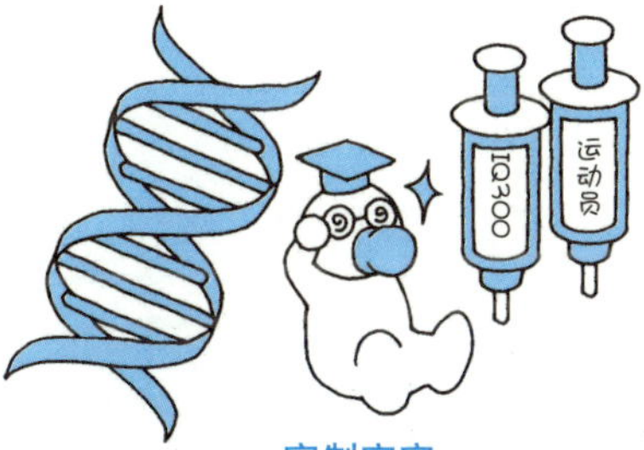

定制宝宝

有了基因工程和精子库，有意识地
创造优秀的下一代成为可能。

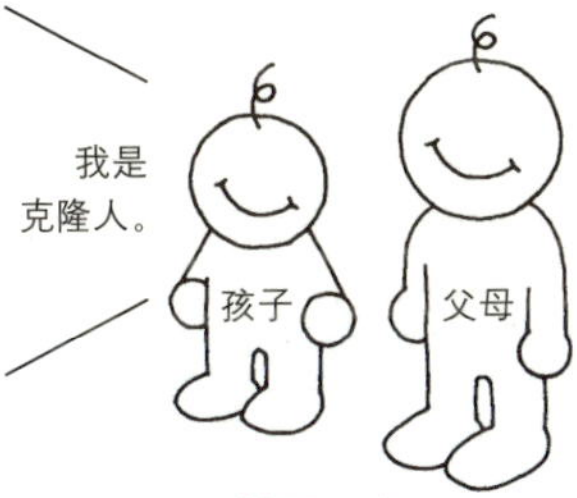

基因工程

克隆技术使人类
复制成为可能。

在我们眼中，**成人和儿童**之间的区别是理所当然的，而这种家庭观念其实是现代的产物。在基因工程、人工授精、代孕等都能实现的当今社会，我们无从得知家庭观念将如何变化。

第二性

文　献《第二性》
备　注　性别（P238）差异并非生物学差异，而是由社会塑造的——《第二性》一书对这一观念的广泛传播发挥了重要作用

波伏娃指出，男性被视作人类主体，而女性则处于相对于该主体的**客体**的**第二性**的立场。她认为，“女人”并非生来就是女人，而是后来经**文化**和**社会**塑造而成的。

女权主义

含　义　主张女性的自主决定权、旨在帮助女性摆脱性别歧视的运动和思想

备　注　性（P238）是生物学上的意义，性别（P238）是由社会和文化塑造的

挑战**男性中心主义**社会，旨在废除性别歧视、解放女性并扩大其权利的运动和思想被称为**女权主义**。从历史上看，**女权主义**分为**第一波**、**第二波**和**第三波**。

第一波

十九世纪～二十世纪六十年代

为争取获得与男子同等的法律权利（如选举权）而展开运动。

第二波

二十世纪六十年代～二十世纪七十年代

修正传统的结婚观、性别角色分工等，追求形式和实质上的双重平等。

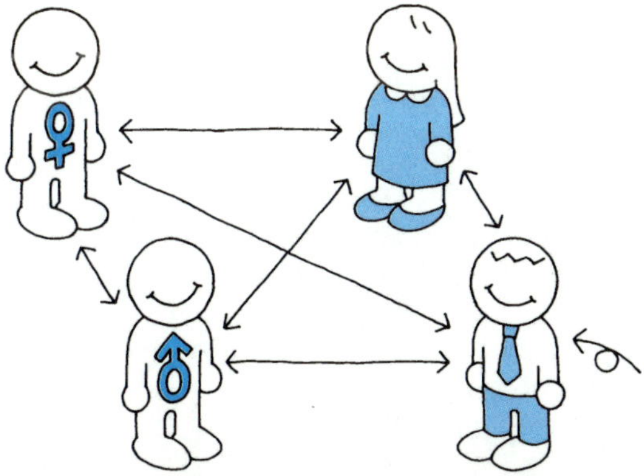

第三波

二十世纪九十年代～

在性别身份多样的前提下，对“女人该有的样子”和“男人该有的样子”的含义提出质疑。

当代是人们可以不受性别困扰、自由选择自己的生活方式的时代。

面向未来

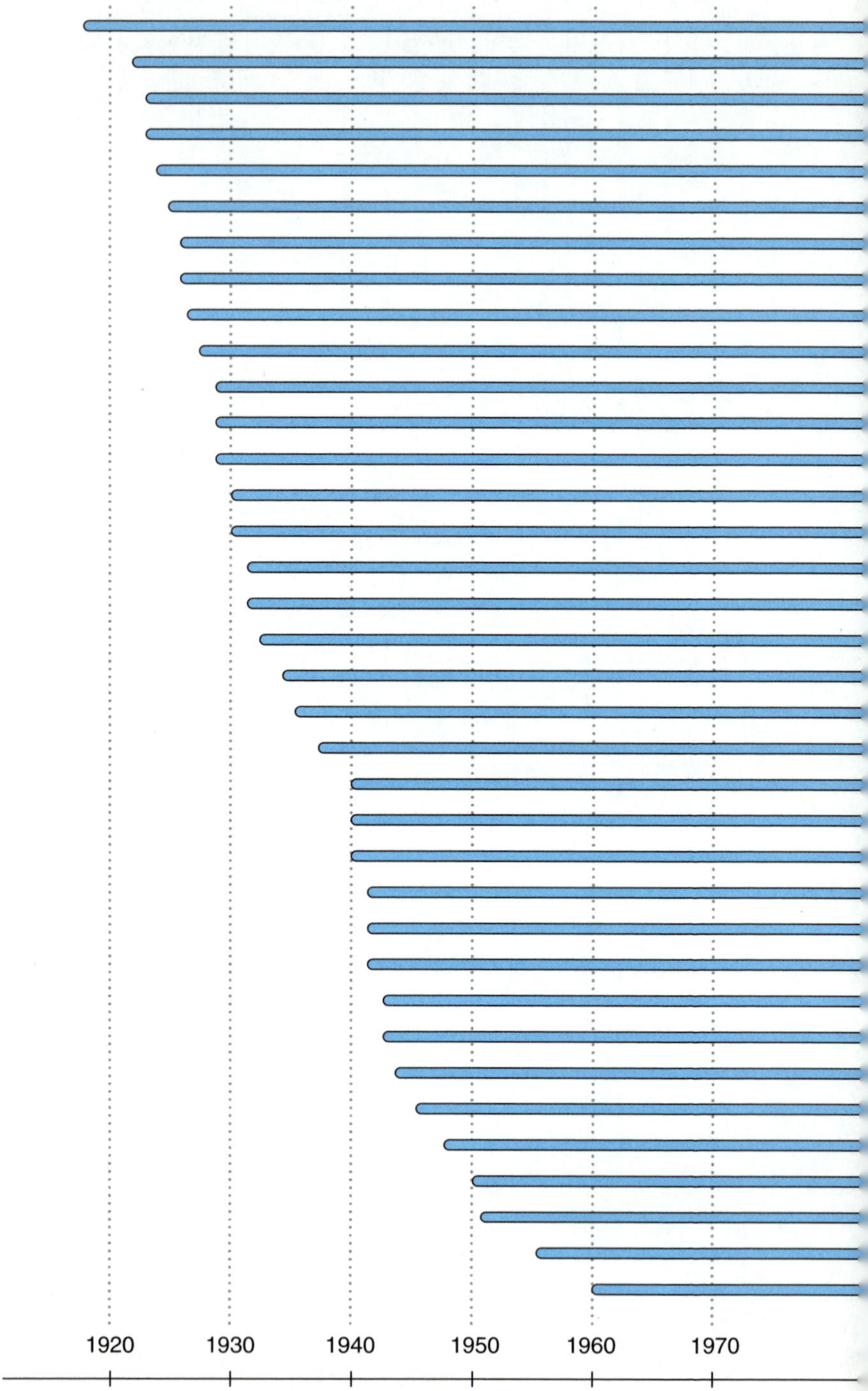

1920
1930
1940
1950
1960
1970

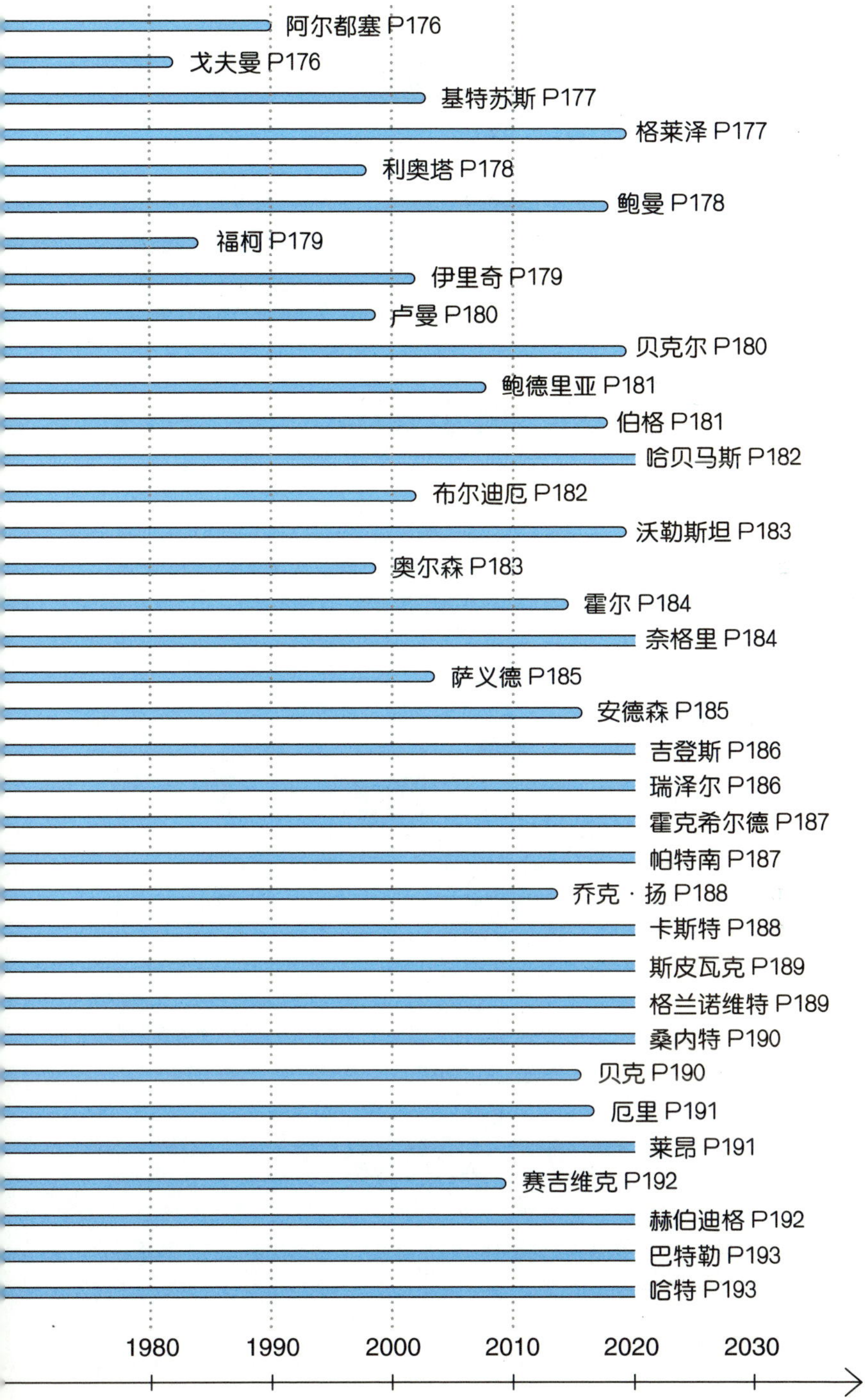

阿尔都塞 P176
戈夫曼 P176
基特苏斯 P177
格莱泽 P177
利奥塔 P178
鲍曼 P178
福柯 P179
伊里奇 P179
卢曼 P180
贝克尔 P180
鲍德里亚 P181
伯格 P181
哈贝马斯 P182
布尔迪厄 P182
沃勒斯坦 P183
奥尔森 P183
霍尔 P184
奈格里 P184
萨义德 P185
安德森 P185
吉登斯 P186
瑞泽尔 P186
霍克希尔德 P187
帕特南 P187
乔克 · 扬 P188
卡斯特 P188
斯皮瓦克 P189
格兰诺维特 P189
桑内特 P190
贝克 P190
厄里 P191
莱昂 P191
赛吉维克 P192
赫伯迪格 P192
巴特勒 P193
哈特 P193
1980
1990
2000
2010
2020
2030

著作《保卫马克思》《论再生产》

阿尔都塞认为与教育、宗教和文化有关的组织和设施是“意识形态国家机器”。

认识论的断裂。

通过解读马克思，阐明了人类的思想并不是一步步连续加深，而是在某个时刻急速发展的。

路易·阿尔都塞

Louis Pierre Althusser

▶P204

法国哲学家。第二次世界大战中应召入伍并经历了战俘生活。战后加入法国共产党，并积极从事政治活动，如在党内批评斯大林。在高等师范学校任职期间曾指导过米歇尔·福柯和雅克·德里达等人。一九八〇年勒死妻子后被安置在精神病院。出院后继续从事写作活动，于一九九〇年去世。

著作《日常生活中的自我呈现》《互动仪式》

戈夫曼把人与人之间的互动比作舞台上的表演，将戏剧学的视角带入社会学。

世界即剧场。

互动是一场表演。自己和他人分别作为表演者和观众。

欧文·戈夫曼

Erving Goffman

▶P196～198

美国社会学家。生于加拿大阿尔伯塔省，是乌克兰犹太移民的后代。深受芝加哥大学人类学家 W. L. 华纳影响。一生进行了许多田野调查，例如观察设得兰群岛的岛民生活、华盛顿特区的精神病院圣伊丽莎白医院住院患者的日常生活。以借用戏剧理论进行研究而闻名。

基特苏斯认为，应该将“人们对什么问题不满”作为研究对象来考察。

对“客观定义什么是社会问题”本身提出质疑。

著作《社会问题的建构》

约翰·I. 基特苏斯

JOHN ITSURO KITSUSE

▶P208

美国社会学家。生于加利福尼亚州，是第二代日裔。日文名是 Itsuro。第二次世界大战期间曾被关押在日本人集中营。发展了标签理论并将其与常人方法学相结合，推进了建构主义方法论的发展。与 M. B. 斯佩克特合著的《社会问题的建构》是建构主义的代表作。

格莱泽解读了美国的“熔炉”神话。之后提出了“沙拉碗”的新比喻。

各民族即使共存也不会彼此同化，因此“种族熔炉”的比喻是不合理的。

著作《熔炉之上》

内森·格莱泽

NATHAN GLAZER

▶P256

美国社会学家。出生于纽约一个说意第绪语的犹太移民家庭。曾在加州大学伯克利分校和哈佛大学任教，并担任新保守主义杂志《公共利益》的编辑。与后来成为美国参议员的 D. P. 莫伊尼汉合著的《熔炉之上》将“族群性”一词传播开来。

著作《后现代状况》

利奥塔将建筑领域用于表示装饰性和多样性的恢复的“后现代”一词用于现代思想。

“宏大叙事”是指为整个社会设定目标的思想和意识形态。

让-弗朗索瓦·利奥塔

JEAN-FRANÇOIS LYOTARD

▶P234

法国哲学家。生于凡尔赛。曾以中学老师的身份远赴阿尔及利亚，作为激进的马克思主义者活动。之后回到巴黎，在巴黎第八大学任教授，并担任国际哲学学院的院长。一九七九年出版的《后现代状况》一书为“后现代”一词的广泛传播做出了贡献。

著作《流动的现代性》

鲍曼称现代社会的流动性为“液态的现代性”。

传统和秩序解体的当今是一个自由的时代，同时也是包含不稳定和不确定的流动性的时代。

齐格蒙特·鲍曼

ZYGMUNT BAUMAN

▶P266

波兰裔社会学家。生于一个犹太家庭，纳粹势力抬头后逃往苏联。战后返回波兰并在华沙大学任教。但六日战争后波兰反犹太主义涌现，他因受到波及而被华沙大学解雇。借此机会离开波兰，辗转多个国家后，在英国利兹大学继续研究。

福柯使用边沁设计的监狱模型，解释了囚犯如何成为自我规训的主体。

现代出现的新权力建立在让人们更好地“生活”这一基础上。

著作《古典时代疯狂史》《词与物》《知识考古学》《规训与惩罚》《性史》

米歇尔·福柯

MICHEL FOUCAULT

▶P205～206

法国哲学家。父亲是普瓦捷的一名外科医生。在高等师范学校学习期间经历了反复自杀未遂的不稳定时期，并得到了路易·阿尔都塞的帮助。一九六六年出版《词与物》后作为结构主义的旗手受到关注。在担任法兰西公学院教授后倾向于研究与身体和权力有关的问题。一九八四年死于艾滋病引发的败血症。

伊里奇在担任波多黎各一所大学的副校长的同时，还以主教的身份活动。

涅墨西斯是希腊神话中的复仇女神。伊里奇认为过度医疗化会导致人类丧失自律性并损害人类健康。

著作《去学校化社会》《医疗的报应》《影子工作》

伊凡·伊里奇

IVAN ILLICH

▶P228

出生于奥地利的哲学家。曾在宗座额我略大学学习哲学和神学，并在萨尔茨堡大学学习历史。在担任波多黎各天主教大学的副校长后，在墨西哥建立了跨文化交流中心，以此为阵地，来抵抗美国和罗马教廷对拉丁美洲的态度。他着眼于工业社会中建立的社会服务所带来的危害，主张去医疗化和去学校化。

著作《社会诸系统》《社会的社会》

卢曼将生物学的自生系统（自创生）大胆地应用于社会系统。

复杂性的化约。

以上述概念为核心，考察了在存在所有可能性的世界中使秩序得以维持的机制。

尼克拉斯·卢曼

NIKLAS LUHMANN

▶P250～254

德国社会学家。在担任行政官员的同时不断发表论文，并于一九六〇年申请行政官员奖学金去哈佛大学留学。留学期间接触到塔尔科特·帕森斯的社会学思想，回国后转到科研岗。后在比勒费尔德大学社会学系任教直至退休。亦因在社会系统理论方面与于尔根·哈贝马斯的分歧而闻名世界。

著作《局外人》《艺术界》

贝克尔提出标签理论，描述了社会互动中产生越轨者的过程。

越轨是可以被创造出来的。

从事违法犯罪等越轨行为的人之所以是越轨者，是由于周围环境给他贴了这样的标签。

霍华德·S.贝克尔

HOWARD SAUL BECKER

▶P194

美国社会学家。曾在芝加哥大学师从埃弗里特·休斯和H. G. 布鲁默。同一时期欧文·戈夫曼也在芝加哥大学。他基于对大麻使用者和演奏跳舞音乐的乐手的调查进行了越轨研究，又在艺术界研究中指出艺术作品的价值取决于艺术界参与者的集体行为，并以此闻名世界。

著作《消费社会》《拟像与模拟》

物品加身的意义不在于其使用价值，而在于该物品的符号性。

根据鲍德里亚的说法，人们会为了追求和别人的差异化而永无止境地消费。

让·鲍德里亚

JEAN BAUDRILLARD

▶P244～246

法国哲学家。在中学担任德语老师期间参与了马克思－恩格斯全集的翻译工作。凭首部著作《物体系》获得博士学位后成为巴黎南泰尔大学的教师。其最著名的成果是运用符号学研究消费社会，以及通过拟像论解读大众消费社会，于二十世纪八十年代开始在日本受到广泛关注。

著作《与社会学同游》《现实的社会建构》

伯格同时以其新教神学家身份著称。

我们的主观认识通过互动被常识化，从而成为“客观现实”。

彼得·L. 伯格

PETER LUDWIG BERGER

▶P208（建构主义）

生于奥地利维也纳的社会学家。一九四六年移居美国。曾就读于社会研究新学院研究生院，并在多所大学教授社会学和神学。与托马斯·卢克曼合著的《现实的社会建构》对后来的社会建构主义产生了重大影响。二十世纪八十年代开始频繁进出南非，专注于南非反种族隔离运动。

著作《公共领域的结构转型》《交往行动理论》

哈贝马斯认为咖啡馆中诞生了现代公民的自由言论，并以此为着眼点对公共领域进行了探讨。

将语言作为工具使用的不是沟通行动。

为了重建公共领域，他在致力于相互理解的沟通理性而非工具理性中寻找可能性。

于尔根·哈贝马斯

JÜRGEN HABERMAS

▶P200～203

生于德国的哲学家。曾是希特勒青年团的一员，二战后在美国占领下的德国首次接触到民主主义。获得博士学位后进入法兰克福社会研究所，后由于和马克斯·霍克海默立场相左而辞职。曾在海德堡大学工作，后进入法兰克福大学工作，一九九四年退休。曾与尼克拉斯·卢曼等人展开大量学术争论。

著作《区隔》《实践理论大纲》

布尔迪厄指出，社会阶层的再生产是通过文化资本实现的。

品味被打上阶层的烙印。

致力于阐明品味与人的阶层及文化背景之间的关系。

皮埃尔·布尔迪厄

PIERRE BOURDIEU

▶P214～216

法国社会学家。是比利牛斯－大西洋的一名邮政工作人员的孩子。出身地方平民阶层，曾在巴黎上层阶级云集的精英高等教育机构学习。此经验为其后来所从事的研究打下基础。在担任中学老师期间出征阿尔及利亚，并在当地从事教学工作。回到法国后在法国社会科学高级研究院工作，后成为法兰西公学院的教授。

著作《现代世界体系》

沃勒斯坦致力于全球经济差异的研究并倡导“世界体系理论”。

当前时代正处于美国霸权的衰落过程中。

研究资本主义制度下不平等体系如何随时代变化。

伊曼纽尔·沃勒斯坦

IMMANUEL WALLERSTEIN

▶P220

美国社会学家。生于纽约的一个犹太家庭。全家十分关注政治，第二次世界大战期间曾共同探讨对抗纳粹的方法。曾就读于哥伦比亚大学，硕士论文研究麦卡锡主义，博士期间专注于美国研究。主要著作《现代世界体系》自一九七四年到二〇一一年分四册出版。

著作《集体行动的逻辑》《国家兴衰探源》

奥尔森提出了不承担任何成本而坐享公共利益的搭便车问题。

人们将自己的利益最大化，做出理性选择。

公共选择理论以理性选择这一经济学前提为基础，对社会学产生了重大影响。

曼瑟尔·奥尔森

MANCUR LLOYD OLSON, JR.

▶P233

美国经济学家。出生于北达科他州。曾就读于北达科他州立大学和英国牛津大学，并获得哈佛大学博士学位。在普林斯顿大学担任副教授，后来又于一九六九年在马里兰大学任教直至去世。享年六十六岁。一九八二年出版的《国家兴衰探源》已成为世界范围内的畅销书。

著作《编码/解码》

霍尔分析了信息经发送方符号化（编码）、由接收方解读的一系列过程。

媒介通常包含信息传递者的价值观和意识形态。

斯图尔特·霍尔

STUART HALL

▶P242

文化研究学者。生于英国统治下的牙买加首都金斯敦。后移居英国，并就读于牛津大学。曾投身新左翼活动，并参与创办《新左翼评论》。一九六四年进入伯明翰大学当代文化研究中心，成为该中心的代表性研究者。

著作《帝国》《诸众》

奈格里期待诸众成为推进全球民主主义发展的主体。

指出超越国家的新型权力的存在并称其为“帝国”。

安东尼奥·奈格里

ANTONIO NEGRI

▶P260～262

意大利哲学家、活动家。出生于帕多瓦。曾任帕多瓦大学教授。一九七九年，因涉嫌从事恐怖主义活动而被捕入狱。流亡法国回国后再次被捕入狱，二〇〇三年重获自由。后继续致力于政治演讲活动。因与迈克尔·哈特合著《帝国》一书而闻名世界，而这部著作正是写于狱中。

萨义德也是钢琴家、音乐评论人。还参与过管弦乐团的创立。

西方为了将对东方的统治正当化而捏造了“东方”这一形象。

著作《东方学》

爱德华·萨义德

EDWARD WADIE SAID

▶P212

巴勒斯坦裔美籍文学研究者。生于英国委任统治时期的耶路撒冷。后移居美国，获得哈佛大学博士学位，成为哥伦比亚大学教授，又在哈佛大学等高校任教。为了支持巴勒斯坦解放组织的活动，曾担任巴勒斯坦全国委员会委员长达十四年。在主要著作《东方学》中建立了后殖民理论。

安德森指出通过印刷技术的发展建立起来的印刷资本主义对“想象的共同体”的产生和传播起了重要作用。

人们所持有的国民意识是一种“想像”，由特定语言、资本主义及发达出版技术三者的结合促成。

著作《想象的共同体》

本尼迪克特·安德森

BENEDICT RICHARD O'GORMAN ANDERSON

▶P218

美国政治学家。父母分别是爱尔兰人和英格兰人，在中国昆明度过了童年。在英国剑桥大学专攻西方古典研究，又在美国康奈尔大学研究生院从事印尼研究。成为康奈尔大学的教师后一直从事泰国和菲律宾研究，留校至二〇〇二年。七十九岁在印度尼西亚去世。

著作《社会学方法的新规则》《现代性的后果》《第三条道路》

吉登斯将不知方向、无法驾驭的现代社会比作重型货车。

“自反性”是现代社会的特征，即反省自己、改变自己。

安东尼·吉登斯

ANTHONY GIDDENS

▶P270～276

英国社会学家。生于伦敦郊区一个工人阶级家庭。曾在赫尔大学学习心理学和社会学，后进入伦敦政治经济学院研究生院。最初想成为一名行政官员，后以在莱斯特大学担任讲师为契机走上了研究道路。先后撰写了三十多本书、发表了二百多篇论文，成为国际知名的社会学家。被授予爵位并成为劳动党上议院议员。

著作《社会的麦当劳化》

瑞泽尔将社会追求统一标准的理性化过程称为“麦当劳化”。

麦当劳化的理性带来了便利，但同时也带来了人性的丧失等负面影响。

乔治·瑞泽尔

GEORGE RITZER

▶P224

美国社会学家。出生于纽约，成长于第二次世界大战后的繁荣中。获得康奈尔大学博士学位，曾在杜兰大学、堪萨斯大学任教，后来成为马里兰大学的教授。基于马克斯·韦伯的理性化理论考察现代社会的“麦当劳化”概念不仅影响了学术界，也影响了新闻业和文化批评。

霍克希尔德研究了客机乘务员的情感劳动。

在服务业发达的当今有很多需要控制情感的工作。

著作《心灵的整饰》《第二轮班》

阿利·拉塞尔·霍克希尔德

ARLIE RUSSELL HOCHSCHILD

▶P230～232

美国社会学家。生于波士顿。就读于斯沃斯莫尔学院期间接触到查尔斯·赖特·米尔斯和欧文·戈夫曼的著作，对社会学产生了浓厚的兴趣。进入加州大学伯克利分校研究生院学习后，关注学术界的女性歧视，并参加了提高女性地位的运动。获得博士学位后在伯克利任教，还曾担任在职家庭中心主席。

帕特南以人们宁愿独自打保龄球为例，讨论了社区凝聚力弱化的问题。

引用这句话，警示整个美国社会资本流逝的现象。

著作《独自打保龄》

罗伯特·帕特南

ROBERT DAVID PUTNAM

▶P248

美国政治学家。生于纽约州罗切斯特，在俄亥俄州长大。获得耶鲁大学博士学位后在密歇根大学任教，后成为哈佛大学教授。被称为社会资本研究代表人物。考察美国社区生活变化的《独自打保龄》引起了巨大反响。

著作《排斥型社会》

扬讨论了如何在向排斥型社会转变的当代建立新的社区。

在价值持续多元化和就业持续不稳定的当今社会，社会包容性越来越弱，排斥性越来越强。

乔克·扬

JOCK YOUNG

▶P264

英国社会学家和犯罪学家。生于苏格兰中洛锡安，是一名大型卡车司机的孩子。曾在伦敦政治经济学院学习，博士期间研究重点是诺丁山的吸毒者。之后围绕犯罪问题持续进行研究，并批评了英国政府的排他性犯罪控制政策。

著作《城市问题》

卡斯特关注通过医院和学校等公共设施形成的“集体消费”。

从马克思主义的角度出发重新审视“城市性”集体消费的矛盾。

曼纽尔·卡斯特

MANUEL CASTELLS

▶P210

西班牙裔社会学家。出生于拉曼恰。曾在巴塞罗那大学学习，但因参加对佛朗哥政府的反抗活动而被迫流亡法国。在巴黎大学任教后继续投身社会运动。移居美国后，担任了加州大学伯克利分校和南加州大学的教授。

将德里达的《论文字学》翻译成英语时，斯皮瓦克所写的长篇序言引起了很大的轰动。

认为非庶民阶层若想以谦虚的态度聆听庶民阶层的声音，必须先忘掉自己的价值观。

著作《庶民能说话吗？》

佳亚特里·斯皮瓦克

GAYATRI CHAKRAVORTY SPIVAK

▶ P226

来自印度的比较文学学者。十九岁时从加尔各答大学毕业后前往美国，在康奈尔大学研究生院接受了保罗·德曼的指导。先后任德克萨斯大学、哥伦比亚大学教授。自围绕庶民阶层（殖民统治下的人们）妇女问题发表言论以来，又先后以女权主义、马克思主义和解构主义为基础，展开文学、哲学、历史和全球化等各种主题的研究。

格兰诺维特以人与人之间的纽带为线索考察了找工作的行为。

研究表明，求职者往往会从与自己关系薄弱而非亲密的人那里获得就业信息。

著作《找工作》

马克·格兰诺维特

MARK GRANOVETTER

▶ P217

美国社会学家。曾在哈佛大学受教于哈里森·怀特并获得博士学位。先后在西北大学、纽约州立大学石溪分校和约翰·霍普金斯大学任教，后成为斯坦福大学的教授。专攻经济社会学，关注经济现象在社会结构中的“嵌入性”。

著作《无序的作用》《公共人的衰落》

桑内特从小学习大提琴，学生时代曾立志成为一名专业演奏家。

对于城市而言，无序也总比毫无生机的规划强。

城市社会中人与人之间缺乏接触，封闭性越来越严重，在此情况下，城市空间多样性的复兴值得期待。

理查德·桑内特

RICHARD SENNETT

▶P258

美国城市社会学家。出生于芝加哥，是流亡美国的俄罗斯犹太裔的后代。先后在芝加哥大学、哈佛大学学习，师从大卫·理斯曼和E. H. 埃里克森。曾在耶鲁大学和纽约大学工作，后成为伦敦政治经济学院的教授。与汉娜·阿伦特和于尔根·哈贝马斯一样，是公共性讨论的领军人物。

著作《风险社会》

切尔诺贝利核事故是在贝克撰写《风险社会》时发生的，其社会背景与书中所述的“风险”密切相关。

贫困是阶级的，化工烟雾却是民主的。

当今已不再是可以通过财富和权力规避风险的时代，而预测损害已变得不可能。

乌尔里希·贝克

ULRICH BECK

▶P278

德国社会学家。从弗莱堡大学转学进入慕尼黑大学，后获得博士学位。曾在明斯特大学工作，后成为伦敦政治经济学院的教授。凭主要著作《风险社会》以及与安东尼·吉登斯和斯科特·拉什合著的《自反性现代化》享誉世界。

厄里将福柯关于“凝视”的著述用于研究观光现象。

人们进行观光，是因为期待看到非日常的事物。

“观光”是建立在通过各种策略和方式创建的符号上的活动。

著作《游客的凝视》

约翰·厄里

JOHN URRY

▶P222

英国社会学家。生于伦敦。从剑桥大学基督学院获得经济学硕士学位后，转攻社会学并获得博士学位。一九七〇年起一直在兰卡斯特大学任教。最初研究国家权力和革命相关的理论，后将研究范围扩展到空间与交通、旅游社会学和环境社会学等诸多领域。

莱昂着眼于收集和处理个人数据的技术，探讨现代性“监控”管理和关怀的两个方面。

非身体性的监控。

现代社会监控的不是人的身体，而是体现人活动踪迹的数据。

著作《监控社会》

戴维·莱昂

DAVID LYON

▶P268

加拿大社会学家。生于英国爱丁堡。从布拉德福德大学博士毕业后移居加拿大，成为女王大学教授。因监控社会的研究而闻名学术界，与此同时又对作为其研究起点的宗教问题保持着兴趣。在出版代表作《监控社会》后，又发表了《迪士尼乐园中的耶稣》等一系列宗教研究成果。

著作《男人之间》《暗柜认识论》

赛吉维克使用“同性友爱”一词考察男人之间亲密关系的性质。

男性对同性友爱的欲望。

在男性同性友爱中，存在支配女性、厌恶同性恋的价值观。

伊芙·赛吉维克

EVE KOSOFSKY SEDGWICK

▶P236

美国文学评论家和性别研究学者。生于俄亥俄州。在耶鲁大学获得英语文学博士学位，先后在汉密尔顿学院、波士顿大学任教，后来又成为纽约市立大学的教授。从解构男性与女性、异性恋与同性恋等二元论的角度出发不断发表言论，并成为酷儿研究的代表人物。

著作《亚文化》

赫伯迪格将亚文化包含的时尚、音乐偏好和行为称为“风格”并解读其意义。

亚文化的风格是有意义的。

从亚文化群体的行为中看到了诸如对相似化的抵抗和意义的转换等符号。

迪克·赫伯迪格

DICK HEBDIGE

▶P240

英国社会学家。曾在伯明翰大学当代文化研究中心学习。发现了摩德、朋克、雷鬼等文化对主流文化的抵抗，所著《亚文化》一书也作为文化研究的重要作品广受欢迎。曾在加州艺术学院工作，后来又成为加州大学圣塔芭芭拉分校的教授。

著作《性别麻烦》

男性与女性的二分法是由社会创造的，在实践过程中有不适用的情况。

“性”（生理概念）是社会创造的。

朱迪斯·巴特勒

JUDITH P. BUTLER

▶P238

美国哲学家和性别研究者。生于俄亥俄州克利夫兰。在耶鲁大学凭对黑格尔《精神现象学》的研究获得博士学位。后期吸收雅克·德里达和米歇尔·福柯的理论精髓，在性别研究领域发表了多部著作。二十世纪九十年代以后，与伊芙·赛吉维克共同成为性别研究的先驱。

著作《帝国》《诸众》

哈特讨论了全世界的人结成网络以解决问题的“诸众”的可能性。

在《诸众》一书中讨论了抵抗全球性帝国的全球性民主主义的兴起。

迈克尔·哈特

▶P260～262（帝国·诸众）

MICHAEL HARDT

美国哲学家和比较文学学者。先后在南加州大学、杜克大学任教。在翻译论述斯宾诺莎观点的《野蛮的反常》时，结识作者安东尼奥·奈格里，并于一九九四年发表了他们的第一本合著作品。后来，两人因合著《帝国》《诸众》而广为人知。二〇〇九年，合著三部曲终章《大同社会》出版。

标签理论

含　义　论述社会张贴标签导致越轨行为产生的理论

文　献　《局外人》

备　注　基于默顿的自我实现预言（P137）等理论发展起来的概念，后来影响了建构主义（P209）

在考虑犯罪等**越轨行为**时，**标签理论**关注的不是行动者，而是周围人将“此人是一个越轨者”的**标签**贴在行动者身上的**过程**（**贴标签**）。这里首先要注意的是，“什么是越轨（异常）”不是预先确定好的，而是由所处时代和社会决定的。

与妻子以外的人维持男女关系的行为

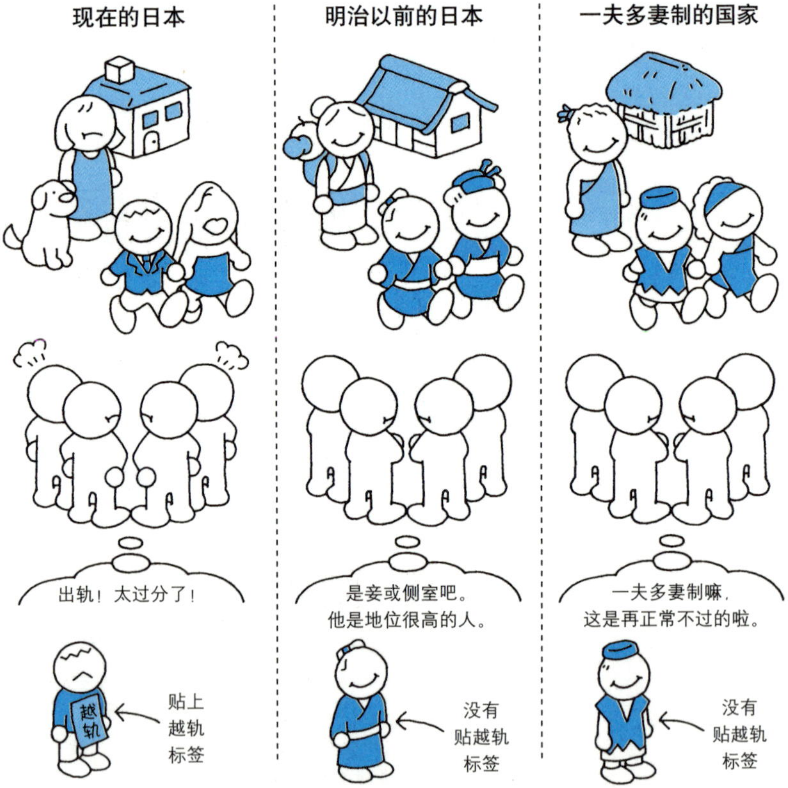

“越轨”并不是行为本身的附庸，而是存在于周围环境的意识里。

换句话说，越轨（犯罪或不良行为）并不是行为本身的附庸，而是存在于周围环境（社会）的意识中。对于有越轨行为的人而言，若周围给他贴上“越轨”的**标签**，那就相当于创建了一个越轨者的身份。这样一来周围人会逐渐远离他，导致此人的越轨行为进一步增加。人们（社会）创建规则来判定行为是否越轨，并通过给他人贴**标签**套用此规则，导致越轨不断产生。

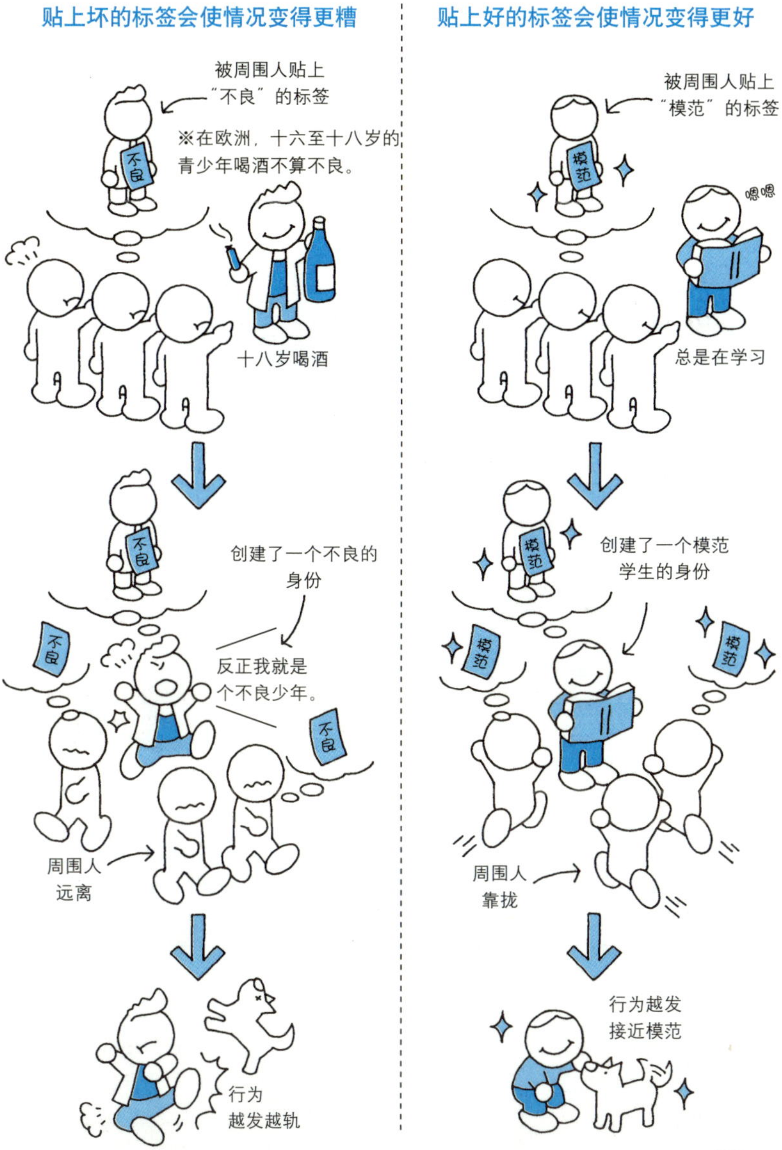

污名

含　义　社会认为不可取的标签（P194）
文　献　《污名》
备　注　二十世纪六十年代，质疑现有的价值观和权威成为潮流，而标签理论（P194）也在此时获得探讨

标签（P194）分为好形象的**标签**和坏形象的**标签**。**戈夫曼**称不被社会期许的坏形象的**标签**为**污名**（烙印）。

根据**戈夫曼**的说法，当具有与周遭不同特征或属性的人受到歧视时，该特征本身并不是**污名**。由于此特征而被别人疏远的这种社会关系产生的原因才是**污名**。

属性和特征本身不是污名。
因此，不存在"带有污名的人"。
"烙上污名"是指在特定社会中差别对待特定属性和特征。

污名是由社会创造的。这就是为什么社会往往可以将对被烙上**污名**的人或群体的成见正当化。

例如，一个社会可能认为基督教以外的宗教都是危险的。这样一来非基督徒的生活就会变得困难起来。

拟剧论

含　义　通过“人像演员一样在社会中表演着”这一视角考察人类的方法

文　献　《日常生活中的自我呈现》

备　注　戈夫曼也属于诠释学派（P141）

我们经常以刻意的方式给他人留下好印象。这种行为被称为**自我呈现**或**印象管理**。**戈夫曼**的**拟剧论**认为这种行为是**表演**，而人们是以日常生活为舞台的**演员**。

以拟剧论视角看学校

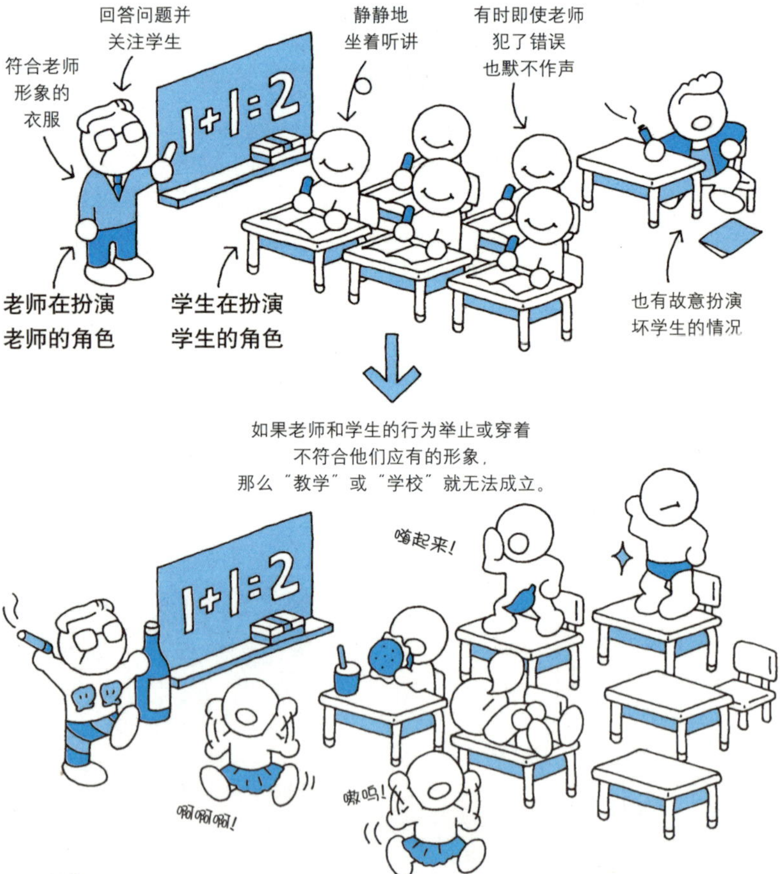

日常生活中的公开**表演**并不仅是为了满足个人意愿而展示自己想让人看到的形象。只有上司和下属、老师和学生等根据各自的角色行事，其所属的“职场”“课堂”等场合才能成立。我们既是**表演者**，又是**观众**，如此互相配合才使社会得以成立。

礼貌性疏忽

在电梯里等令人感到不自然的情况下，
我们会通过互相表现“装作不关注对方”
来维持场面的平静。

角色逃离

像孩子离家出走一样抵抗
自己角色的行为被称为角色逃离。

我们经常在拥挤的火车和电梯里装作对他人毫不在意。这种**礼貌性疏忽**是维持日常秩序的互动之一。

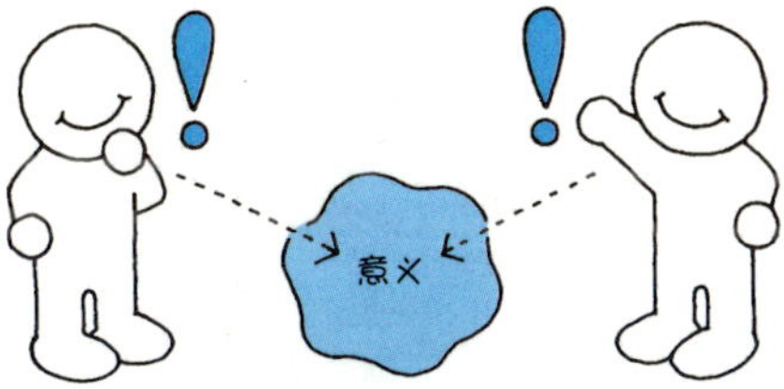

拟剧论认为，解释事物的意义并以此为基础进行互动，社会才得以存续。
这继承了布鲁默的符号互动论。

拟剧论认为人类通过扮演各自**角色**使社会得以成立，而**布鲁默**（P119）的**符号互动论**（P143）认为人类互动使社会得以成立。可以说前者是对后者的发展。

公共领域

含　义　市民进行公共讨论的场所

文　献　《公共领域的结构转型》

备　注　哈贝马斯于一九六二年出版了《公共领域的结构转型》，自一九八九年被翻译成英文以来，此书在全球有着巨大的影响力

哈贝马斯着眼于十八世纪在英国和法国等地的城市流行的**咖啡馆**。他认为，让不同阶级的人们可以平等地进行讨论的**公共领域（市民公共领域）**在**咖啡馆**中产生了。

咖啡馆里的议论通过报纸等**印刷媒体**被报道。以印刷媒体的报道为基础，议论再次在**咖啡馆**展开。这个过程中形成的对公共权力批评意见的循环就是**公共领域**。公众本来没有与公共权力对抗的力量，通过建立**公共领域**，获得了这种力量。

但是，当主流媒体从印刷媒体变成**电视**时，情况发生了翻天覆地的变化。

公共频道单方面地传播政治思想

公共频道单方面地进行政府宣传。民间频道只播送对赞助商有利的信息。**哈贝马斯**认为，群众只是满怀感激地接受这些信息。于是，随着电视的普及，孕育公共讨论的**公共领域**便不复存在了。

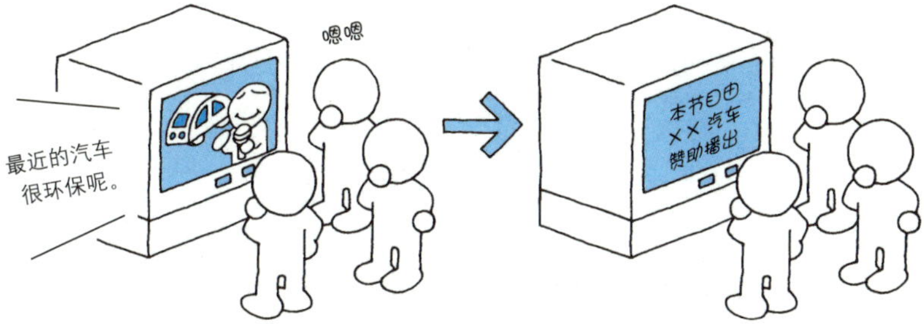

民间频道只是单方面播送对赞助商有利的信息

近年来，随着**互联网**的普及，类似**公共领域**的东西出现了。但是，也有一种观点认为，互联网只是一个看不见彼此的人们不负责任地发表独白的地方，并不是进行公共讨论的场所。

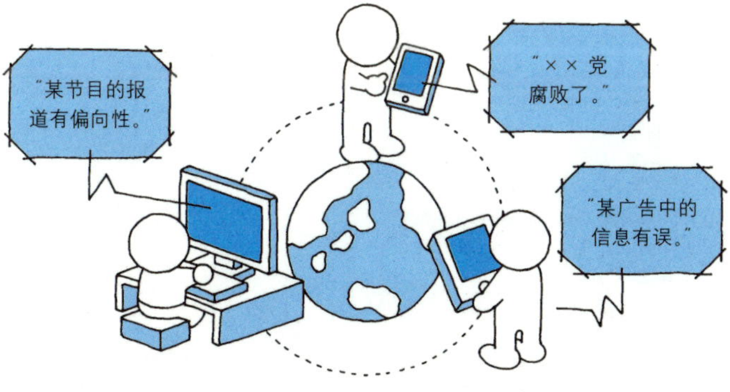

公共领域是否在互联网上复兴了？

交往理性

含　义　在平等的对话中建立共识的能力
文　献　《现代性的哲学话语》
备　注　基于共识的行动被称为**交往行动**

早期的**法兰克福学派**（P100）认为**理性**不过是支配自然和人类的**工具**（工具理性 P101）。但是，作为**法兰克福学派**第二代人物的**哈贝马斯**认为，**理性**也包含**交往理性（沟通理性）**。

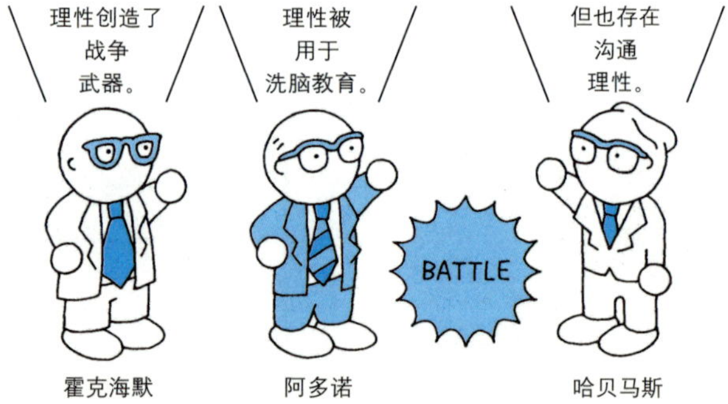

哈贝马斯认为，**理性**不仅是将自己的意见强加给别人的**工具**，也为进行**对话**以达成**共识**而存在。但是，为了进行这种对话，我们需要确保类似**公共领域**（P200）的空间的存在，以让人们得到平等的发言机会。

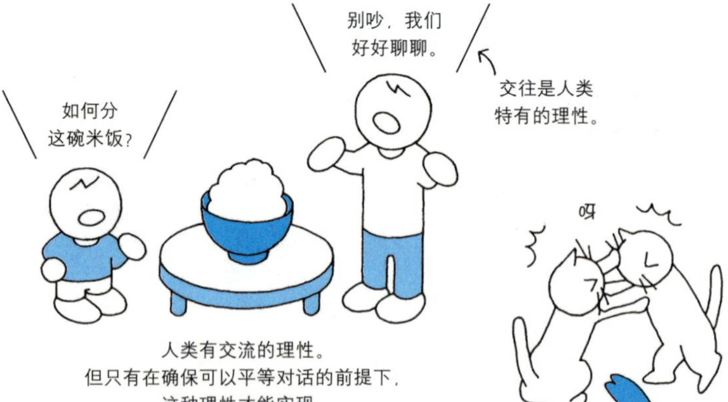

人类有交流的理性。
但只有在确保可以平等对话的前提下，
这种理性才能实现。

生活世界的殖民化

含　义　通过对话达成共识而创造的世界（生活世界）正受到政治和经济系统的侵蚀

文　献　《交往行动理论》

备　注　生活世界的殖民化是现代的特征

哈贝马斯认为**沟通**（P202）是最理想的行动。而对于日常**沟通**，他将人们享有平等发言机会的世界称为生活世界。

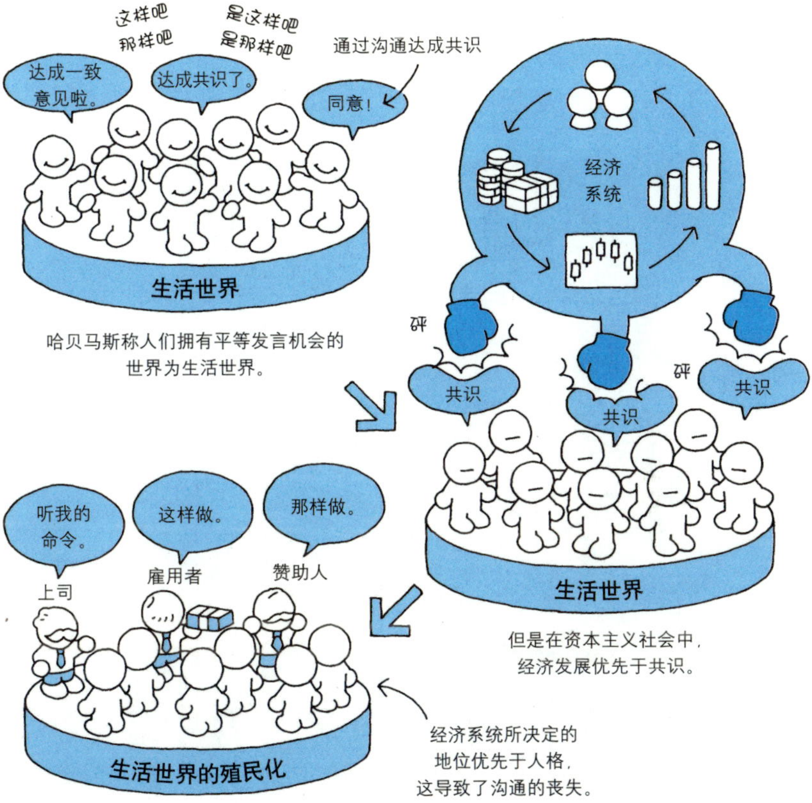

但是，在现代资本主义社会中，经济**体系（系统）**自动决定人们的行动和地位，因此很少有机会通过**沟通**达成**共识**来决定事情。**哈贝马斯**称这种情况为**（经济）系统**造成的生活世界的殖民化。

意识形态国家机器

文　献《论再生产》

备　注　国家机器包括镇压手段（军事、警察等）和意识形态手段（学校、宗教、媒体等）

国家和全球化

阿尔都塞认为学校、福利、媒体和宗教等制度是**意识形态国家机器**，培养适合国家的个人思想和**意识形态**（P045）。他认为，由意识形态国家机器塑造的个人只会不断地自愿屈服于国家，然后加入创造**意识形态**的阵营。

意识形态国家机器

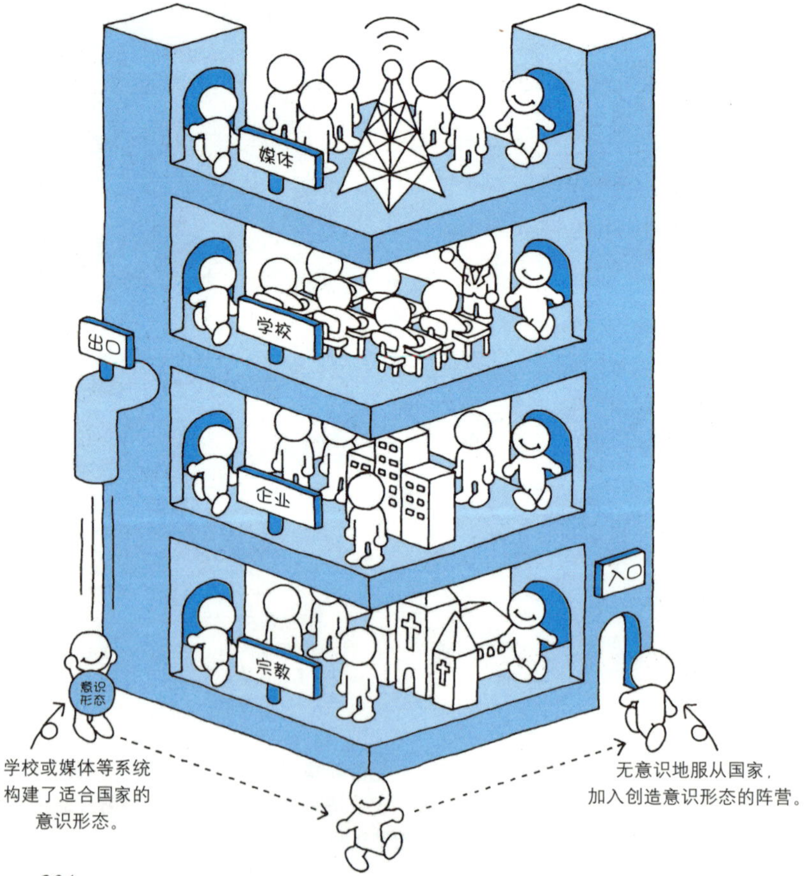

生命权力

含　义　干预和管理人们生命的现代权力
文　献　《性史》《规训与惩罚》
备　注　指出在十九世纪生命权力建立后战争和大屠杀反而更为普遍的悖论

十八世纪之前　死亡权力

集权者利用死刑的恐怖来统治人民。

十九世纪以后　生命权力

权力被用于维持生命。乍一看，这对人有益，但其本质是使人们适应资本主义社会高效率的管理体制。

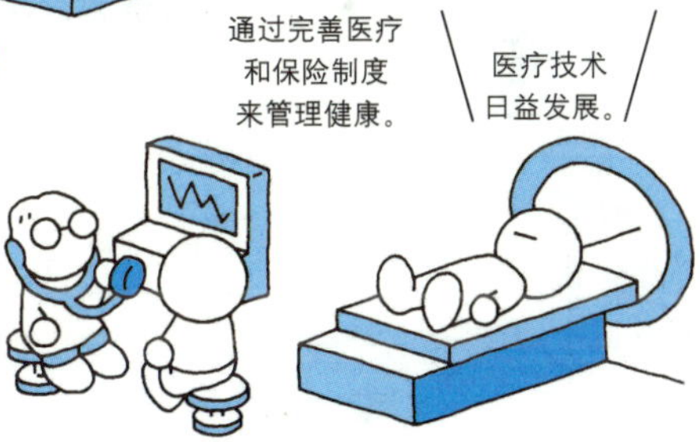

福柯认为，**中世纪**的君主通过“**使人死**”的**权力**（死亡权力）来统治人民。与之正相反，**现代**（资本主义）的**权力**则是**让人好好活着的权力**（生命权力）。所谓**生命权力**，即通过学校教育和军事训练有效地锻炼人们、完善医疗和保险制度，使人们可以更健康、更安全地生活。权力是以“保住”人们的身体和生命为方针行使的。

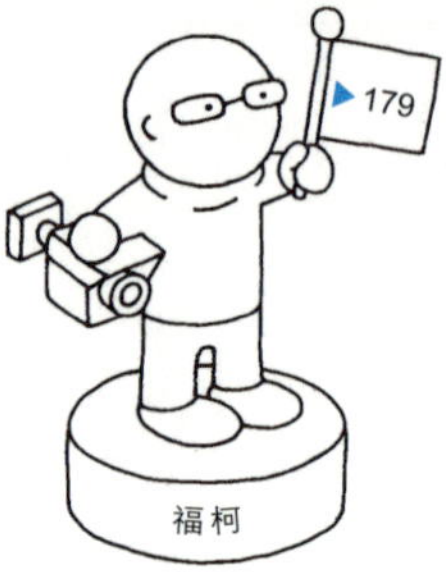

全景监狱

含　义　监狱中使用的监视机制

文　献　《规训与惩罚》

备　注　全景监狱是 J. 边沁（1748～1832）为改善监狱的恶劣环境而设计的系统

福柯认为，**现代社会**（资本主义社会）的**权力**不是统治者自上而下施压的结构，而是人们在社会生活中自觉遵守纪律的结构。他将这种权力结构比作**全景监狱**。

全景监狱

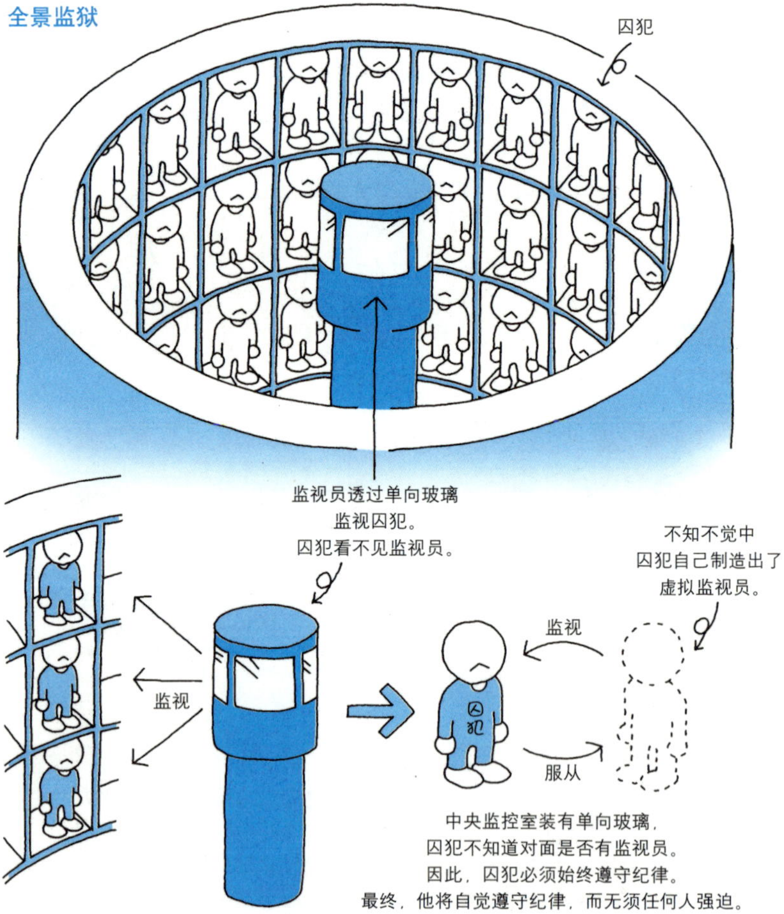

像**全景监狱**一样，让人感到随时都被监控、变得自觉遵守纪律的机制不仅限于监狱，已经渗透到了日常生活的各个方面，包括公司、学校和医院等场所。

全景监狱效应

受到持续被监视的意识支配，
所以自觉遵守纪律。
我们既是被监视的一方，
同时又是监视别人的一方。

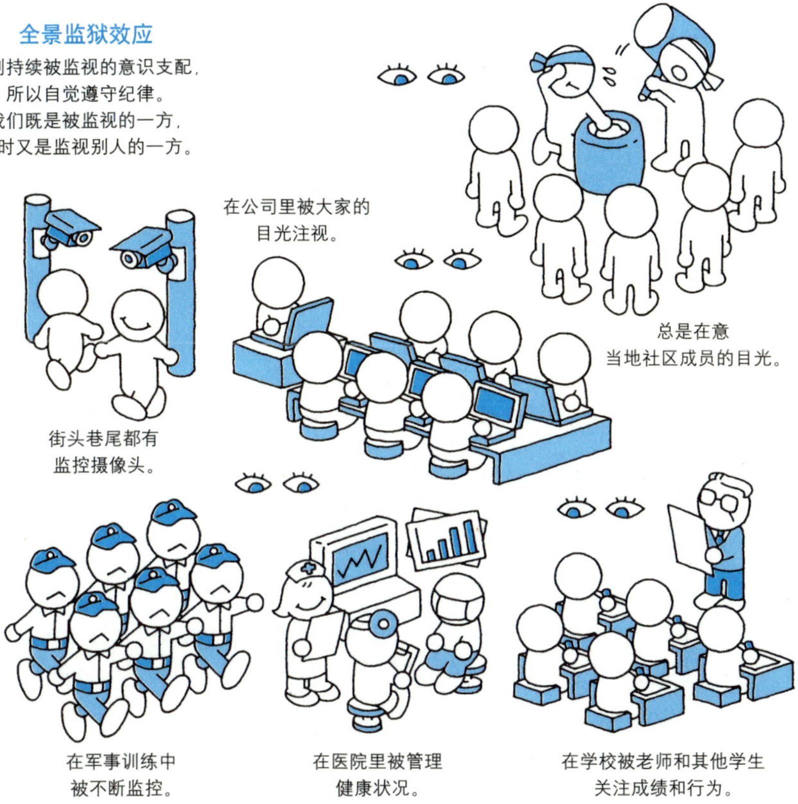

福柯认为，日常生活中的**全景监狱效应**使人们不再质疑资本主义社会的矛盾，并且将与自己价值观不同的人当作异物排除。

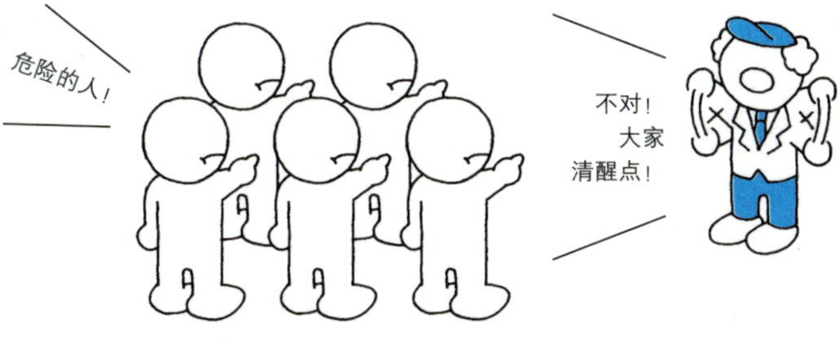

人们在无意识中成了管理者和监视者。

建构主义

含　义　主张社会问题的提出使该社会问题成为事实
文　献　《社会问题的建构》（斯佩克特 / 基特苏斯）
备　注　建构主义是从贝克尔的标签理论（P194）演变而来的，伯格（P181）、卢克曼（P013）等人也主张建构主义

当前，儿童虐待、家庭暴力和性骚扰都已成为社会问题。但是五十多年前，这些问题并不存在。这是因为人们当时并没有意识到这些是问题。

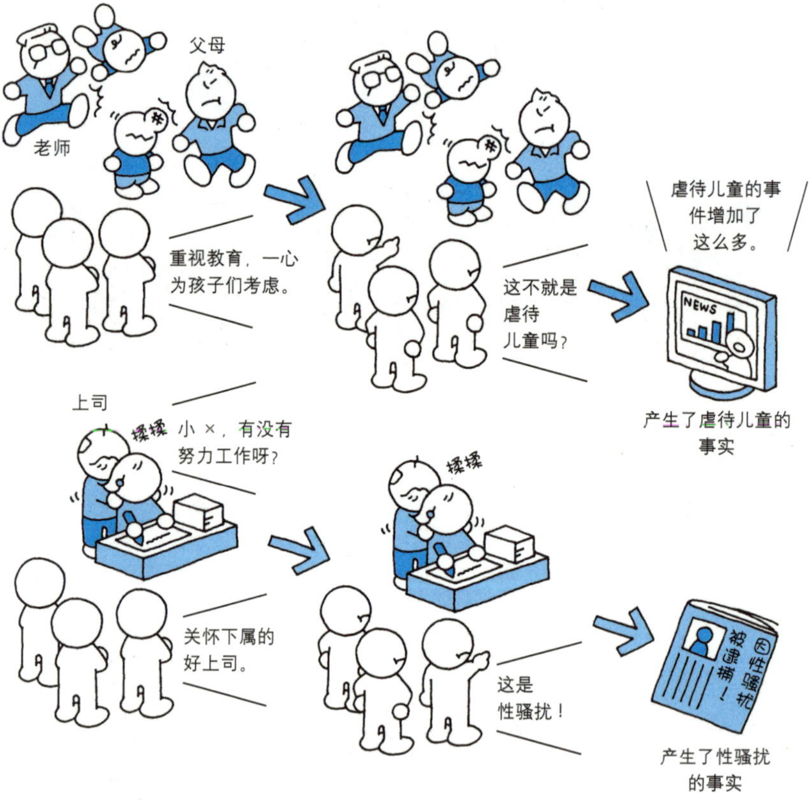

社会上的问题并不是事先客观存在的。**斯佩克特**（1943～ ）和**基特苏斯**认为，当人们用“问题”一词来表述它时，这个**事实**就产生了。

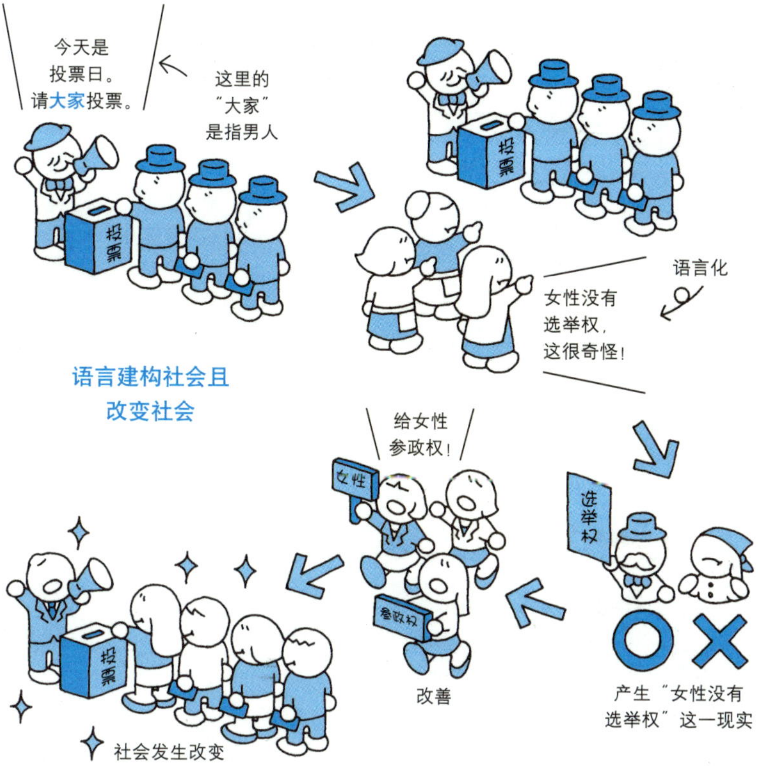

基特苏斯等人认为事实是通过语言**建构**的。这种立场被称为（社会）建构主义。即使产生问题，除非有人将它转化为语言，否则它就不会成为**现实**。

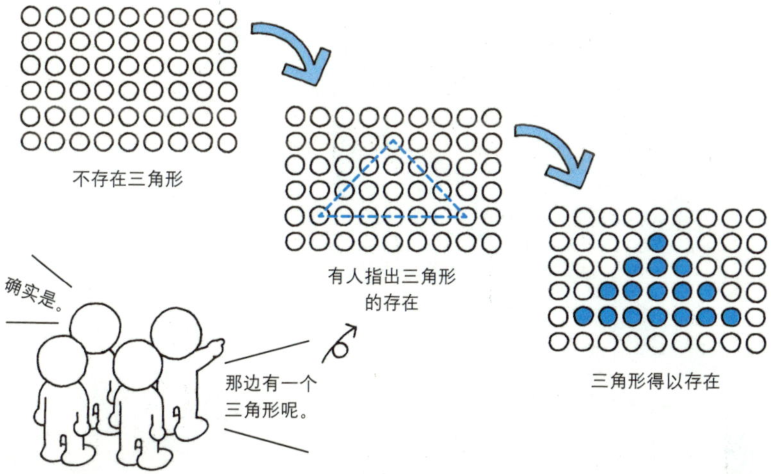

集体消费

含 义 作为生活的基础被群体持续消费的服务

文 献 《城市问题》

备 注 反义词是个人消费（个人购买并消费后就消失的服务）

随着人口的增加和城市化的发展，道路、公园、学校、医院等设施亟待改善。这些**基础设施**必须能够被持续使用（消耗）而无须付费。因此，很难仅靠市场维持供应。这时就需要**国家**来承担责任。

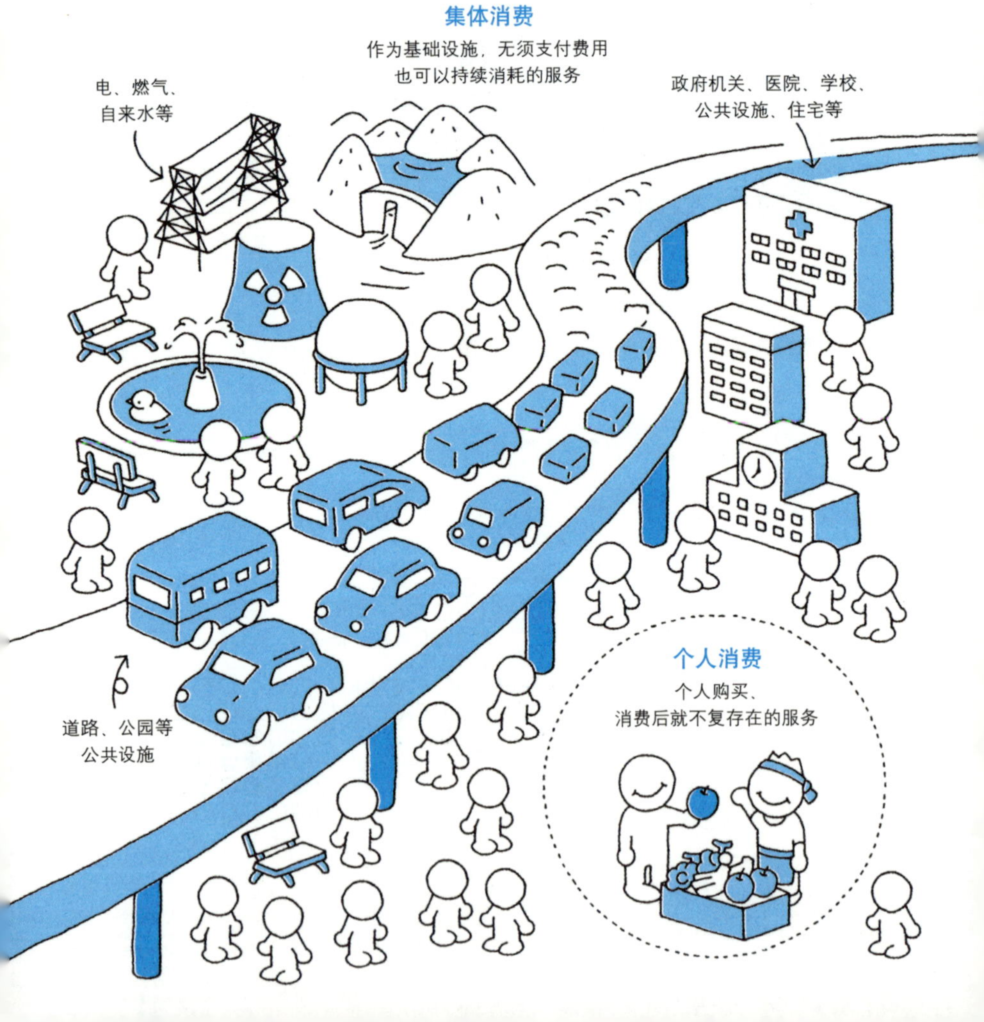

这种服务被称为**集体消费**。**卡斯特**认为，**城市化**就是消费的主流从**个人消费**转向**集体消费**的过程。随着**集体消费**的增加，承担**集体消费**的**国家**将能够**集中管理和控制市民**的日常生活。

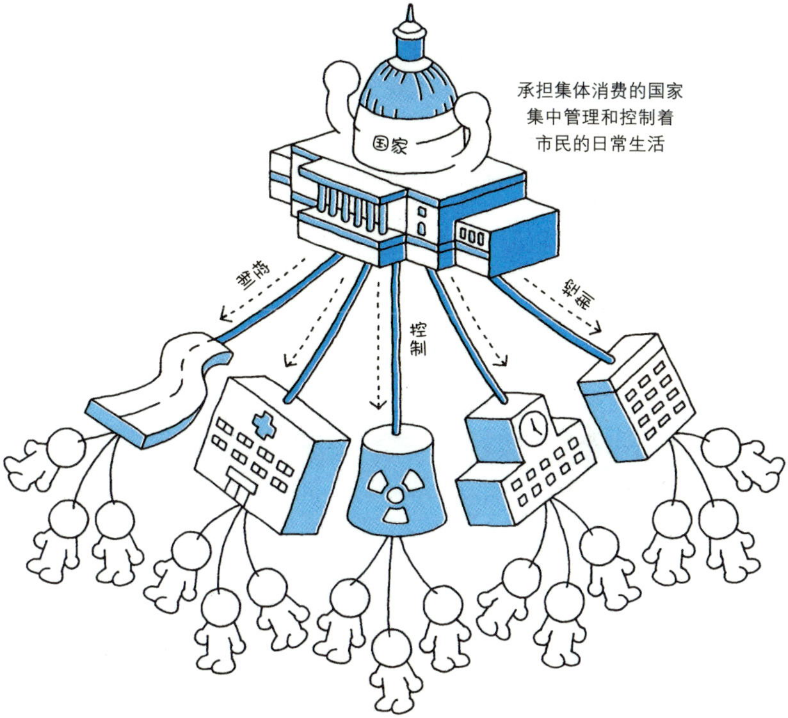

卡斯特认为，如果国家权力失控，**草根**（普通市民）积极的**社会运动**（城市社会运动）则会变得不可或缺。

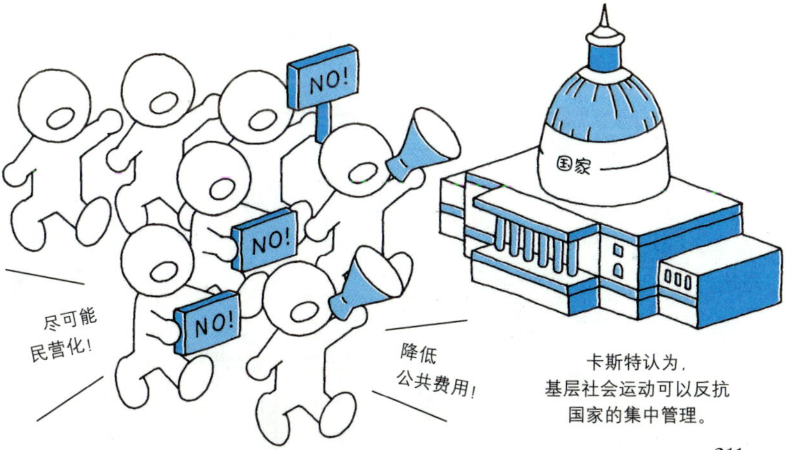

东方主义

含　义　视“东方”为落后的“西方”中心主义观点

文　献　《东方学》

备　注　与东方主义相反，认为西方是“去人性化的”——这种观点被称为西方主义

现代西方社会认为**东方社会**与自身是不同的。在这种观点下，**西方**是文明的中心，**东方**是被统治的对象。**萨义德**将这种**西方中心主义**的态度称为东方主义。

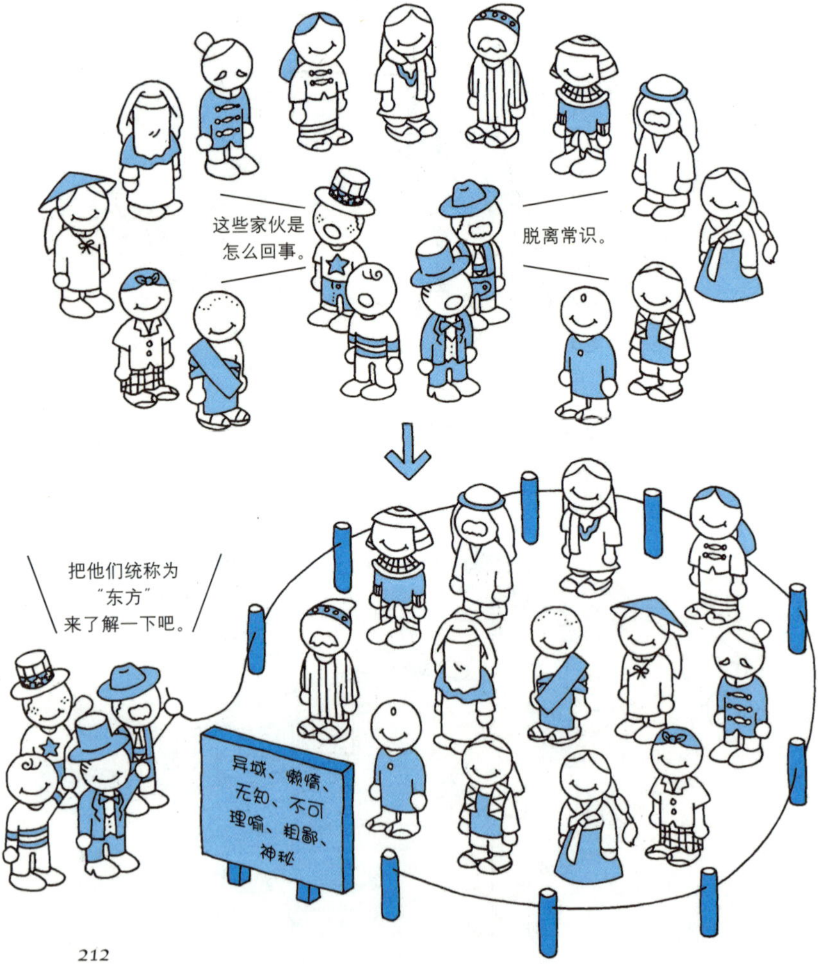

在**东方主义**目光下，**东方**是懒惰、好色、不合逻辑的。这和认为只有**西方**才能正确理解世界、对**东方**已经足够了解的想法密切相关，也是将对**东方**的殖民统治正当化的理由。

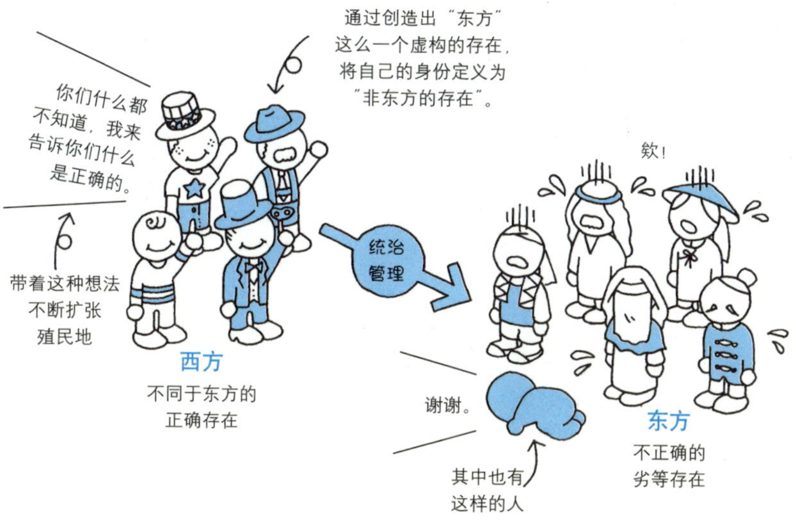

西方与**东方**之间的区别并不是天然的，而是**西方**以自身的文化和价值观为中心划定的界线。

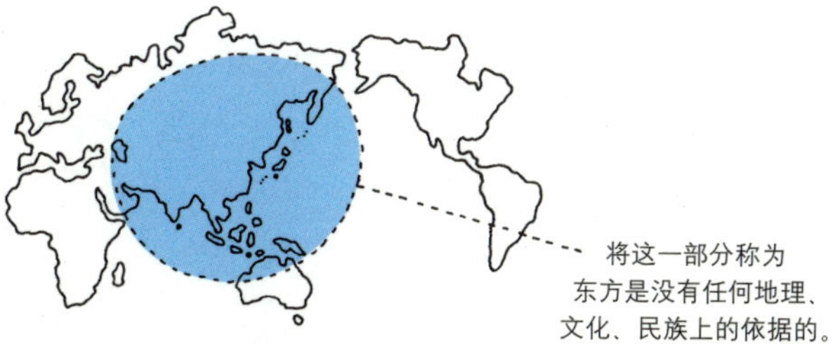

文化资本

含　义　对社会地位有利或不利的非金钱资本

文　献　《区隔》

备　注　布尔迪厄说，现代社会是一个阶层分化的社会，兴趣爱好和出生阶层息息相关

说到**资本**时，人们通常会想到金钱。但是，对人类生活有帮助的东西不仅仅是金钱。知识、习惯、人际关系、爱好等都是**资本**，都能给人的地位带来有利或不利影响。**布尔迪厄**称上述这种金钱以外的**资本**为**文化资本**。

文化资本的例子

例如，古典音乐作为一种被社会高度评价的正统文化，需要一定的文化素养才能欣赏。在这种情况下，父母是否有这样的爱好（本人是否可以自然接触到这样的爱好）对本人是否会将其作为爱好有很大影响。能否获得**文化资本**更多取决于个人的成长环境，而不是后天的努力。

以这种方式获得的**文化资本**有**三种具体形式**，并在人的社会生活中持续发挥作用：**❶客体化文化资本**、**❷具身化文化资本**、**❸制度化文化资本**。

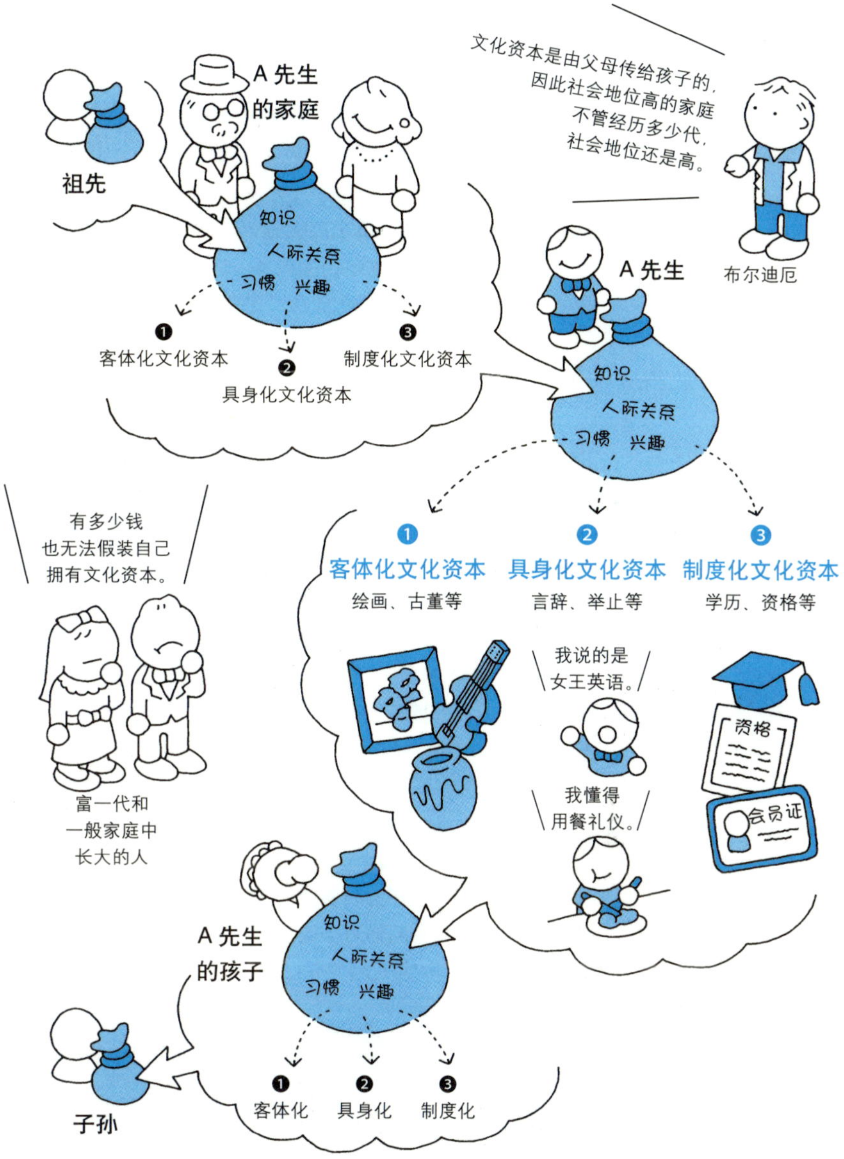

文化再生产是指**文化资本**通过父辈传给子辈，实现社会地位的再生产。实际上，即使是在表面上崇尚平等的贤能主义现代社会中，“正统文化”这一仅凭个人能力很难获得的隐性**资本**也仍在被代代传承。

惯习

含　义　人们在日常生活中形成的心理倾向

文　献　《区隔》

备　注　惯习是一个着眼于文化资本（P214）的心理倾向的概念，通常被与结构主义（P159）的心理倾向做比较

在日常生活中，人类会在不自觉的情况下掌握措辞、思维、感觉和举止。**布尔迪厄**将这些在人身上形成的**心理倾向**称作**惯习**。

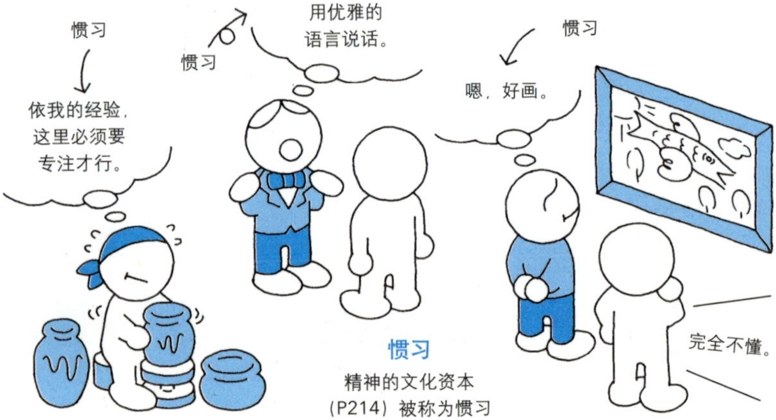

惯习是人类长期以来在不知不觉间掌握的东西。为了适应特定的社会阶层或场合，我们必须掌握该阶层或场合的**惯习**。金钱可以通过努力获得，但遗憾的是，“**贵族惯习**”只能通过出身获得。

弱关系

含　义　有助于个人发展的非亲密关系

文　献　《找工作》

备　注　布尔迪厄认为，从父母和亲戚那里继承的文化资本（P214）使财富链得以形成，而格兰诺维特的观点与他截然不同

公共性和集体

格兰诺维特调查了劳动者是如何获得当前的工作的。结果发现，与**父母和亲戚**（强关系）相比，**关系薄弱**（弱关系）的人往往能提供对找工作更有用的信息。

帮助个人成长的不是父母或亲戚，而是弱关系。

强关系的人通常与我们拥有相同的信息和社交圈，而**弱关系**的人反而更可能拥有我们不知道的信息。通过获取未知信息可以实现成长，所以**弱关系**非常重要。

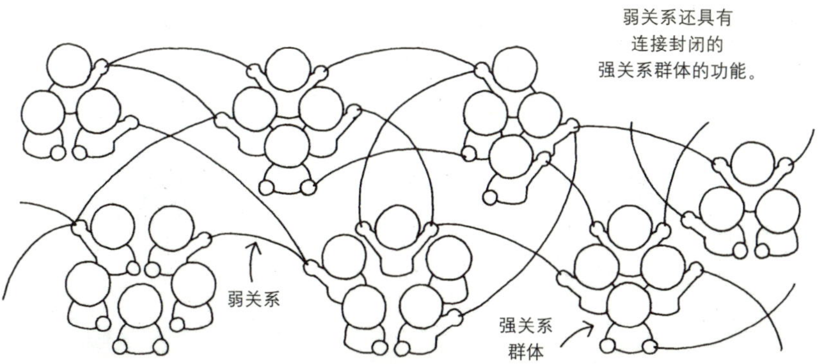

想象的共同体

含　义　表明“国家”和“国民”的意识产生于资本主义和印刷文化

备　注　十九世纪，统治者利用这种民族意识将自己的统治正统化，**官方民族主义**应运而生

国家和全球化

安德森考察了**国家**和**国民**这两个概念。比如，“日本人”何以为“日本人”？

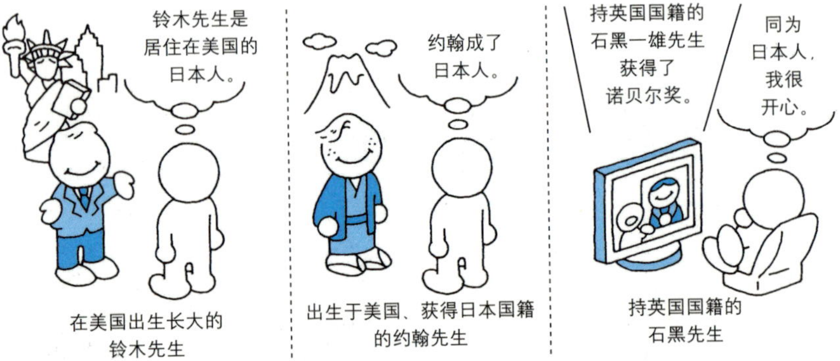

“日本人”不是以种族、居住地、出生地、国籍来定义的？

根据**安德森**的说法，**国家**和**国民**的概念并不是自古以来就存在的。

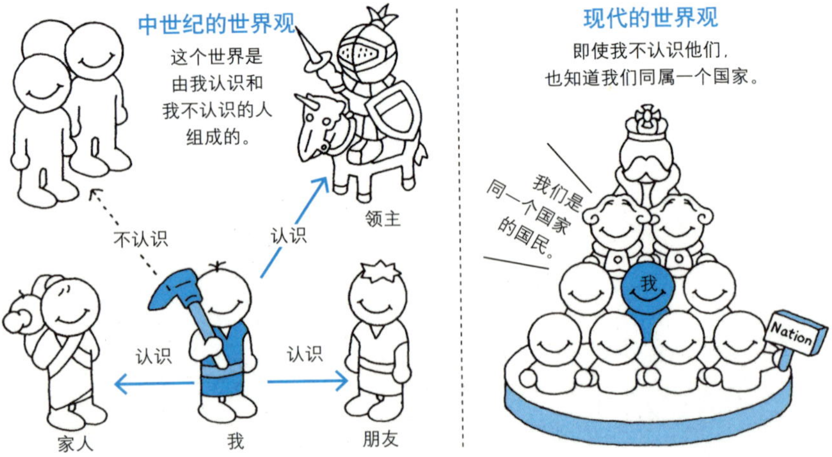

中世纪以前的人们即便知道谁是他们的领主，也没有意识到自己以领主为中心聚集在一起就形成了一个**国家**。

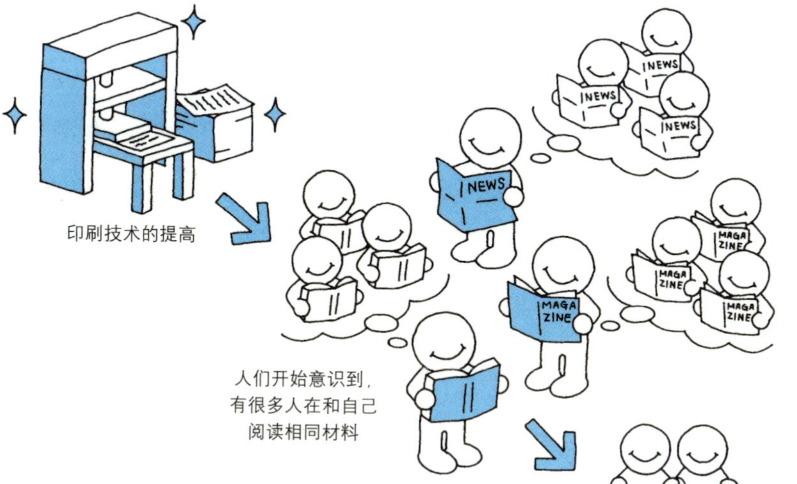

然而，自十八世纪以来，印刷技术发生了革命性的变化，书籍和报纸等媒体开始普及。于是，人们有了“很多人与自己阅读着相同的材料”的想法。**安德森**认为，这创造了**同属一片土地的同胞情谊**，并形成了**国家**和**国民**的意识。

根据**安德森**的说法，人们之所以将陌生人视为**同胞**，是因为在他们的想象中，**自己与陌生人处于一个共同体中**。他称国民和国家为**想象的共同体**。

世界体系理论

含 义 通过全球范围内的分工体系来考察经济差距的历史理论

备 注 在世界体系中占据压倒性优势者"握有霸权（P095）"

国家和全球化

发达国家与**发展中国家**之间的**经济差距**被称为**南北问题**。要把握这些问题，不能以国家为单位考察，必须将整个世界视为一个大**体系**。**沃勒斯坦**将全球规模的**世界体系**分为**核心**、**半边陲**和**边陲**三种地区进行考察。

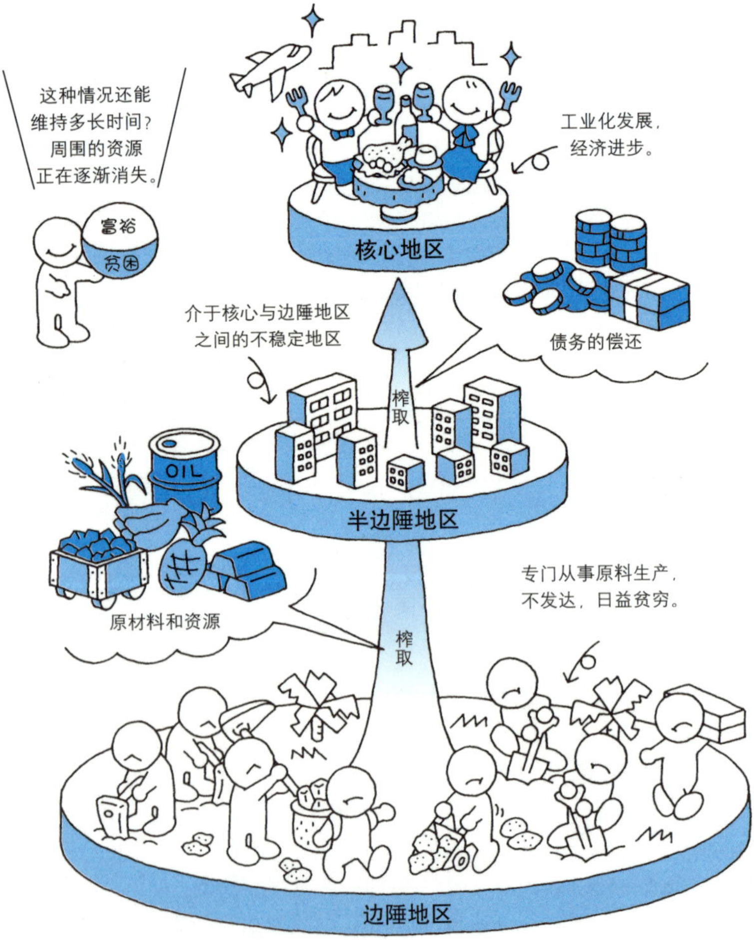

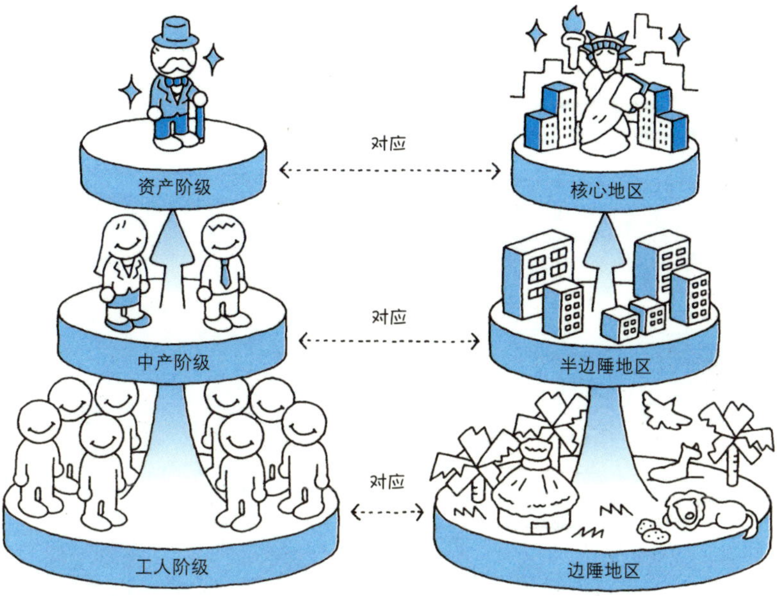

核心地区通过榨取**边陲地区**获得生产原材料牟利。换句话说，**核心**、**半边陲**和**边陲**地区刚好对应**资产阶级**、**中产阶级**和**工人阶级**。**沃勒斯坦**以**全球劳动分工体系**来考察世界，并将其称为**世界体系**（**世界体系理论**）。如果我们认识到资本主义是在全球范围内而不是以国家为单位运作的，那么我们就可以看到发展中国家的贫困与发达国家的经济发展之间的关系。

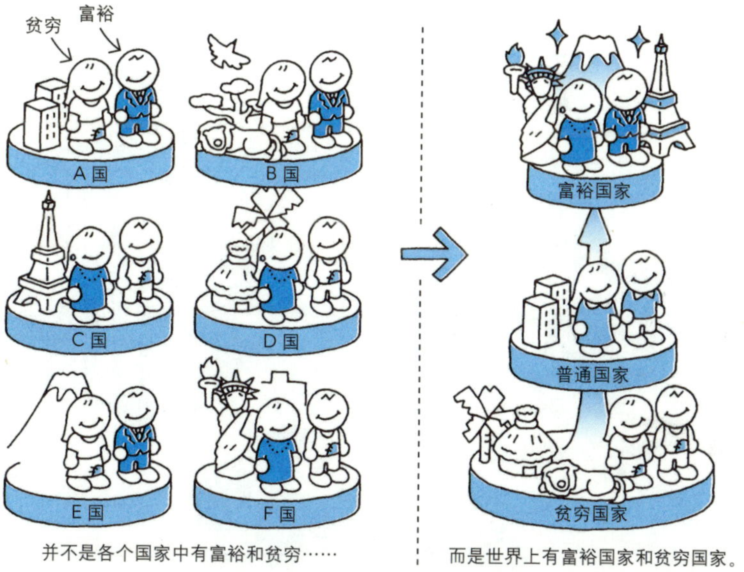

游客的凝视

含　义　游客参观景点时特有的行为方式

文　献　《游客的凝视》

备　注　厄里的观点来源于福柯的**凝视理论**，后者认为人们看待事物的方式（凝视）是由社会决定的

文化和消费社会

游客总是试图在**观光景点**寻找他们预想中的此地的形象。**厄里**称这种现象为**游客的凝视**。此外，通过**游客的凝视**，接收游客的一方也不禁重新审视自己的传统和文化。结果，**游客的凝视**所寻求的对象将不断地被创造出来。

另外，随着观光景点的**全球化**，一些地方为了迎合**游客的凝视**，便建造了当地本没有的建筑物和景观。观光景点被过度地刻意安排，使传统、文化，甚至当地人的身份认知也发生了改变。

日本也在加速推进观光立国战略。今后，日本人的身份将会如何变化呢？

麦当劳化

含　义　模式化使社会向理性化发展

文　献　《社会的麦当劳化》

备　注　二十世纪后半叶的麦当劳化也意味着“美国化”在世界范围内的渗透

文化和消费社会

以**麦当劳**为代表的快餐店都在追求**高效、理性**的系统。**瑞泽尔**将这种**标准化、模式化**的趋势称为**麦当劳化**，并指出**麦当劳化**正在向社会的各个领域渗透。

麦当劳的四个特点

①可计算性

供应量、价格和时间一目了然。

②可预测性

通过模式化的操作和客户服务，随时随地为所有人提供相同的菜单和服务。

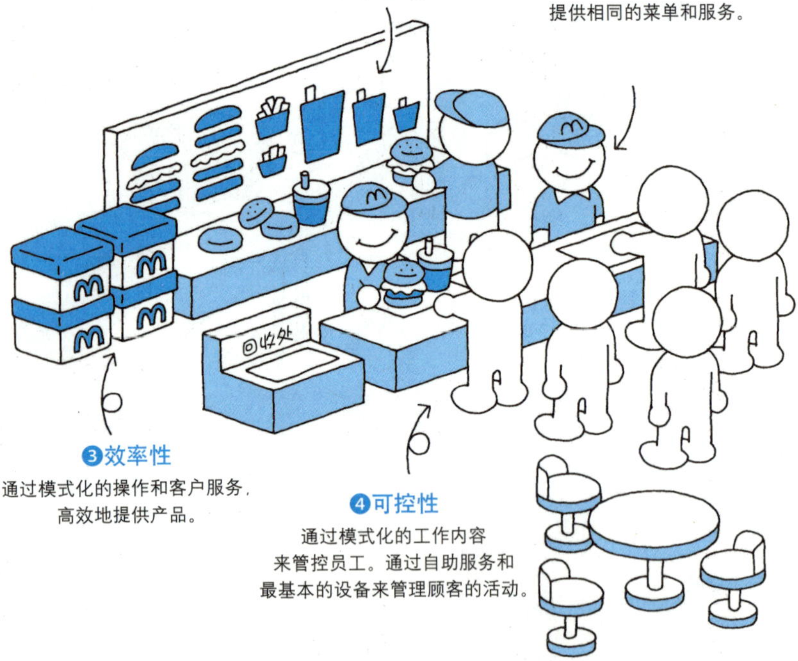

③效率性

通过模式化的操作和客户服务，高效地提供产品。

④可控性

通过模式化的工作内容来管控员工。通过自助服务和最基本的设备来管理顾客的活动。

麦当劳化使随时随地获得同样质量的服务成为可能，极大地提高了便利性。但是另一方面，**瑞泽尔**警示人们，**理性的非理性**（理性反而孕育了非理性）会使人们丧失丰富的人性。

瑞泽尔认为，与其说**麦当劳化**是新的变化，不如说它是工业革命以来持续的**理性化**的一个环节。**韦伯**（P022）曾经主张社会**理性化**（P069）是不可避免的。如果真是这样，整个社会的**麦当劳化**就无法避免。

麦当劳化正渗透到社会的方方面面，
包括医疗、教育、经济、政治和休闲等领域

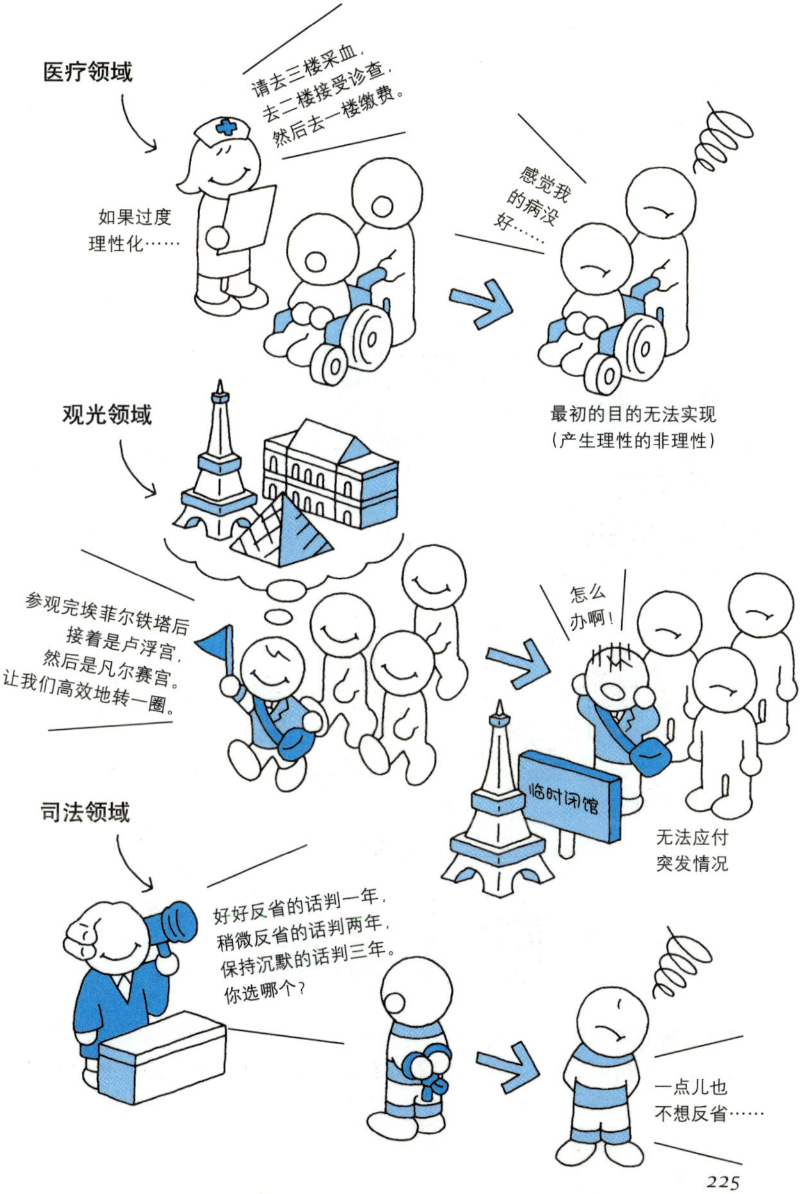

庶民阶层

含　义　被排除在权力结构之外的人群（不仅是劳动者和少数群体，还有不能介入此类问题的人群）

文　献　《庶民能说话吗？》

备　注　该术语最早出现在葛兰西（P027）的《狱中札记》中

庶民阶层（从属社会群体）是指殖民统治下的人们。来自印度的**斯皮瓦克**用**庶民阶层**一词特指殖民统治下的**女性**。

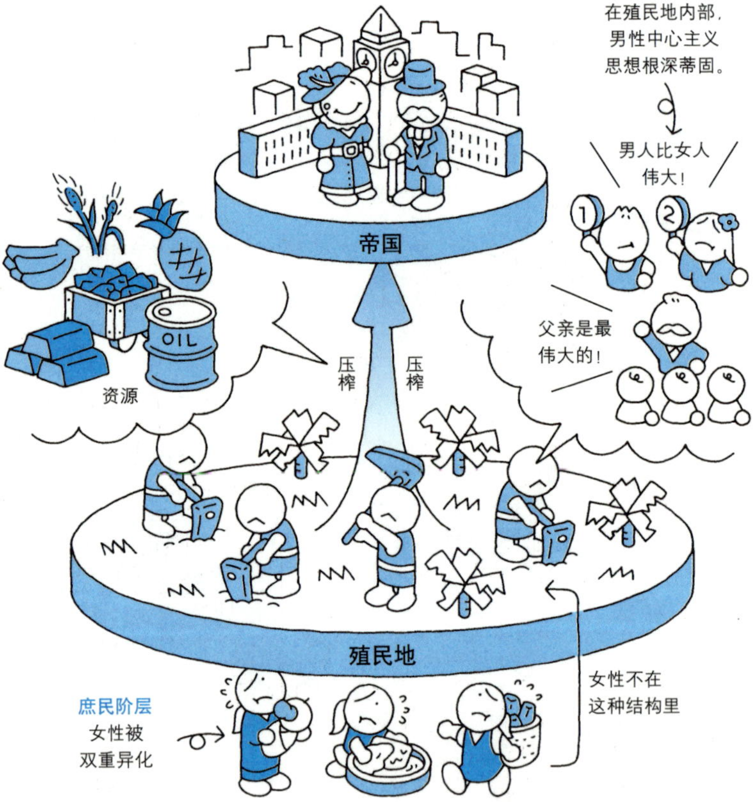

在**世界体系**（P221）的结构内，殖民地人民处于被剥削的地位，而男性中心主义在殖民地内部也是根深蒂固的。这导致了**庶民阶层**女性被**双重异化**的现状。

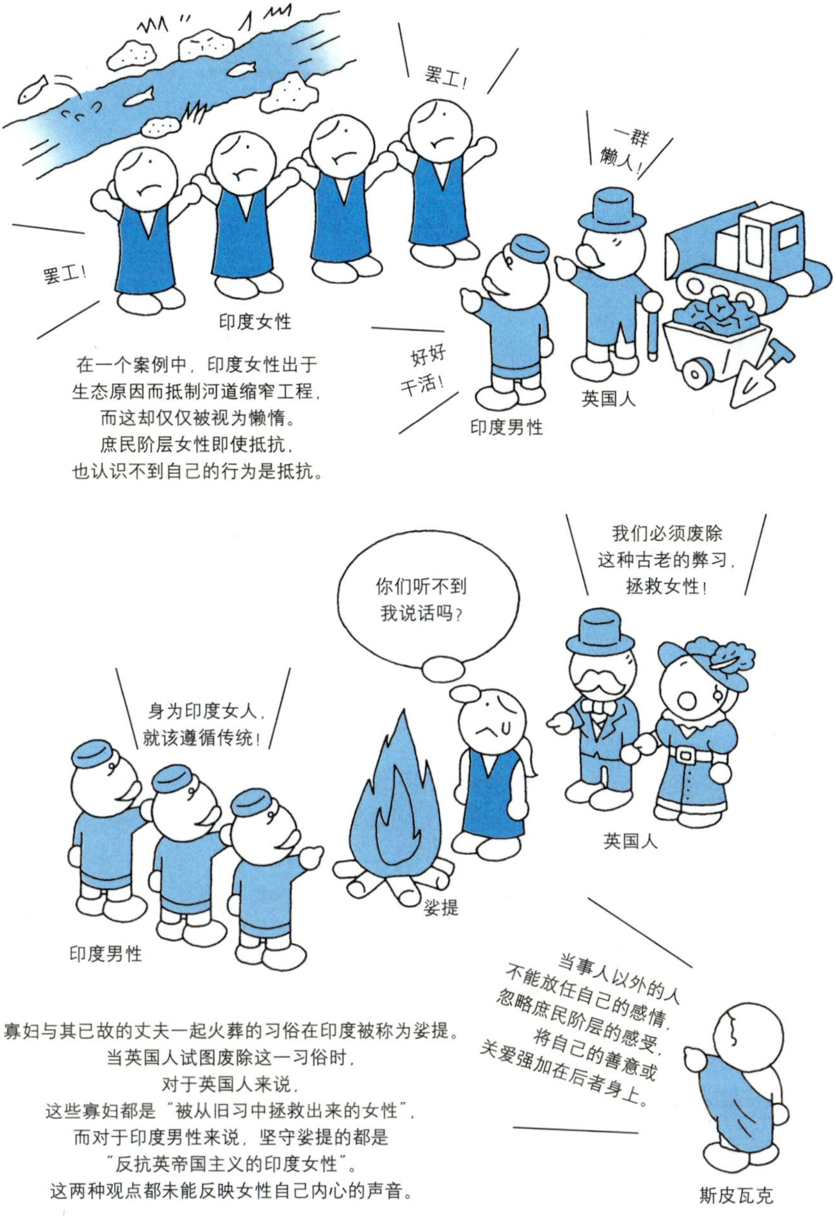

她们没有条件客观地了解自己的处境。即使她们以自己的方式抵抗，也认识不到这种行为是抵抗。**斯皮瓦克**进一步指出，非**庶民阶层**在不是为了自我满足的情况下支持**庶民阶层**、为其发声有多么困难。

影子工作

含　义　诸如专职家庭主妇的家务虽然是不被支付工资的劳动（无偿工作），但是对于通过雇佣劳动实现的生活和社会来说，是必不可少的

文　献　《影子工作》

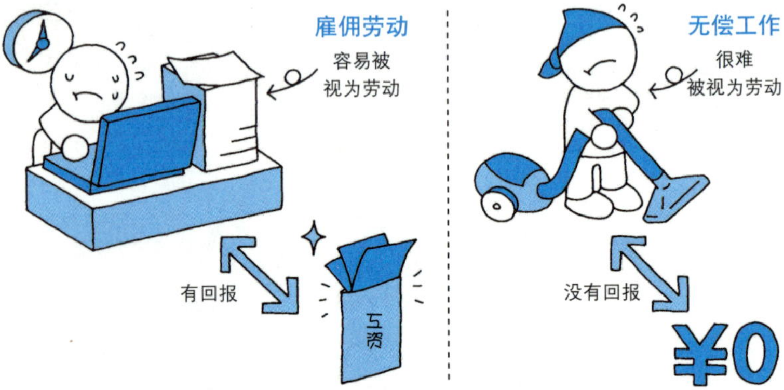

在资本主义社会中，不被支付工资的劳动不会被视为劳动。

用劳动换取工资是资本主义社会的基础。因此，无偿工作在资本主义社会中不会被视为工作。**伊里奇**将这种**无偿工作**称为影子工作。

现代家庭是在男性从事雇佣劳动、女性承担家务的基础上成立的。

现代家庭的维系建立在女性承担家务、男性从事雇佣劳动的基础上。但是，这种性别角色分工导致女性处于从属于男性的位置。

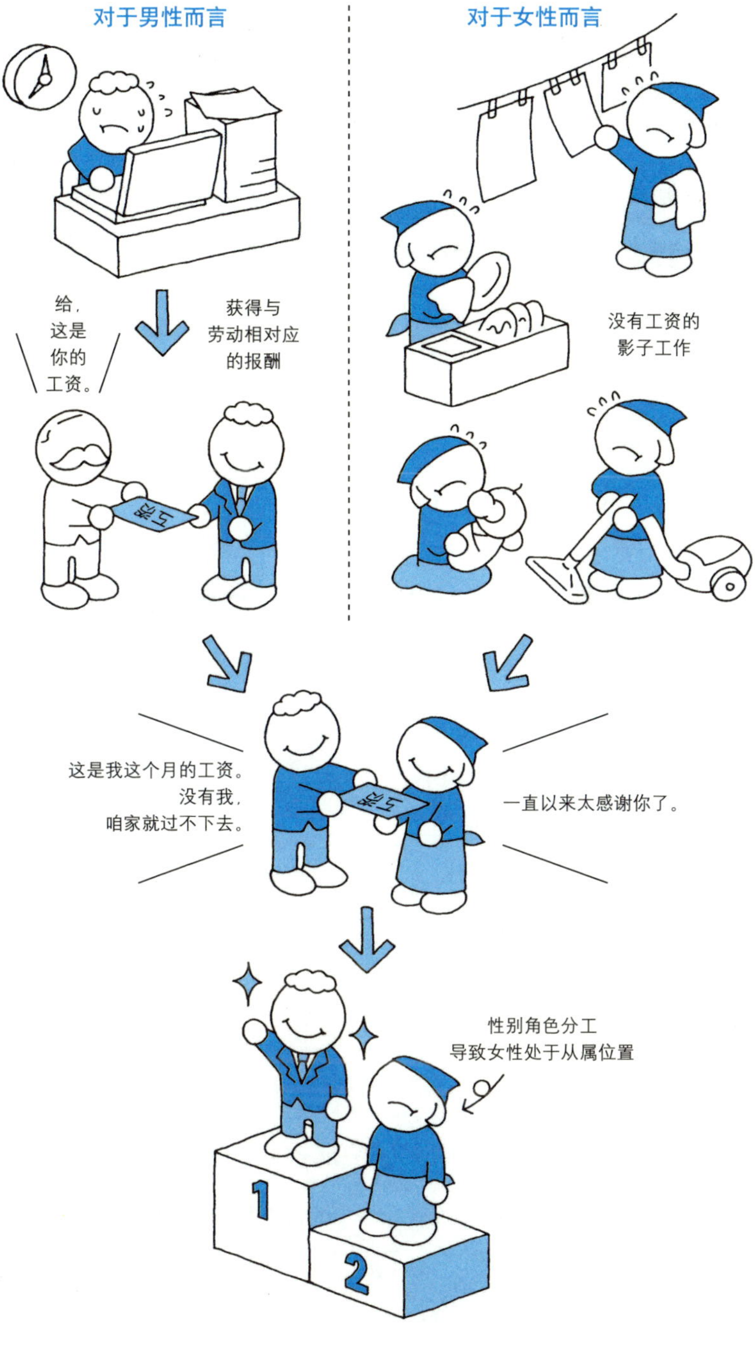

伊里奇用**影子工作**的概念揭露了男女不平等现象。

第二轮班

含　义　即使夫妇都有各自的工作，家务劳动的负担也只会集中在下班后的女性身上

文　献　《第二轮班》

备　注　与此相对，职业劳动被称为“第一轮班”

性别和性

现代家庭建立在男性从事**雇佣劳动**、女性承担**家务劳动**的基础之上。但是，在这种**性别角色分工**下，即使夫妻都有工作，女性回家后也得从事家务劳动。女性在**有薪劳动**的第一轮班结束后又开始从事家务劳动的第二轮班。**霍克希尔德**认为，这种现状让雇主认为女性不适合承担工作责任，从而导致男女就业不平等。

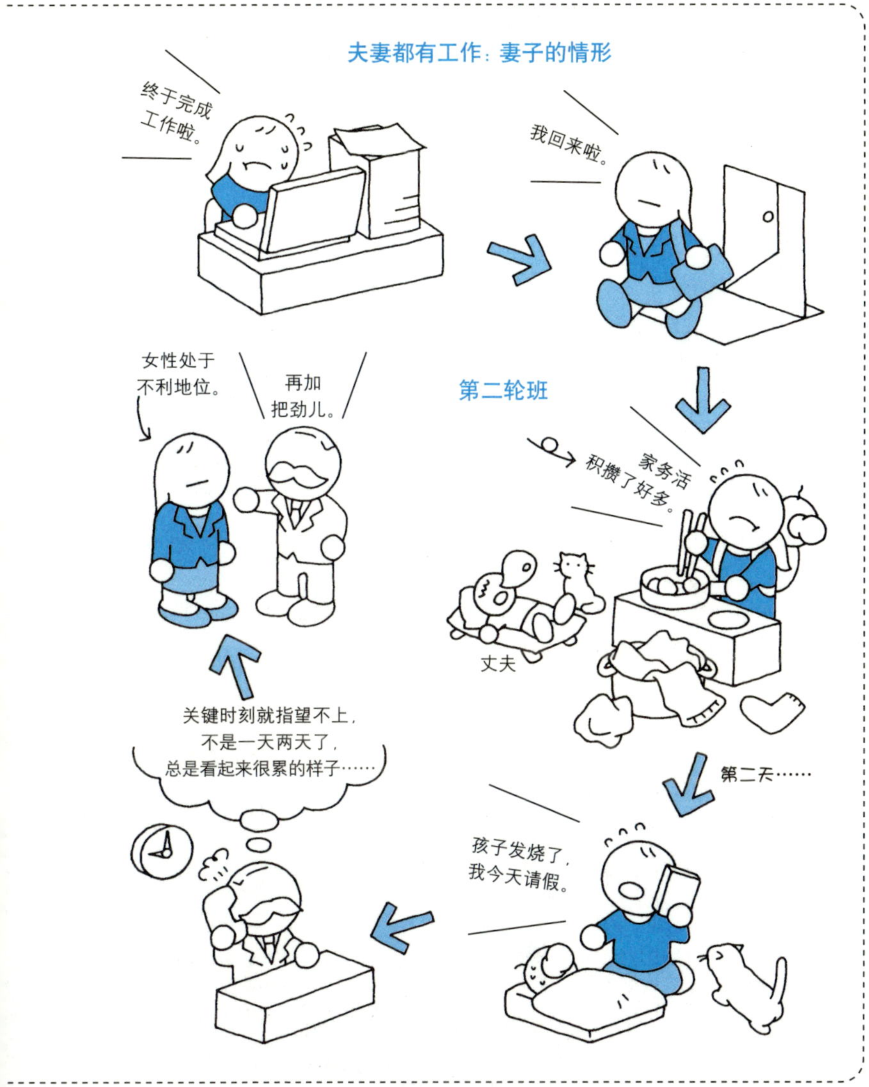

情感劳动

含　义　需要控制情感的劳动

文　献　《心灵的整饰》

备　注　情感劳动有两种类型：表层扮演（仅是表面上的礼貌）和深层扮演（投注情感的行为）

当今社会充满了需要**人对人服务**的职业场所，例如商店、教育机构和医疗机构等。**人对人服务**比体力劳动需要更多的**情绪管理**。**霍克希尔德**称这种劳动为情感劳动。

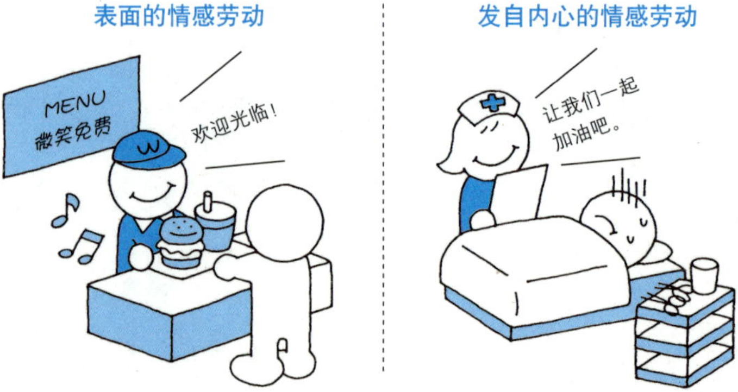

在**情感劳动**中，有时候需要表面上的礼貌，有时需要投注情感。尤其是在需要对他人抱有强烈共情的医疗和护理行业中，从业人员可能会因压力过大而感到筋疲力尽（职业过劳）。重要的是要意识到**情感劳动**包含两个方面：**真正的充实感**和**过度的压力**。

搭便车

含　义　在不付出成本的情况下从公共服务中受益

文　献　《集体行动的逻辑》

备　注　最初是一个经济学术语，后来也成了社会学中的一个基本概念

搭便车是指不付出**成本**却坐享公共服务。换句话说，这是在别人承担费用的基础上免费乘车的状态。即便人们完全了解这种服务的重要性，也会因追求**眼前的合理性**而做出仅对自己有利的选择。

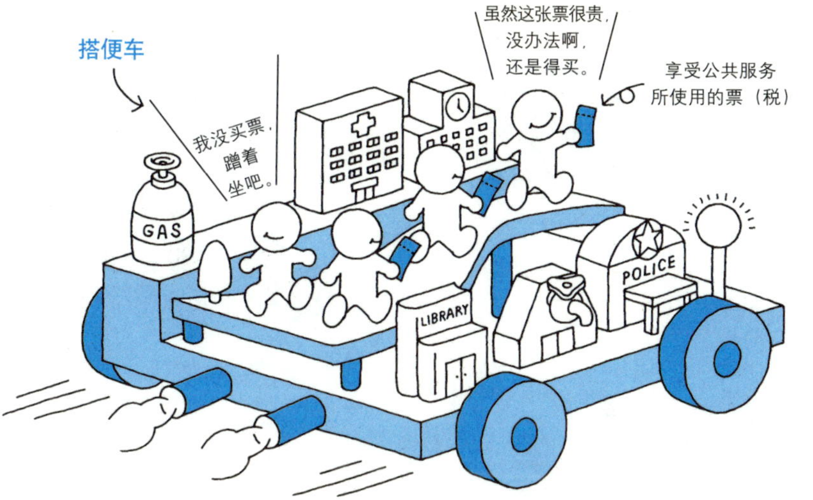

仅追求自己的利益将无法使整个社会受益。规避这种**社会困境**的关键是建立使人们愿意承担成本的体系。

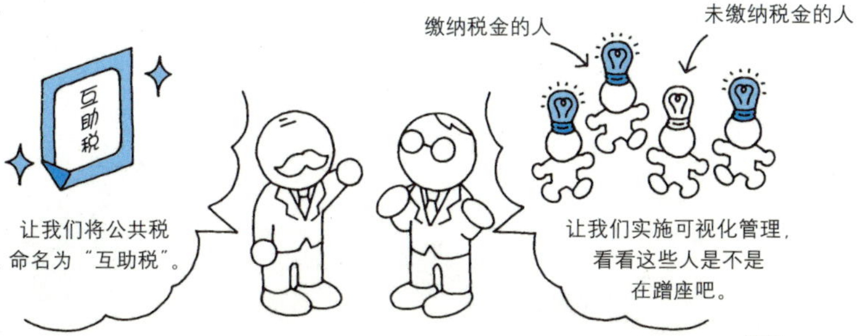

后现代

含　义　后现代 =postmodern：post= 后，modern= 现代，意思是"现代之后"

文　献　《后现代的状况》

备　注　与之相对，吉登斯和贝克认为当今时代仍处于现代性框架内（自反性现代 P276）

随着**资本主义经济**的发展、**科技**的进步以及**民主主义**的建立，世界迈入**现代**。随着**现代化**的发展，人们坚信封建的旧秩序已被打破，全世界正在迎来普遍的（全人类共享的）正义与幸福。

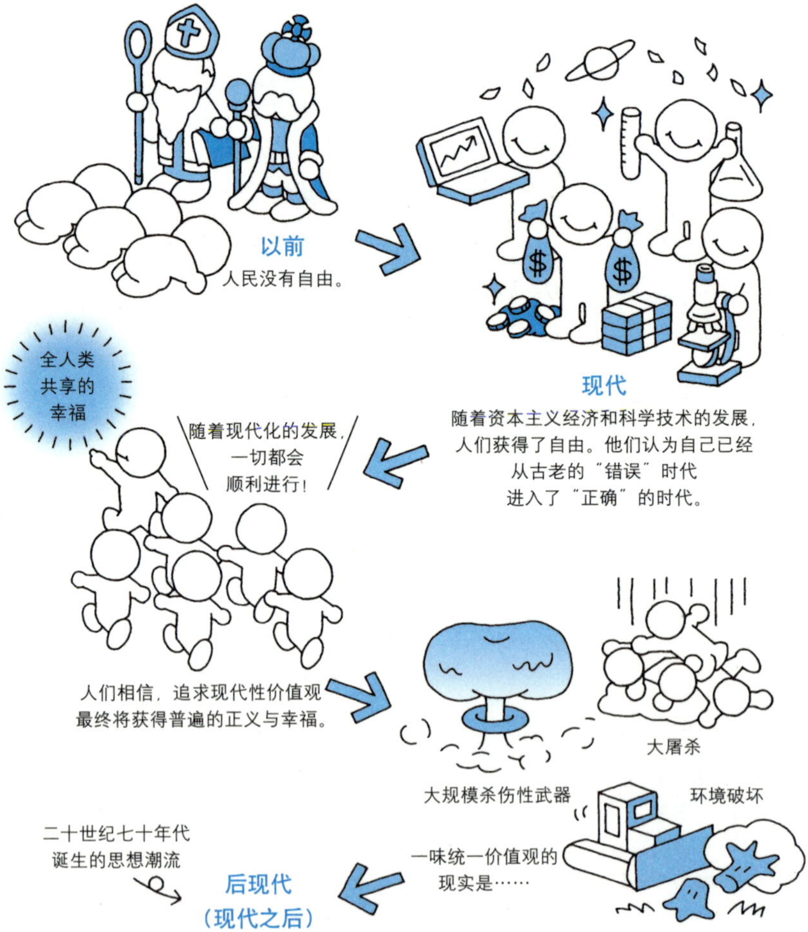

但是，随着核武器的发展和环境的大规模破坏，现代化的局限性日益明显，人们对寄托于现代化的普世价值提出了质疑。**利奥塔**称此为**宏大叙事的终结**。他认为，当下是**后现代**（**现代性之后**）的时代，人们承认差异与多样性，肯定不确定性，并寻求与之共存的方式。

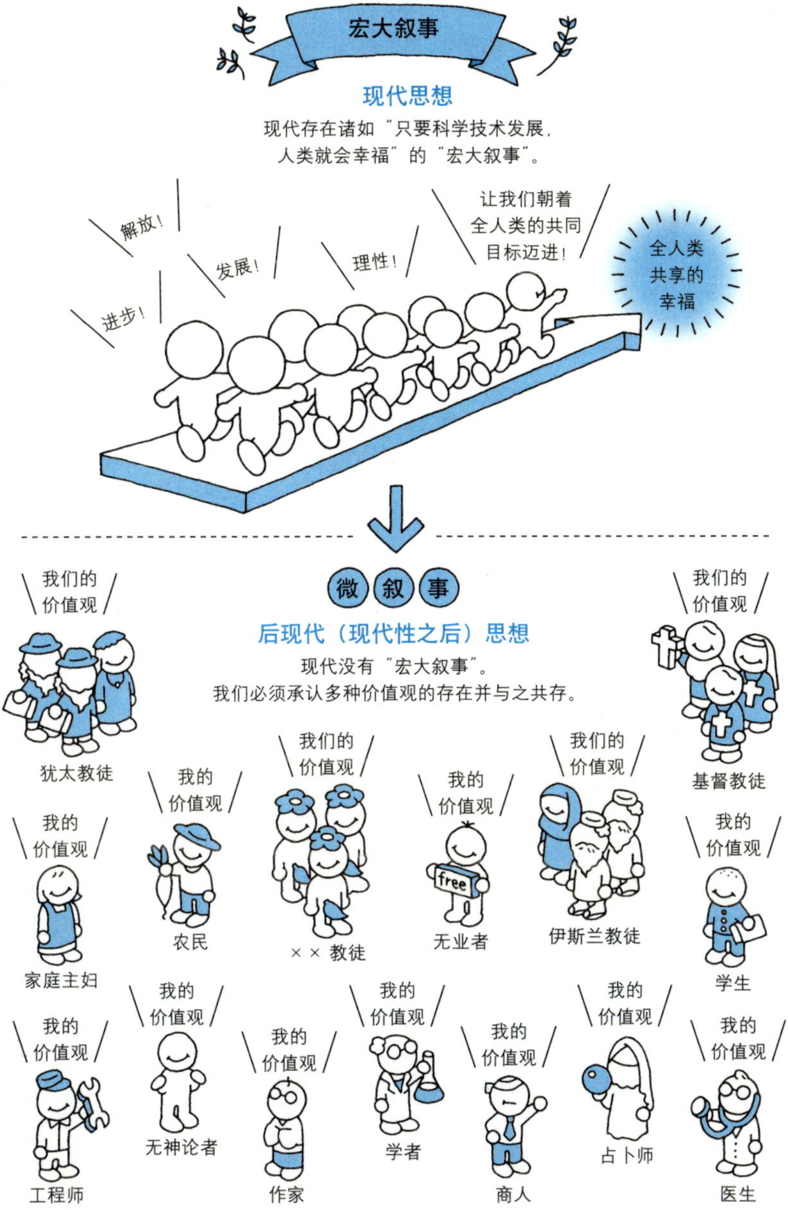

同性友爱

含　义　同性之间的非性关系和纽带

文　献　《男人之间》

备　注　继承了列维－斯特劳斯关于女性交换维持体制的学说（乱伦禁忌 P156）

同性恋是描述**同性之间的性关系**的词语，而**同性友爱**则被用来描述**同性之间非性的关系**。**赛吉维克**发现，仅判断是否存在性关系不足以定义男性间的**同性友爱**。

异性恋　恋爱关系中的异性关系

同性恋　恋爱关系中的同性关系

异性友爱　非恋爱关系的异性关系

同性友爱　非恋爱关系的同性关系

男性间的同性友爱的例子

男性员工间的凝聚力

体育社团男性成员间的团结

男性间的友谊

师徒关系的忠诚

男性间建立**同性友爱**关系时，女性通常只被当成异性恋对象。**赛吉维克**指出，这样的**同性友爱**中包含了**厌女症（厌恶和蔑视女性）**、**同性恋恐惧症（厌恶同性恋者）**和**家长式领导（父权主义）**等支配女性的结构。

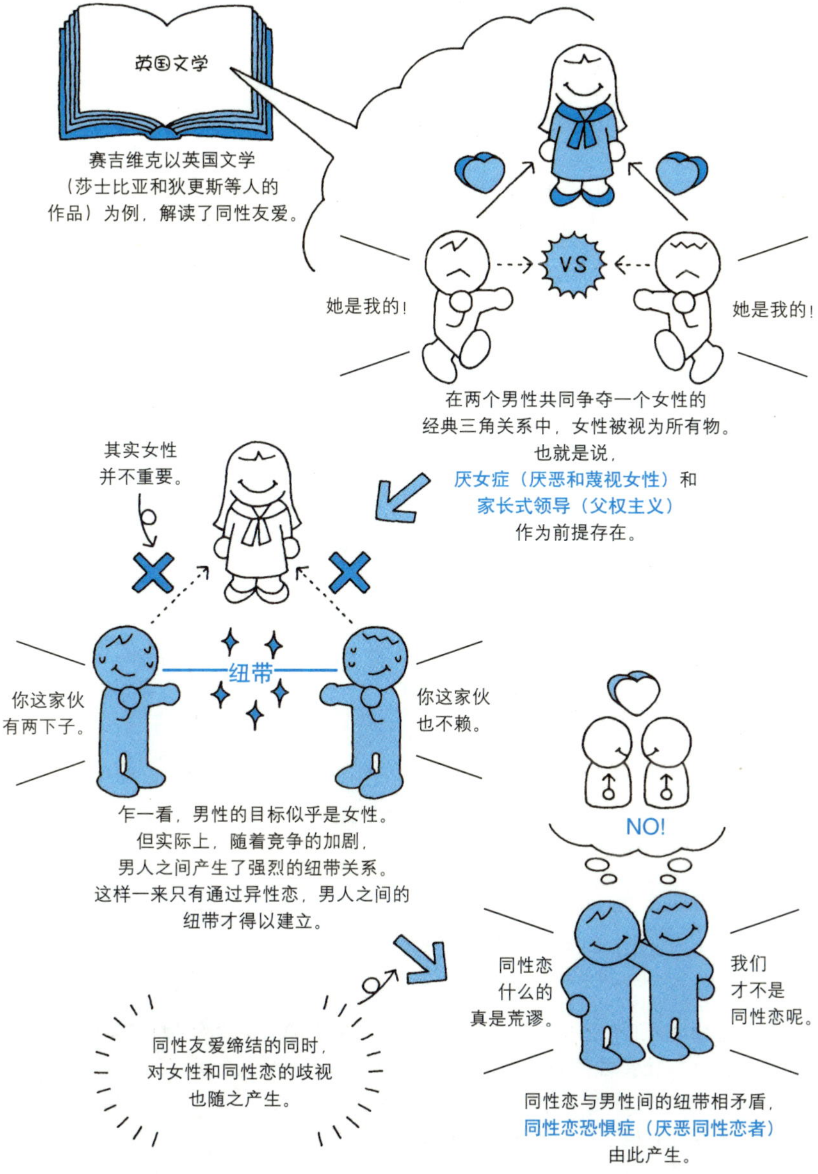

性别

含　义　社会和文化建构的性差异

文　献　《性别麻烦》

备　注　巴特勒的性别理论以福柯（P179）《性史》一书中的理论为依据

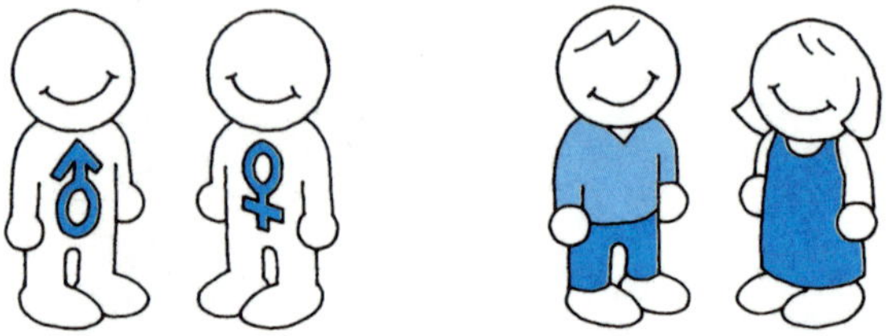

生理性别（Sex）

生物和科学上的性差异。
在自然界中先天存在。

社会性别（Gender）

社会和文化上的性差异。
不具有先天性，是人为制造的。

性别具有隐含意义

女性擅长育儿和做家务。　女性温柔。　女性感情丰富。

潜台词：女性不应该进入社会。　潜台词：女性不应该反抗男性。　潜台词：女性不讲道理。

这些只是社会建构的观念

生物学上的性差异被称为**生理性别**，而**社会和文化建构的性差异**被称为**社会性别**。**社会性别**通常包括一些社会性信息，例如“女性不应该进入社会”。了解了**社会性别**的概念，我们就会知道，诸如“女性气质”和“女性擅长家务”的观念只是男性主导的社会捏造出来的说法。

生理性别通常被认为是生物学上的性差异，但其中也包括许多与社会有关的元素。例如，**生理性别**上的“男 / 女”这一简单的二分法就没有考虑到性少数群体的存在。

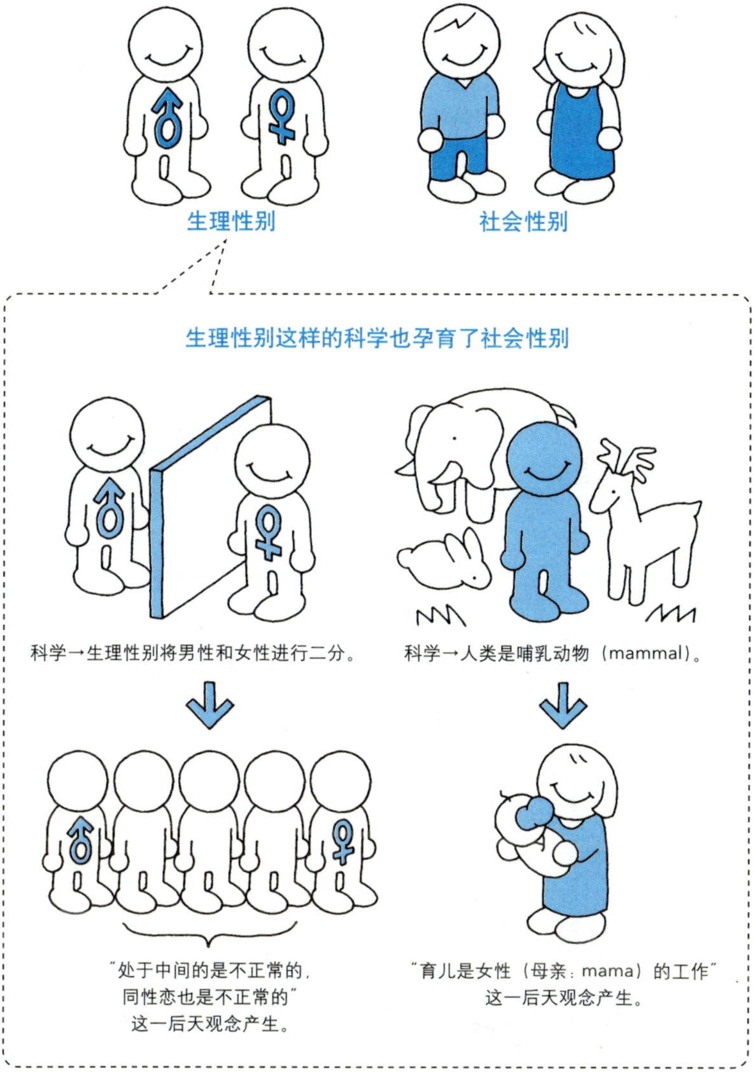

此外，鸟类和爬行动物在名称上并无雌雄之别，但表明人类属性的“哺乳动物”一词却可以让我们感到母性。因此，生物学的科学性用语也与女性的社会地位暗中关联。**巴特勒**认为，**社会性别**是提示这一事实的重要概念。

亚文化

含　义　与社会中占支配地位的价值观不同的文化

文　献　《亚文化》

备　注　赫伯迪格将时尚、音乐和行为举止称为**风格**，认为亚文化则是对风格的反抗

文化和
消费社会

与所属社会的大多数人价值观相异的文化被称为**亚文化**。

日语中的“亚文化”一词有时用来表示个人自由选择的稍显与众不同的爱好，但社会学家**赫伯迪格**口中的**亚文化**是指“**社会中少数人聚集在一起所创造的文化**”。

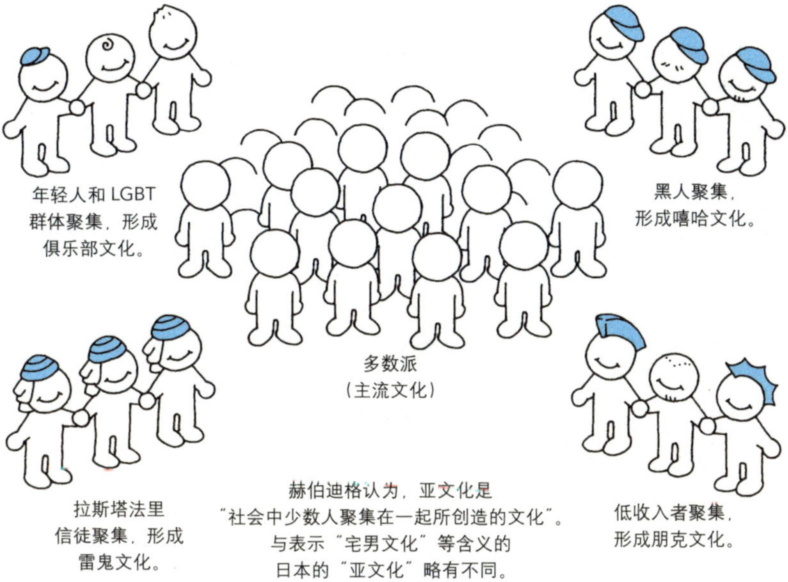

赫伯迪格称，**亚文化**可以呈现与**高雅文化**和**流行文化（大众文化）**等**主流文化**截然不同的价值取向。

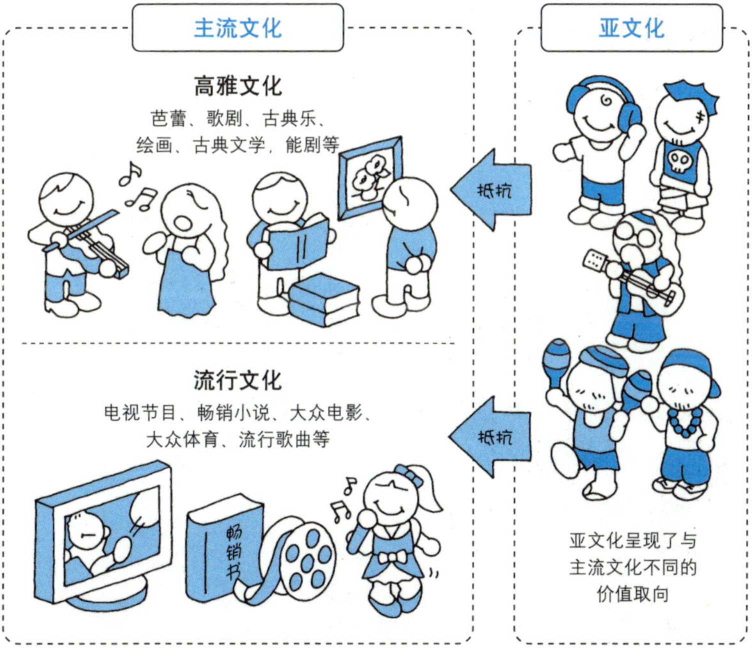

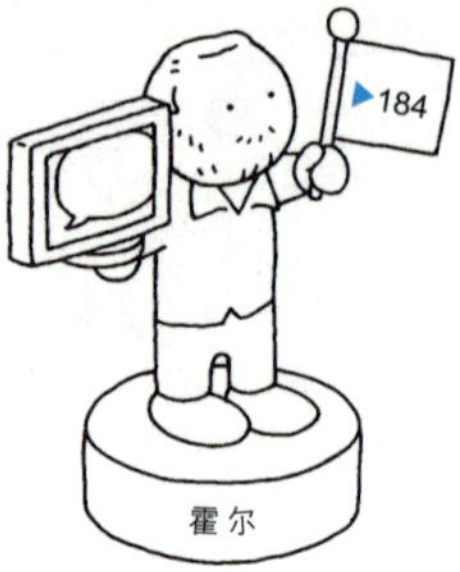

编码 | 解码

文　献《编码／解码》

备　注　编码即**符号化**，解码即**解读符号**

诸如新闻节目和报纸中的信息通常包含信息发送者的价值观和意识形态。这是因为**发送者**在**播报信息的过程**（编码）中无意识地加入了自己的价值观。另外，接收者的价值观在**接收信息的过程**（解码）中也发挥了作用。发送者的信息和接收者的信息不同，独立于彼此而存在。

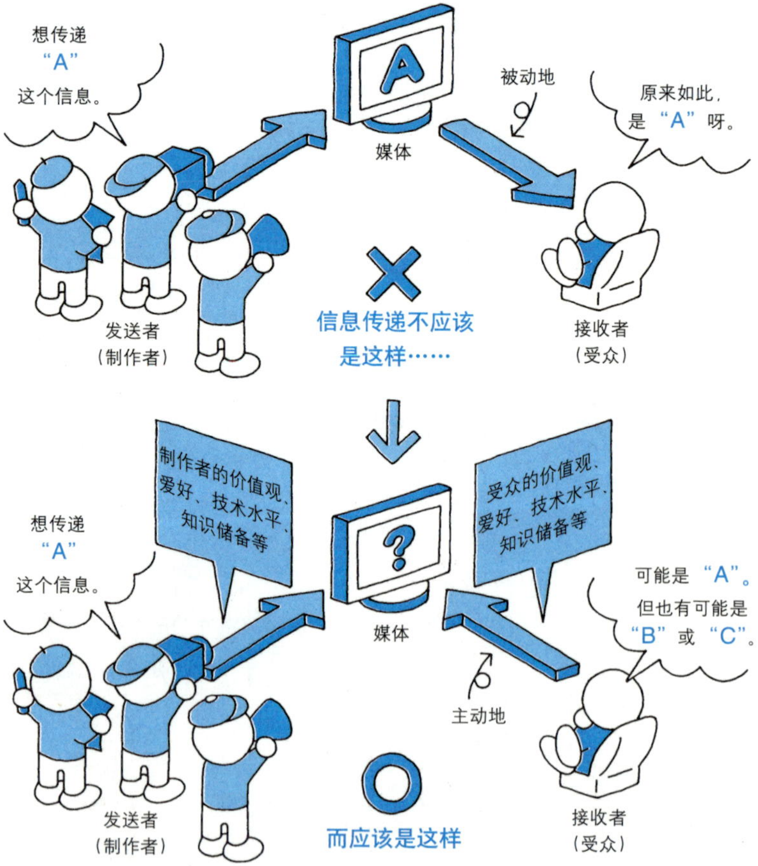

解码的三种类型

霍尔将信息接收者的立场分为三类。
与发送者的距离从上到下依次变远。

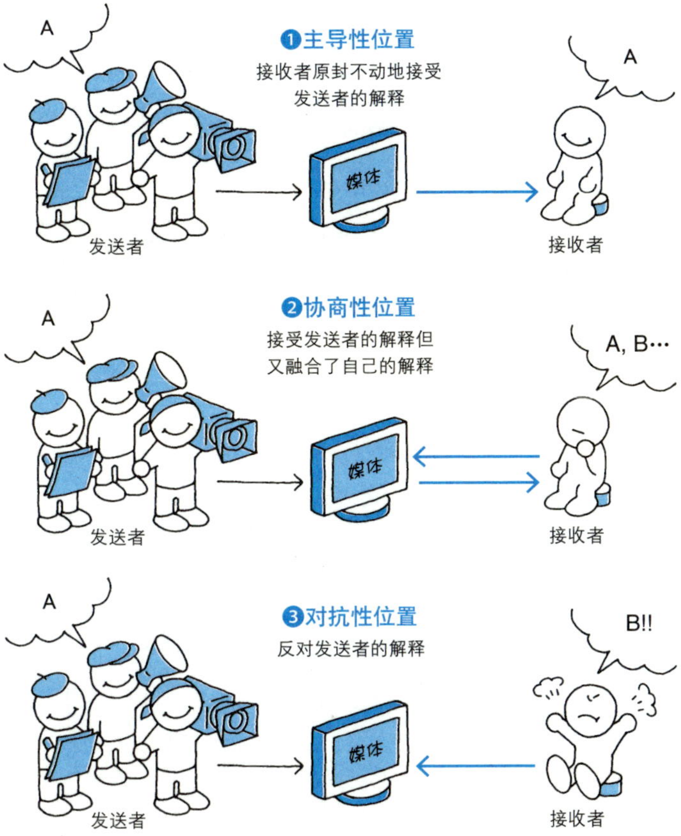

霍尔认为，与新闻节目和报纸等媒体的接触应该是一种更加能动和自由的行动，而不是仅仅服从媒体发送者的被动行为。

符号消费

含　义　人们消费的不是产品的机能而是其符号

文　献　《消费社会》

备　注　注重追求与他人的差异，因此与炫耀性消费（P049）不同

日用品即使已经普及，也不会卖不出去。在迎来**消费社会**后，人们购物时购买的是**与他人形成差异化的符号**（信息），而不是所购买产品的实质功能**（符号消费）**。消费行为开始体现人们的个性和品味。

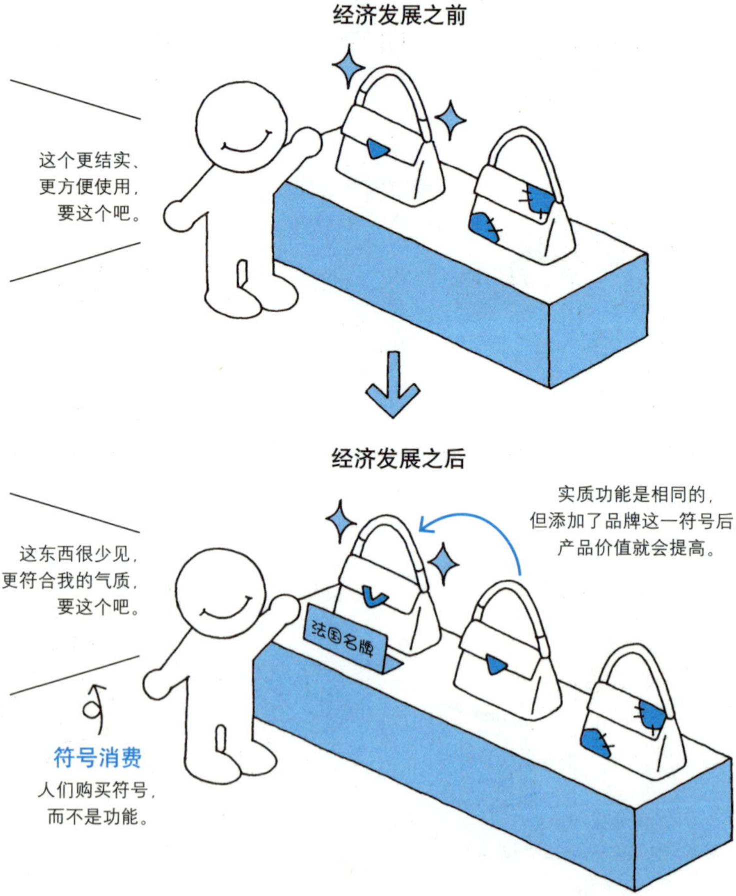

在当今高度发达的消费社会，新产品不断被推出，新**符号**不断出现，与其他**符号**（产品）的**差异**也源源不绝。由于人们不停地追求差异化，消费行为变得永无止境（差异化原理）。人们的欲望不再通过个人的主体性来表达，而是由这种符号**体系**来驱动。

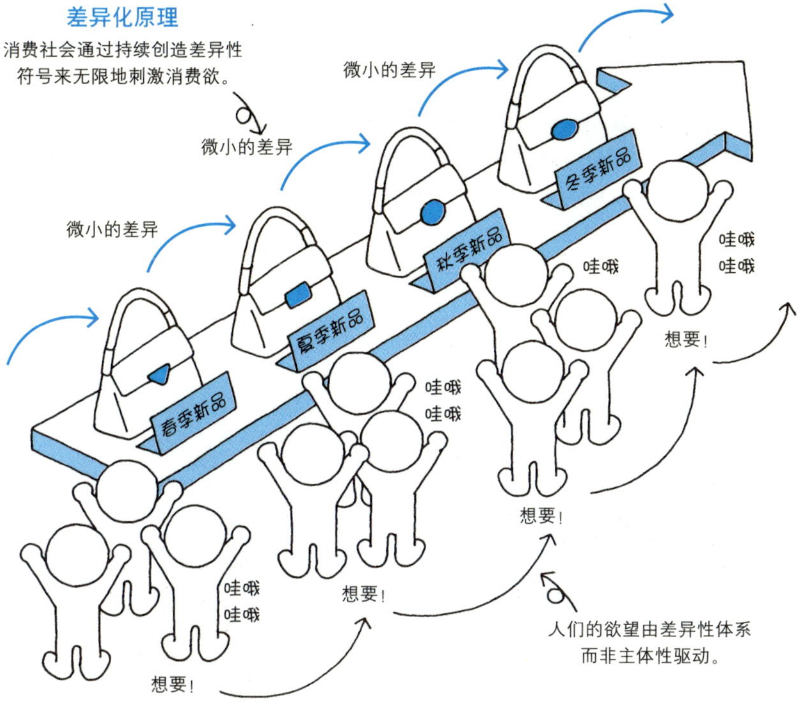

目前，具有差异性符号的不仅是时装品牌，还包括“序列号”“生态乐活”“名人同款”“经典老款”“会员制 / 人数限定制”“商品蕴含的历史和故事”等。

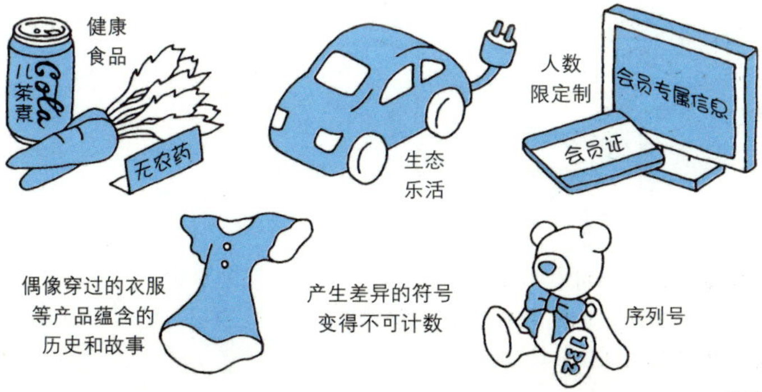

拟像

含　义　没有原初景象的复制
文　献　《拟像与模拟》
备　注　鲍德里亚的思想影响了电影《黑客帝国》的世界观

媒体

鲍德里亚认为如今是消费**符号**的时代（符号消费 P244）。符号本质上是**模仿**现实中存在的**原初景象**而成的**复制**。然而，在**复制**的过程中，没有**原初**的东西也被大量创造了出来。

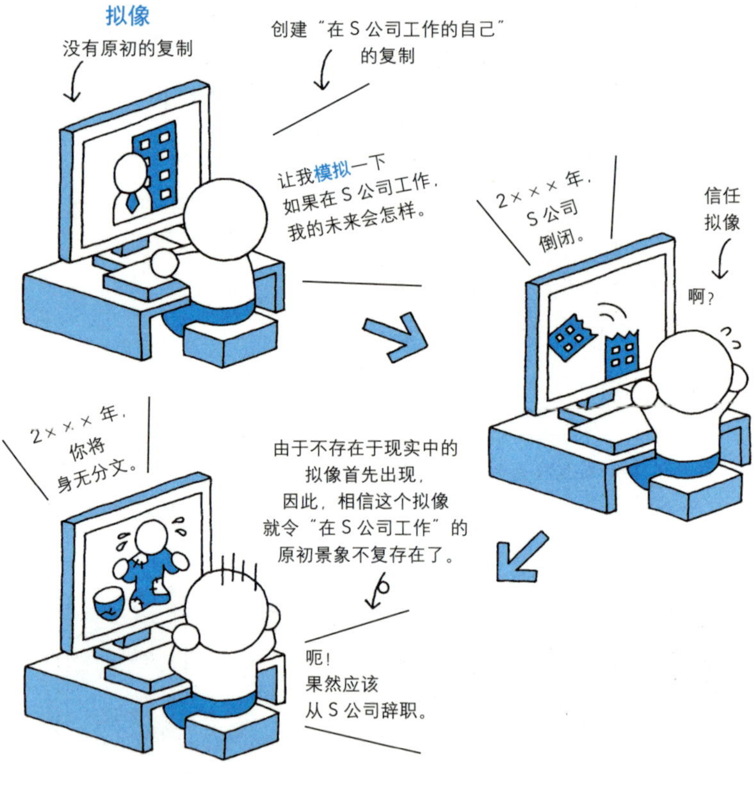

例如，以假想世界为原型创建的计算机数据虽然是现实的代替品，却并不具备作为**模仿**基础的**原初景象**。**鲍德里亚**将没有**原初**的**复制**称为**拟像**，将**拟像**的创建称为**模拟**。

最初，复制具有原初景象。例如，风景画的原初景象就是现实中的风景。
但是，拟像却没有原初景象。

而且，一旦在现实中创建了没有**原初景象**的**复制**，我们将分不清什么是**原初景象**（现实）、什么是**复制**（非现实）。现代社会就是被这样的环境所包围。**鲍德里亚**称这种状态为**超真实**。

超真实
现代社会无法分辨出什么是
原初景象，什么是拟像。

社会资本

含　义　基于人脉和信任关系使社会变得富足的资产
文　献　《独自打保龄》
备　注　社会资本分为**结合型**和**桥接型**：结合型可以提高同一群体内的凝聚力，而桥接型则可以增加与不同群体的联系

帕特南认为，加深近邻之间的关系、加强地域间的联系可以优化治安、减少犯罪并提高治理效率。他认为，基于善意和同理心的**个人之间的信任关系**不仅对个人、对**整个社会**来说也是一种**资本（财产）**。这就是**社会资本**的概念。

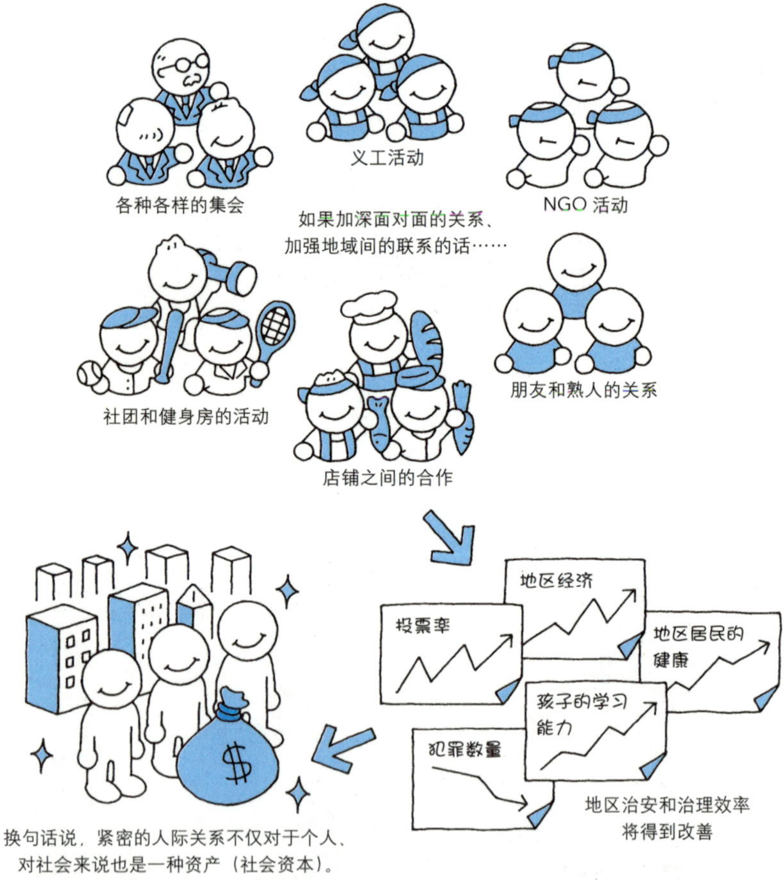

帕特南认为**社会资本**有三个要素：❶**网络**、❷**信赖**、❸**规则**。这些要素有助于改善社会。

社会资本产生的三个因素

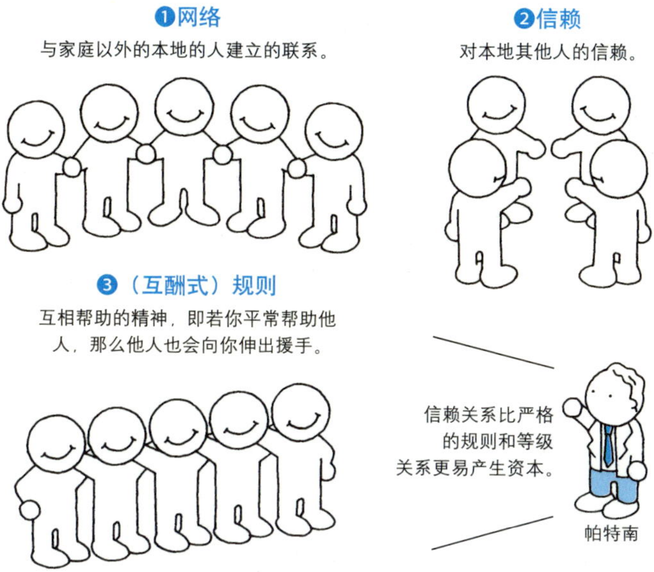

布尔迪厄（P182）将**社会资本**视为个人资本的一部分。对于**布尔迪厄**来说，**社会资本**就是“个人的人脉”。而**帕特南**则更关注“对社会而言的资本”这一侧面。

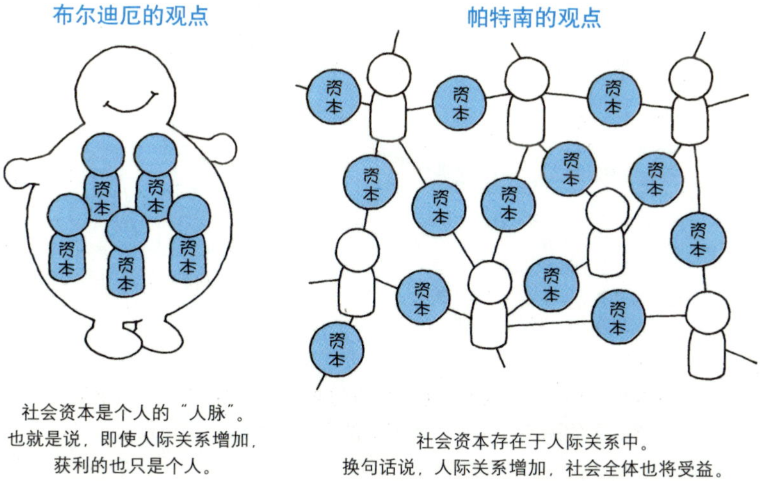

双重偶联性

含　义　依据对方的行动决定自己行动方式的状态

文　献　《社会诸系统》

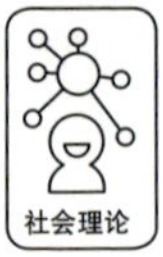

在**现代社会**（资本主义社会）中，人类基本上是自由的。因此，每个人都在尝试以满足自己需求的方式行事。于是，我们下一步的行动方式便取决于对方的行动，而对方也是一样。这种情形被称为**双重偶联性**（DC）。既然世界上到处都是 DC，那为什么和他人的互动仍接连发生，事物仍不断向前发展呢？

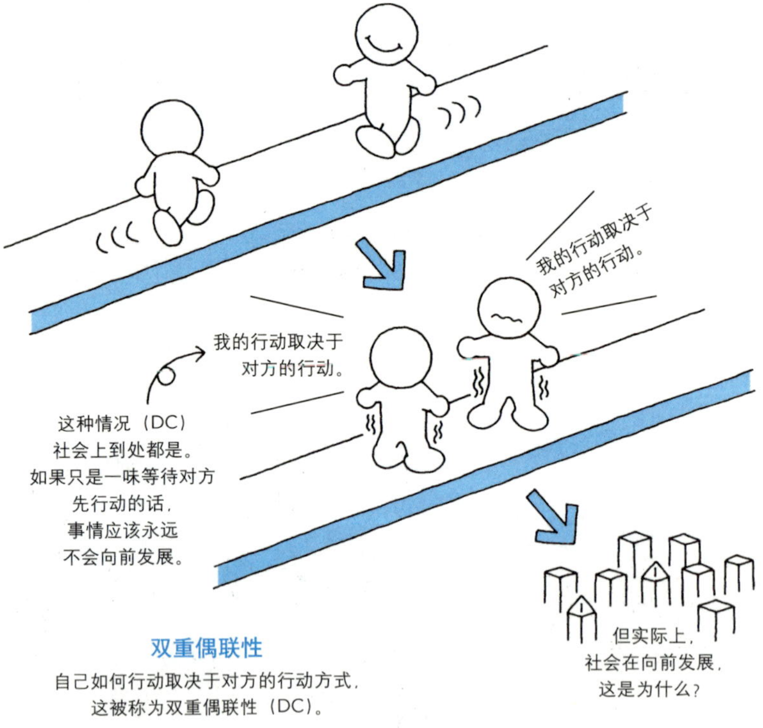

帕森斯（P120）认为，进行互动的双方事先拥有共同的**价值观**，因此可以预测对方的**期待**，由此避免 DC 的发生**（期待的互补性）**。

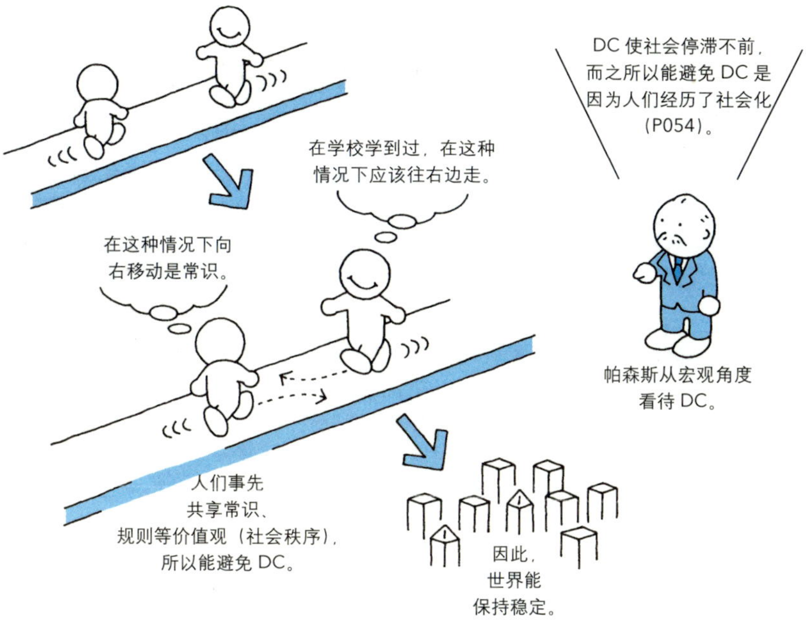

另一方面，**卢曼**则认为，共同的价值观对互动双方来说并不是必要的。这是因为通过观察彼此的举止和反应可以找到互动的契机。或者说，正是由于 DC 这一秩序不成立，人们才通过**沟通**来消解这种情况，所以新的社会秩序才会源源不断地产生（**噪声中生成的秩序**）。

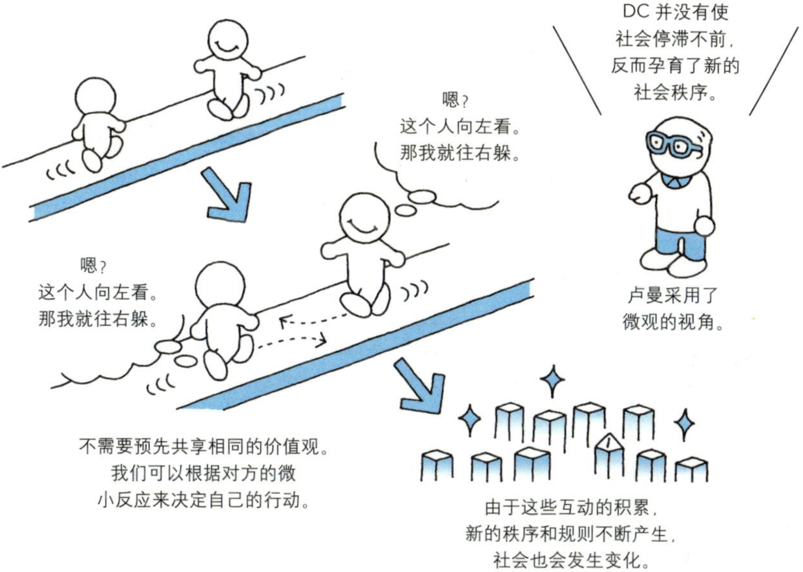

复杂性的化约

含 义 限制（化约）拥有无穷可能性的世界的复杂性（维护秩序的作用）

文 献 《信任》

备 注 卢曼认为，复杂性增加是因为法律的支持

在**现代社会**中，人类基本上是自由的。但是，当我们采取行动来满足自己的需求时，我们并不知道对方是否会按我们的预期行事。尽管如此，我们通常也并不会一一考虑**对方可能做出的全部行动**（复杂性），而是放心地与之进行**互动（沟通）**。**卢曼**将此称为**复杂性的化约**。

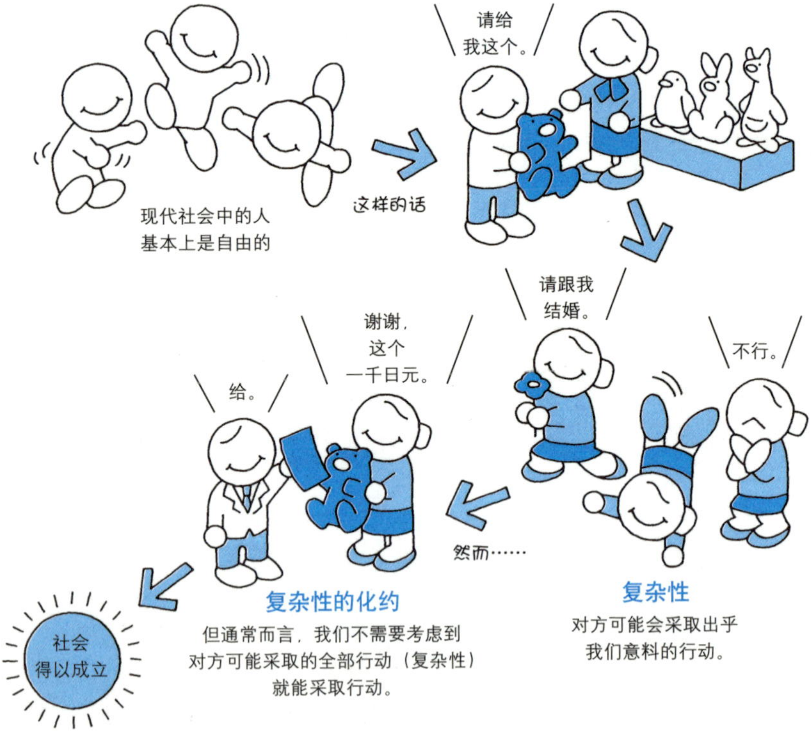

"在某种情况下以某种相应方式行事"——在这样一个**复杂性**充分**化约**的社会中，我们可以预见陌生人的行动，并安心地与之互动。这被称为**分化性的增大**。

与过去生活在小型共同体中的情形不同，现代社会到处是与陌生人的互动。因此，在现代社会中，比起对个人人格的信赖，更重要的是对**规则**的信赖。**卢曼**以**复杂性的化约**这一概念为线索，试图探究**规则**是如何产生以及如何被遵守的。

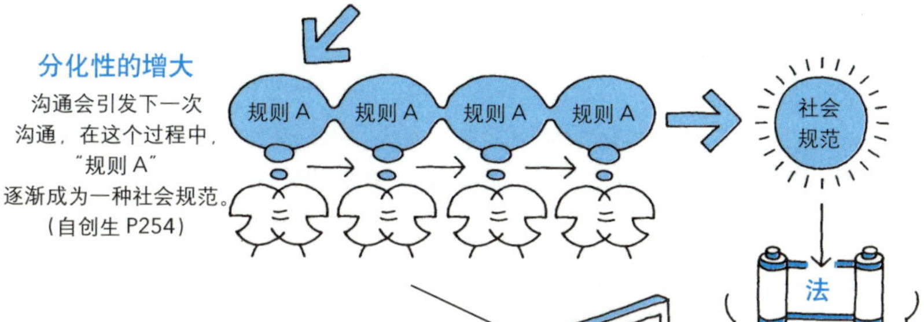

卢曼的社会学以**复杂性的化约**为关键，阐述了建立**社会**（规范）的机制，将**微观视角**（P141）纳入了**宏观视角**（P140）。

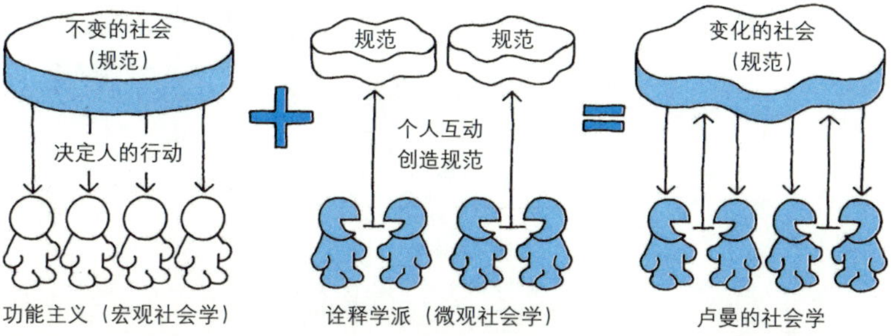

自创生

社会理论

含　义　将沟通而非人作为构成社会的基本单位的一种社会系统理论（P140）

文　献　《社会诸系统》

备　注　自创生这一概念最早出现在生物学中

沟通

沟通可以建立联系。
因此，沟通是构成社会的基本单位。
这里的社会是指经济、政治、教育制度等。

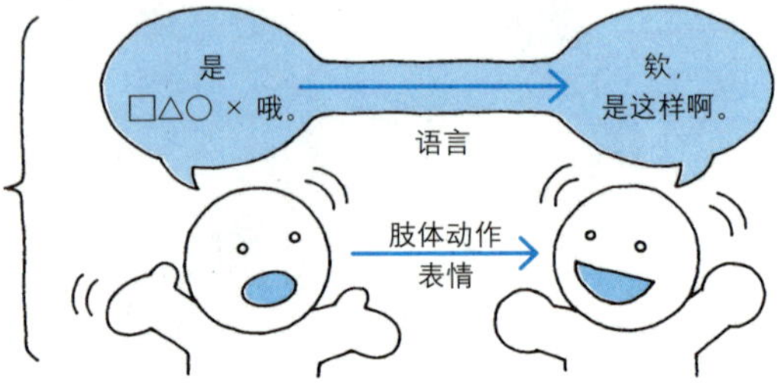

人（意识）

人（精神、意识、思想）无法建立联系。
所以人不是构成社会的基本单位。

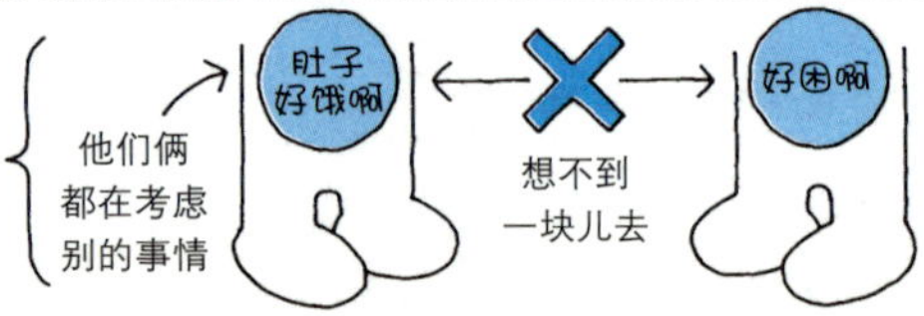

卢曼认为，构成**社会**的**基本单位**不是**人**，而是**沟通**。他说，**沟通**不断**自动**产生下一次**沟通**，从而使以**沟通**为**基本构成单位**的社会得以存续。构成社会的这种**基本单位**（沟通）由社会本身产生，所以这种性质被称为**自创生**。

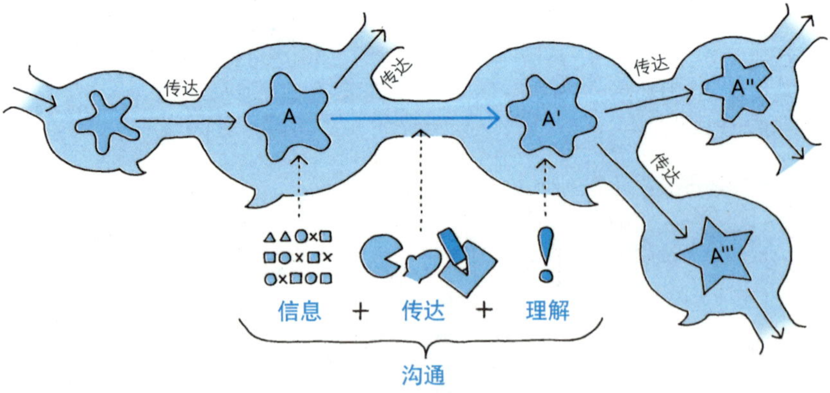

沟通是构成社会的基本单位。沟通是信息、信息传递行动及对该行动的理解的组合。

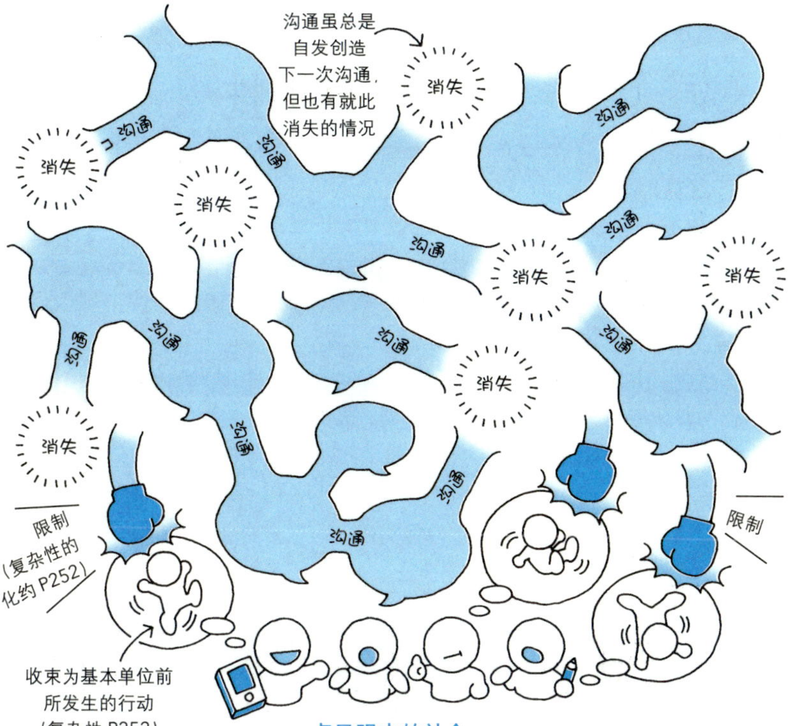

卢曼眼中的社会

就像分子结合形成物体一样，沟通（信息 + 传播 + 理解）
这一分子也通过创造下一次沟通并相互连接形成社会（制度和规范）。
社会因而规范着我们的行动。

尽管没有**社会**（规范）人类就不能生活，但**卢曼**认为，个人**意识**（思想）并没有被功能性地纳入社会系统。因此对他来说，**人类不是构成社会系统的基本单位。**

帕森斯的社会系统理论

（结构功能主义 P129）

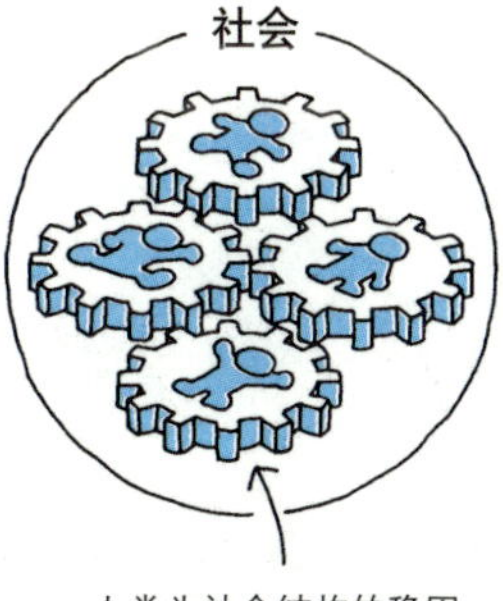

卢曼的社会系统理论

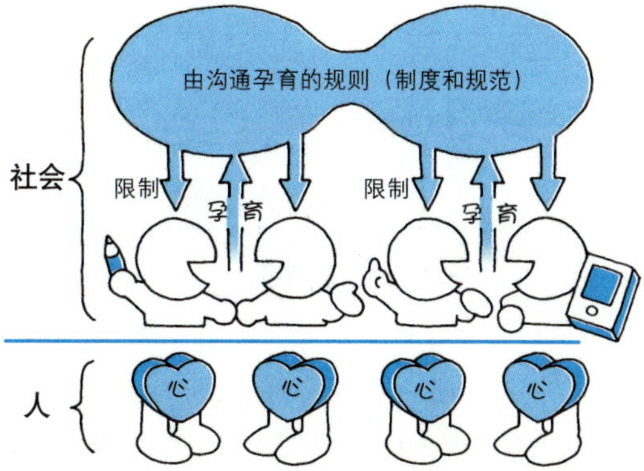

人（意识）独立于社会存在

族群性

含　义　拥有自己的文化和归属感的群体及其性质

文　献　《熔炉之上》

备　注　诸如美国民权运动的社会运动也在传播族群性这一观念方面发挥了作用

组成一个社会或国家的人并不完全相同。在成为该社会成员的同时拥有自己的**归属感**和**文化**的群体被称为族群。**族群**的存在与性质被称为族群性。

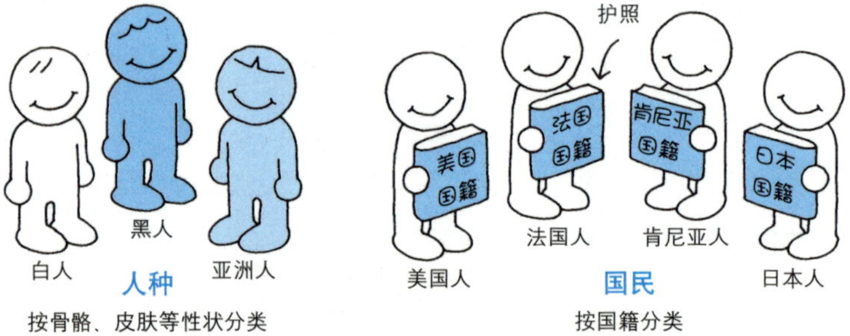

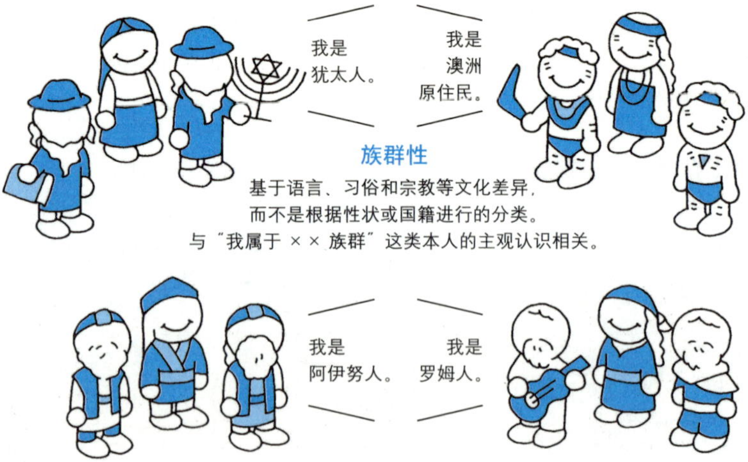

随着地区之间的人员流动变得越来越普遍，移民、到外地务工、流亡和逃难的人来来往往，许多国家也成了多民族国家。在这种背景下，**族群性**这一概念诞生了。

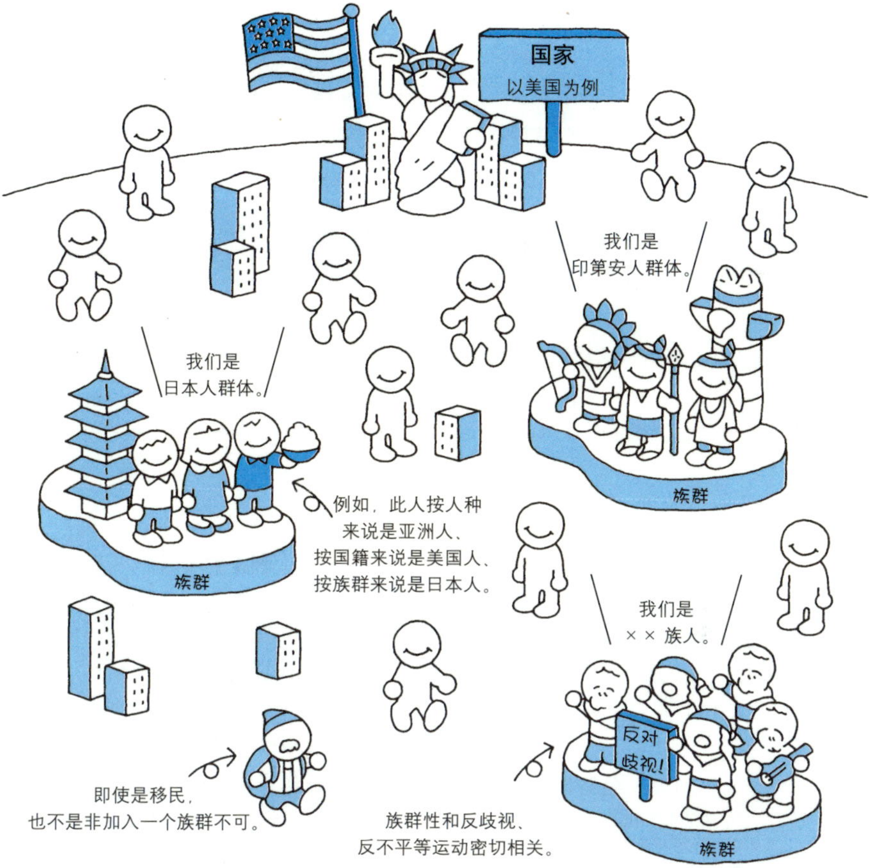

今天，**文化多元主义**和**文化相对主义**的出现也与**族群性**这一概念的广泛传播密切相关。

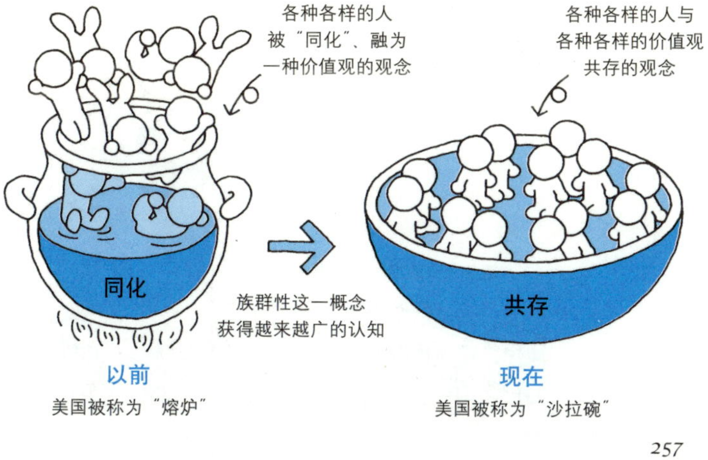

公共人的衰落

含　义　公共生活衰落、私人情感得到重视

文　献　《公共人的衰落》

备　注　桑内特认为，理斯曼关于从内在导向型到他人导向型的理论（P150）的顺序颠倒了

以其人品、私生活而非其政策来评判政客的现象时有发生。像这样评判公共事件时夹杂私人**情感**的现代社会倾向，**桑内特**称为**公共人的衰落**。**桑内特**称，**公共性**诞生于十八世纪的城市中，但随着资本主义的发展消失了。

在十八世纪，人们很重视
与家庭行为不同的、
在公共场所进行的公共行为
（公共性）

咖啡馆（P200）
在咖啡馆里公开讨论

广场、公园等
社交空间作为公共领域存在，
人们在其中根据自己的社会身份和角色
采取相应行为、进行相应表演

商店
公共交换而非私人交换很自然地
在商店等场所进行

随着人口的增加和资本主义的发展……

见右页

公共人的衰落使现代人无法在**私人情感**和**公共生活**之间保持平衡。**桑内特**用**自恋主义**一词来形容无法区分**自己的欲望**和**整个社会的利益**的现代人的心理状态。

帝国

含　义　无中心的网络状全球权力

文　献　《帝国》（奈格里 / 哈特）

备　注　深入人们生活的〝帝国〞也是福柯所说的生命权力（P205）

国家和全球化

大国基于军事力量将领土扩张到小国和其他地区的政策被称为**帝国主义**。此外，在军事、经济、文化等方面具有强大影响力的美国，可以被形象地称为“美帝国”。无论如何，**帝国**就是指扩张自己势力的强大的国家。

曾经的帝国

某些大国通过军事力量扩张其领土，扩大其政治、经济和文化势力范围。

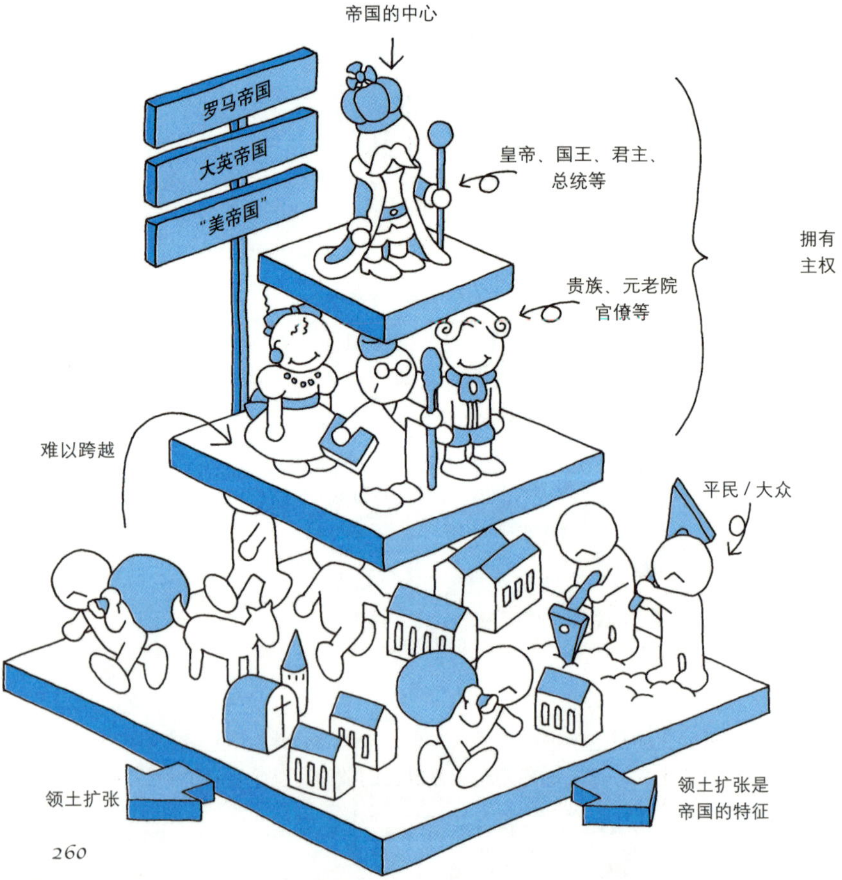

另一方面，**奈格里**和**哈特**（P193）用“**帝国**”这一关键词表示**全球化**下现代权力的新形式。新**帝国**并不像以前的**帝国主义**那样以特定的强国为中心。以资本主义为根基，**帝国**是跨国公司、联合国和世界银行等跨越国界形成的无中心**网络状**权力。即使是作为全球化领导者的美国，也处在**帝国**内，而不是其中心。

现代的帝国

全球的网络状权力体系。它没有中心或领土，在各方面使民众适应资本主义。

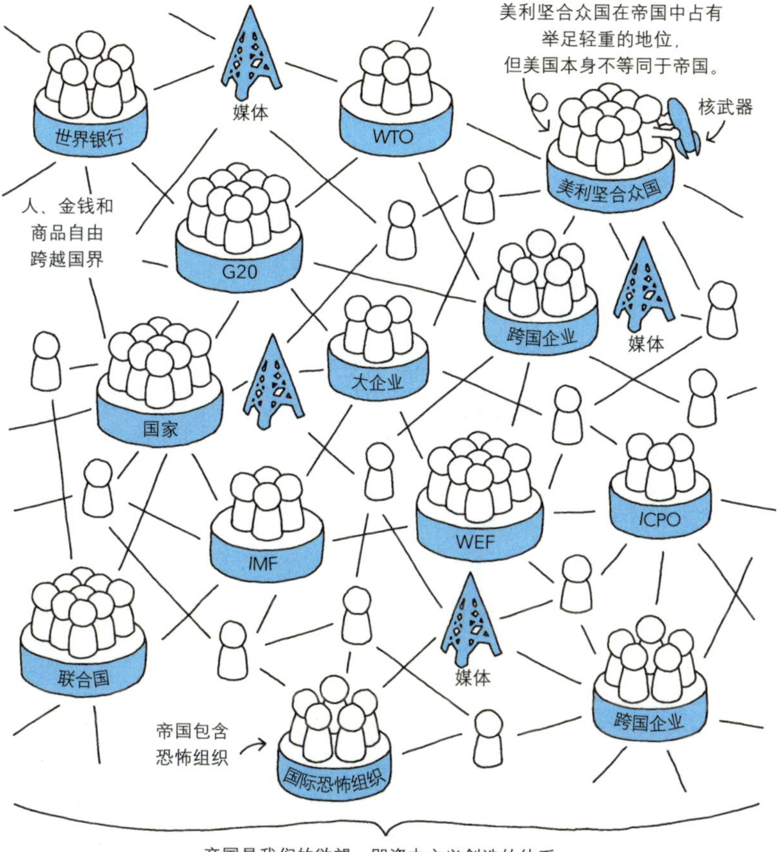

帝国是我们的欲望，即资本主义创造的体系。

帝国渗透到日常生活的各个部分，管理和培养人们以使之顺应资本主义。但是，民众抵抗**帝国**的力量也产生于**帝国**的本质。**奈格里**和**哈特**称其为**诸众**（P263）。

诸众

含　义　对抗帝国的民众
文　献　《帝国》（奈格里 / 哈特）
备　注　诸众不是指特定社会阶层或具有特定属性的人

国家和全球化

作为呈**网络状**的全球性权力，**帝国**（P261）管控着人们以使之顺应资本主义。然而**帝国**的**网络状**特性也使世界各地的人互相联系成为可能。**奈格里**和**哈特**认为，如此一来，世界各地的多种多样的民众便可以利用此**网络**联合起来与**帝国**进行对抗。

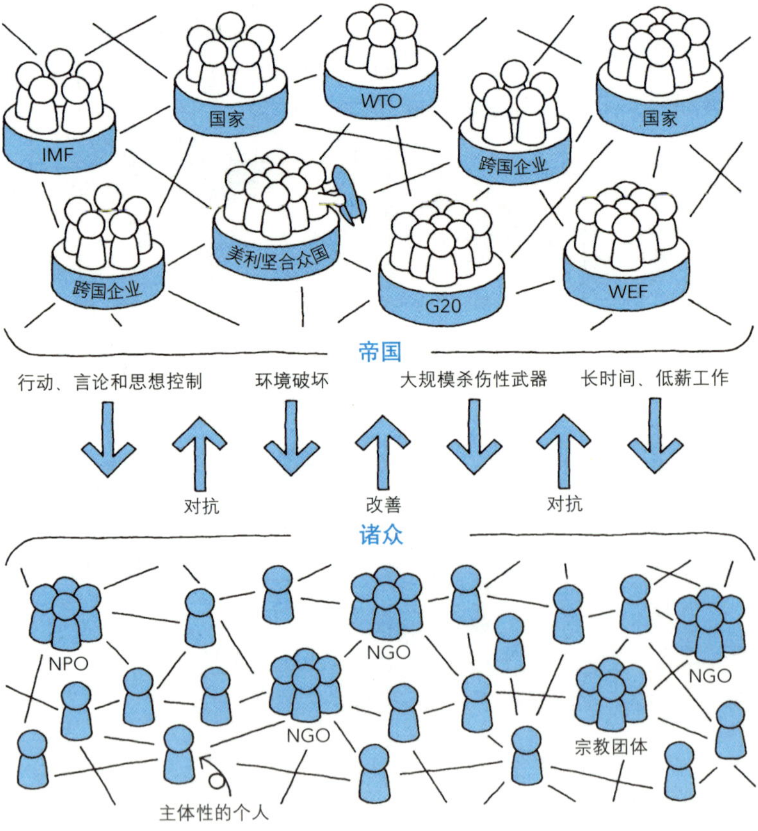

如果帝国成网络状，
民众也能使用此系统结成网络状与之进行对抗。

奈格里和**哈特**将多种多样的民众称为**诸众**。跨越居住地、性别、职业、宗教等的界限，人们结合成**网络状**，一一解决由资本主义引起的问题——这就是**诸众**的力量。

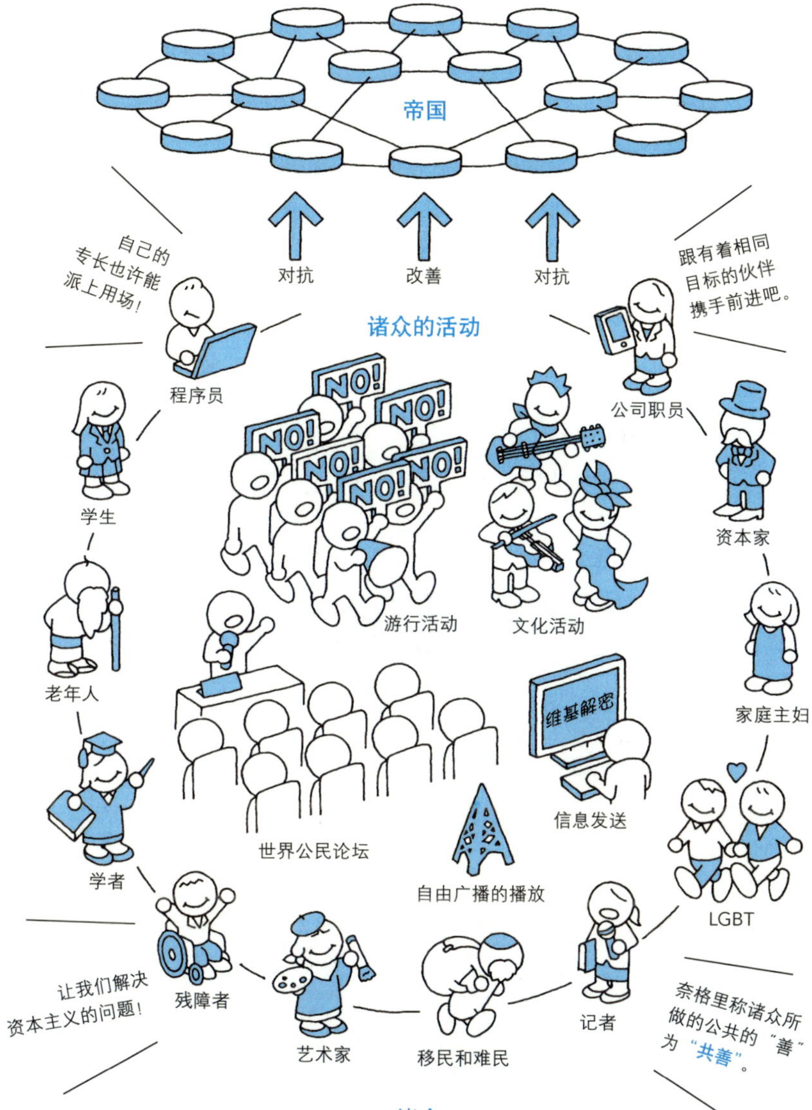

奈格里和哈特认为，网络作为帝国的本质及其最大的武器，如果能集结多种多样的民众并为其所用，则抵抗帝国或资本主义的矛盾就会成为可能。像这样从帝国内部诞生、抵抗帝国本身的多种多样的民众被称为诸众。

包容型社会 | 排斥型社会

文　献　《排斥型社会》

备　注　从包容型社会到排斥型社会的转变相当于从福特主义（P094）时代到后福特主义时代的转变

直到二十世纪六十年代，人们都认为**劳动**和**家庭**是非常重要的。围绕这两个领域，大家共享相同的生活方式和价值观。正因如此，社会上才存在将越轨者**纳入**共同价值观的风潮（包容型社会）。

直到二十世纪六十年代，人们都认为工作和家庭非常重要，并有着相似的生活方式。

↓

包容型社会

在这样的社会中，各种各样的人被融入同一文化。

但是在二十世纪七十年代，人们的生活方式和价值观已经变得多样化。当失去共同价值时，确认自己所相信的价值能为社会上大多数人所接受就变得困难起来。**扬**认为，这样一来，通过**排斥**和**否定**异类，就能提高（相信）自己及所属群体的价值（排斥型社会）。

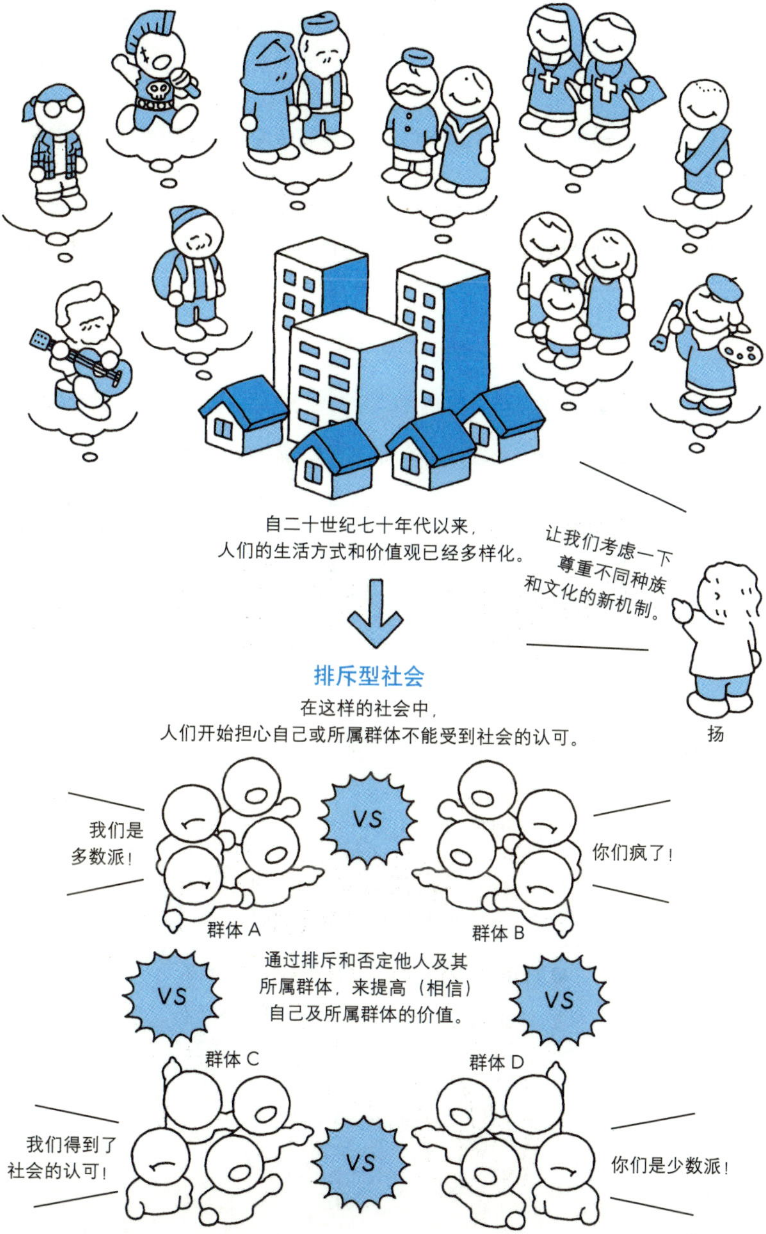

流动的现代性

文　献　《流动的现代性》

备　注　鲍曼把当今不同于全景监狱（P206）般的巨大权力系统的、人与人相互监视的信息环境称为**后全景监狱**

社会进入**现代**（资本主义）后，人们摆脱了传统秩序的束缚。**鲍曼**称早期**现代性**为**稳固现代性**。该时期人们在打破传统秩序的同时也创造了约束性的新条框。然而随着**现代化**不断推进，该条框一步步崩坏，**流动的现代性**的时代到来了。**液态现代性**的时代为人们提供了多种选择，但与此同时，人们

也必须自行承担一切相关责任。当前的时代是一个缺少个人容身之地的、不稳定且不确定的时代。

将来，人们不会受到习俗、常识、家庭、公司、地区或国家的管理和束缚。相反，人们会被强制自由行动。鲍曼称，这样一来，人们将不会再对自己以外的其他人感兴趣。

今后的现代

流动现代性的特征

❶早期现代（稳固现代性）秩序崩坏，但没有其他秩序替代。

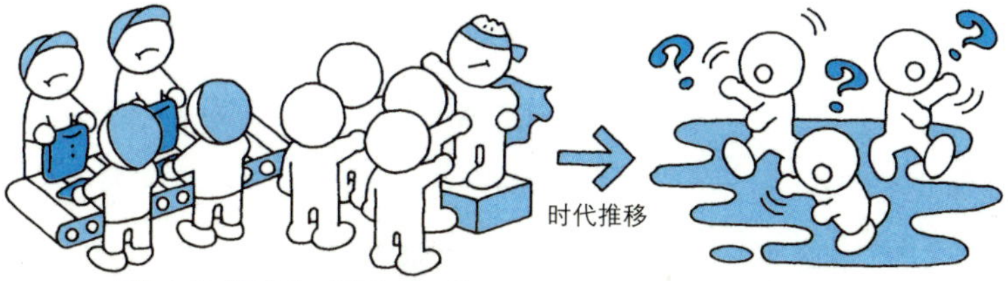

福特主义（P094）或极权主义等　　只是增加了流动性。

❷从“被赋予自由”发展到“被强制自由”。

❸对未来感到不安，因为看不到未来，很难规划自己的生活。

监控社会

含　义　将个人行为数据化并进行监控

文　献　《监控社会》

备　注　新的监控社会并不限制人们的行为，反而有着给予人们自由的一面

在各种日常场合，我们的行为都会被作为个人数据记录，且我们不知道该数据会以何种目的被何人用于何处。**莱昂**认为，收集任何可能影响本人的个人数据的行为都是**监控**。在当今社会，他发现了一个不同于以前（全景监狱 P206）的、新的**监控社会**。

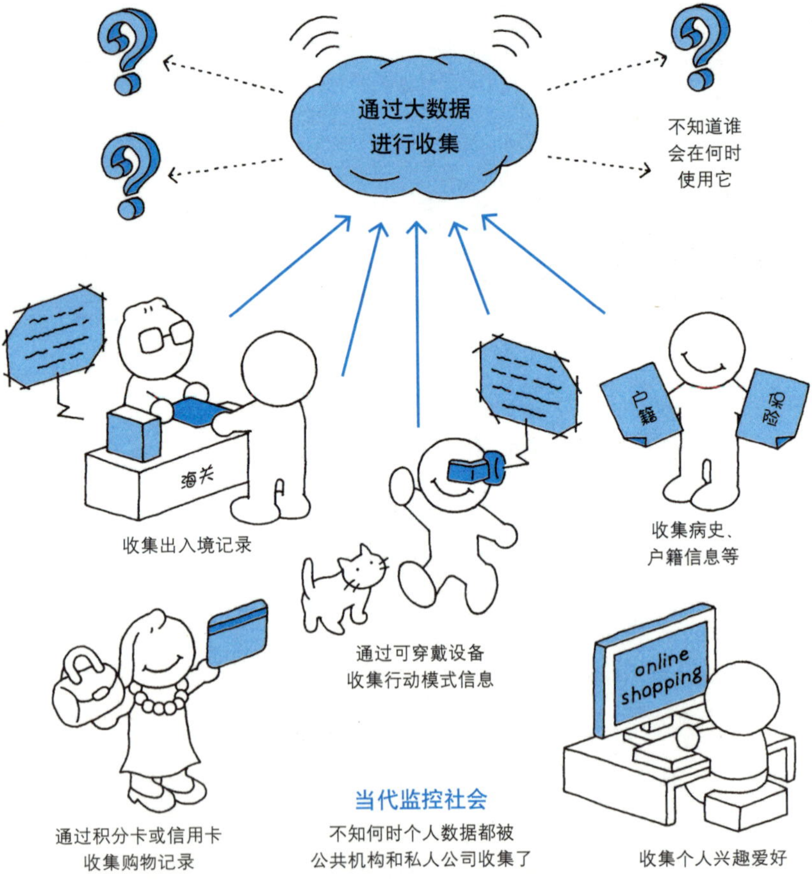

监控的对象不是人，而是关于人的事实片段。在新的**监控社会**中，A 先生不是 A 先生的**身体**，而是有关 A 先生的**信息（数据）的集合**（身体的消失）。

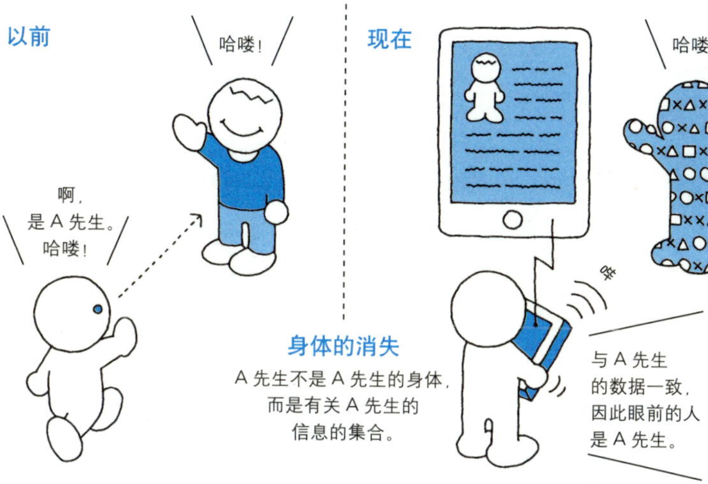

身体的消失

A 先生不是 A 先生的身体，
而是有关 A 先生的
信息的集合。

这种**监控**在管理人们的同时也有保护人们生命的作用。例如，正是由于通过**监控**收集了数据，才可能在医院中迅速提供适当的诊断和治疗。

数据化关照了人们的生活。
但也有可能从收集到的数据中得出过多的
个人信息，例如“社会贡献度 C 级”
“犯罪概率 50%”等，而这些信息
可能被用来对人们施加管理。

莱昂相信，随着人们对高效性和安全性的进一步追求，技术进步将促使**监控社会**进一步发展。

脱域

含　义　处在有限时间和空间内的人们被置于超越时间和空间的关系性中

文　献　《现代性的后果》

备　注　脱域使自反性（P272）彻底化

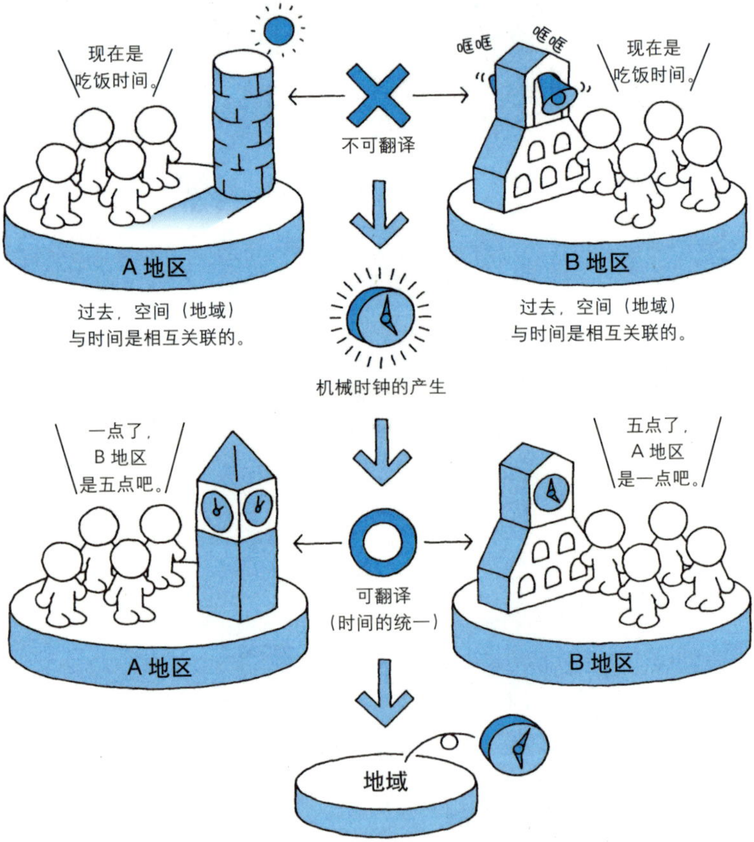

时空分离

时间和空间不再需要彼此联系。

在现代之前，人们生活在**有限的空间**中。每个地区的人都有一种只适用于该地区的**时间**测量方法。人们居住的地方基于自己独有的**时间感**成立，是极具地域性的共同体。但随着技术的进步，出现了全世界通用的**时间**，此前相互联系的**时间和空间**就发生了**分离**。

此外，随着通信技术和运输技术的进步，相距较远的人之间的互动也越来越多。这也就是全球化。

像这样，**有限的时间和空间**内的人们脱离所处的环境、被释放到无限的广远中的现象被**吉登斯**称为脱域。

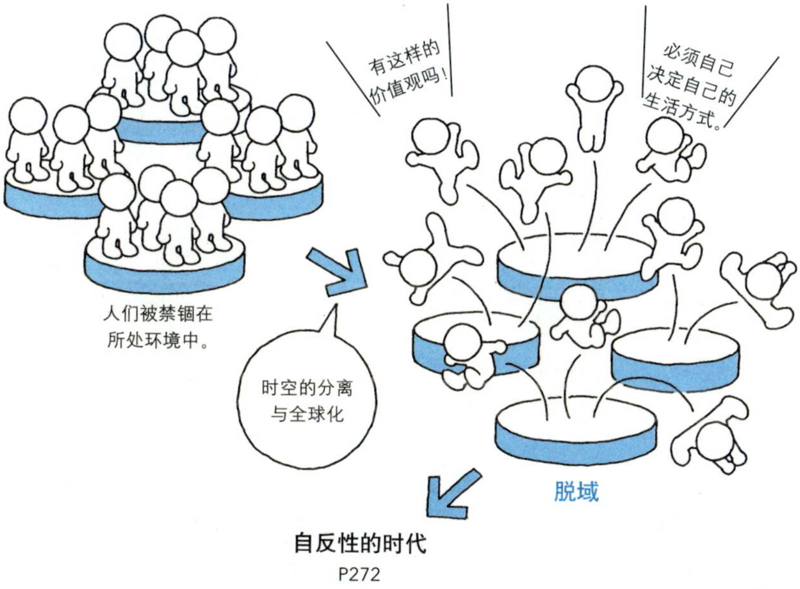

当人们置身于无限的广远中时，此前作为行动基础的当地习俗、规范和价值观就变得不再绝对。不可避免地，人们将**不断自己更新自己**。因此，现代是**自反性**（P272）的时代。

自反性

含　义　以反思性眼光看待自己过去的行动，并将这种反思反映到自己身上，从而改变自己

文　献　《现代性的后果》

备　注　脱域（P271）使自反性彻底化

我们回顾过去的行动，并根据从中获得的知识来决定下一步要做什么。这种反思过去的行动并将反思结果反映到自己的行动中去的特性被称为**自反性**。**吉登斯**认为**自反性**是**现代社会**（资本主义社会）的特征。**现代以前**的人只需要按照存在于自己外部的习惯行事。

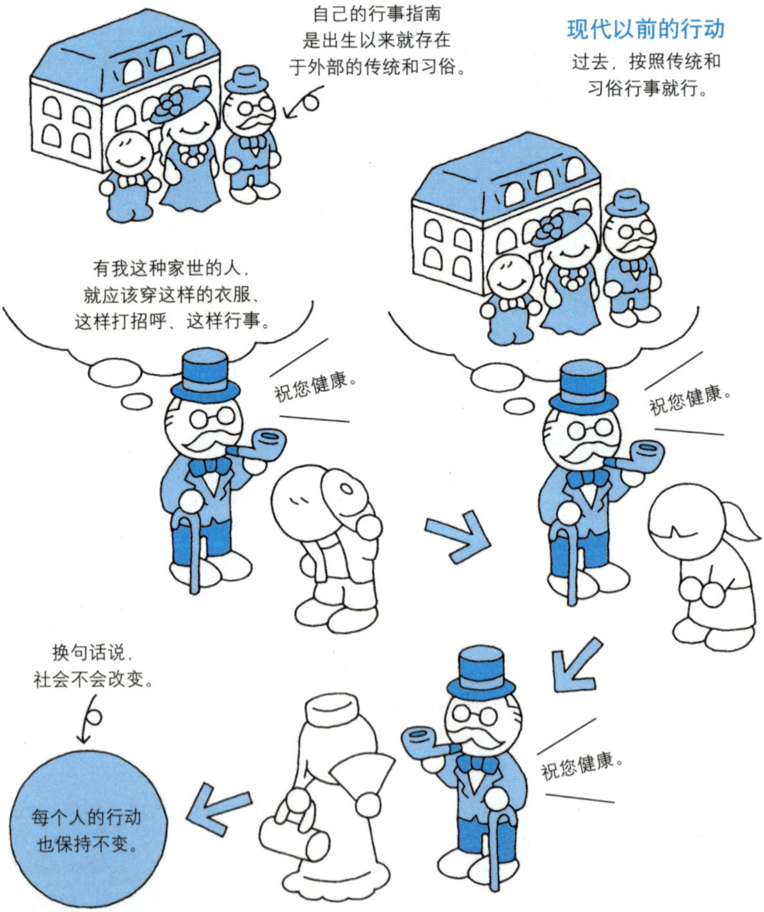

现代社会的行动以自反性为特征

现在，我们必须不断检视过去的行动，
并将检视结果反映到下一个行动中去，
从而使自己的行动不断变化
（自反性即过去的行动对以后的自己造成影响）。

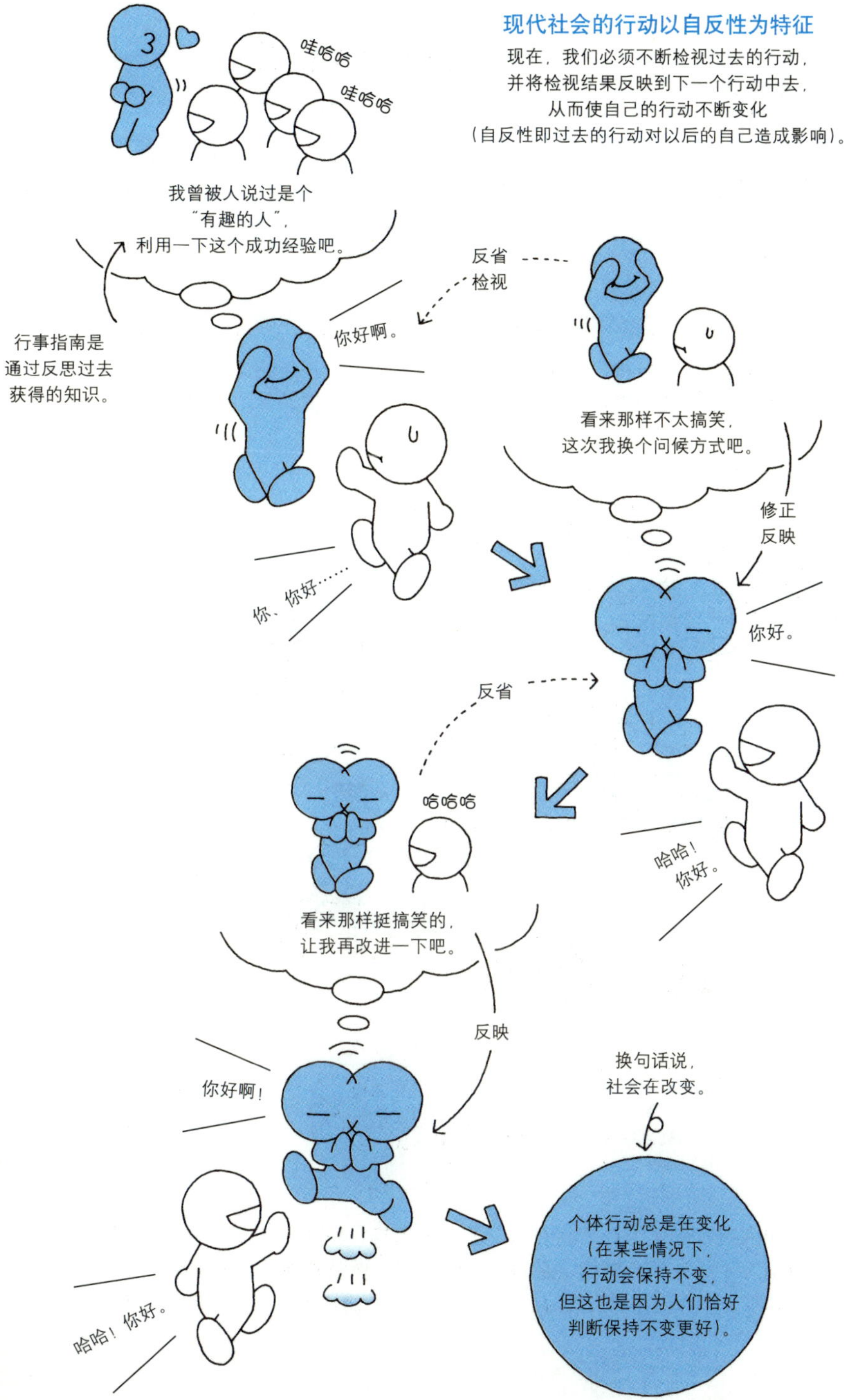

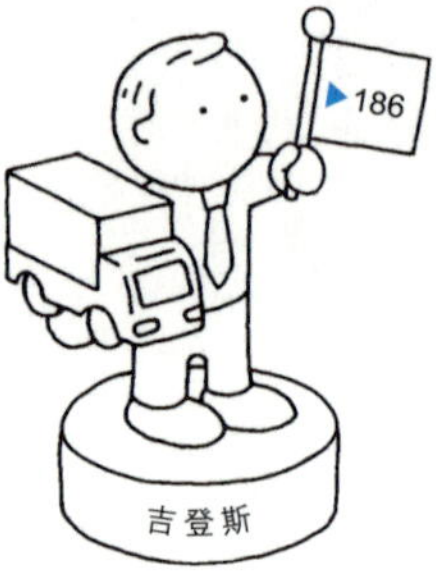

结构化理论

含　义　主张社会学旨在掌握社会结构（规则）的产生过程

文　献　《社会学方法的新规则》

备　注　与涂尔干主张的“社会是物”（P052）不同的观点

社会中有一些应该遵循的**规则**，例如符合道德的言行和习惯、语言的语法等。**吉登斯**用**“结构”**一词描述它们。**结构**（必须遵守的规则）是人行动的前提。然而，**吉登斯**称这种**结构**在现代正在发生**改变**。

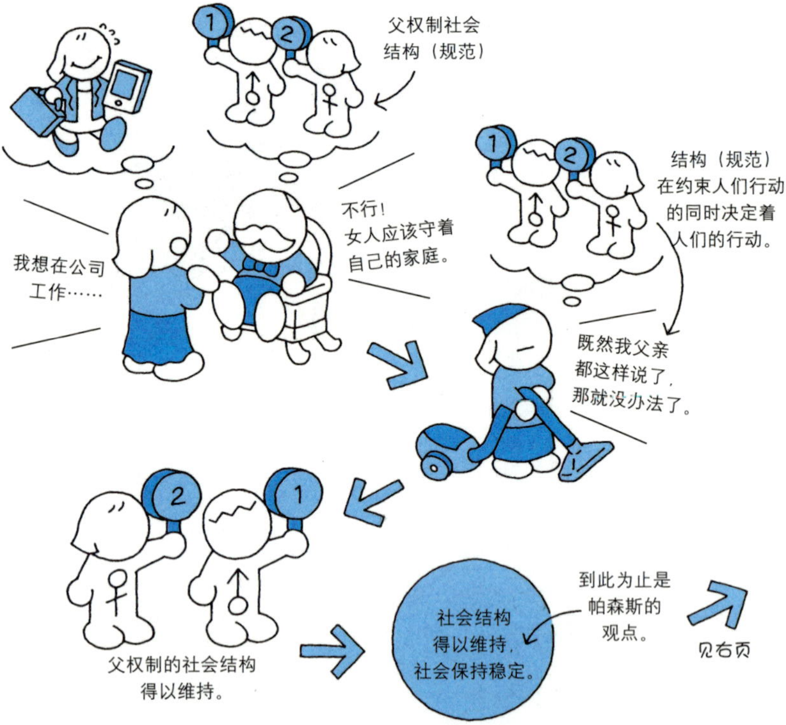

帕森斯曾经认为社会具有固定的普遍**结构**（AGIL 图式 P126）。但是，**吉登斯**并不认为社会**结构**（必须遵守的规则）像**帕森斯**所说的那样一成不变。相反，当人们采取行动时，决定人们行动的**结构**本身也在进行**再生产**。

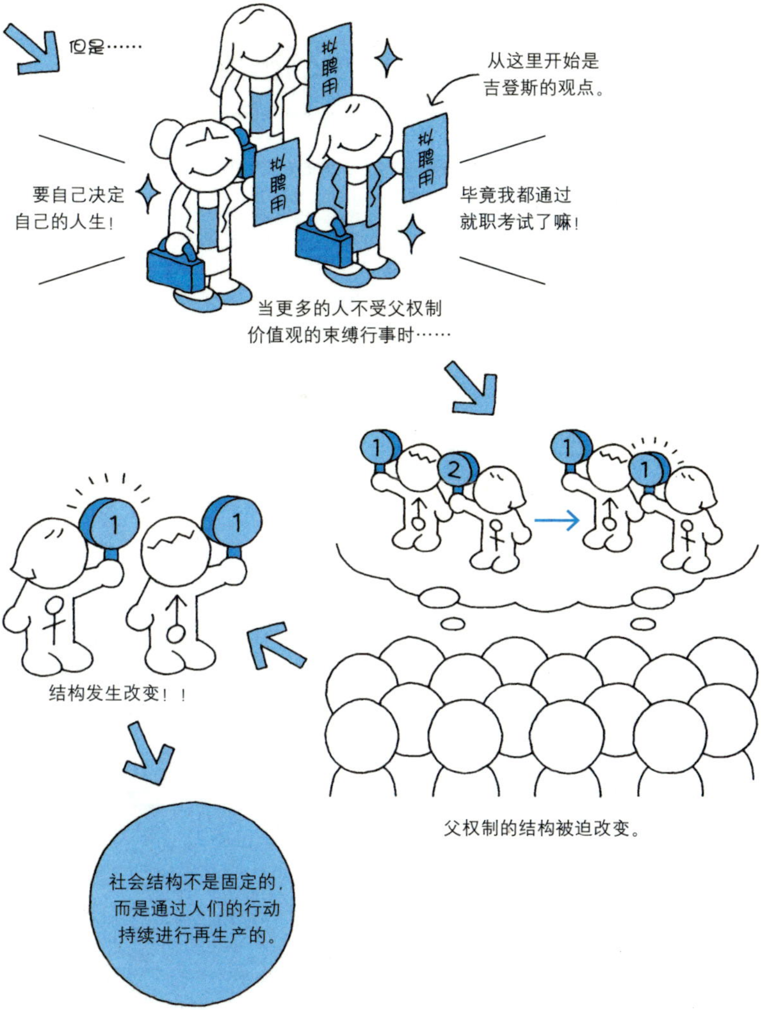

吉登斯认为，掌握这种新**结构**（规则）的产生过程是**社会学**的课题，他的这一立场被称为**结构化理论**。

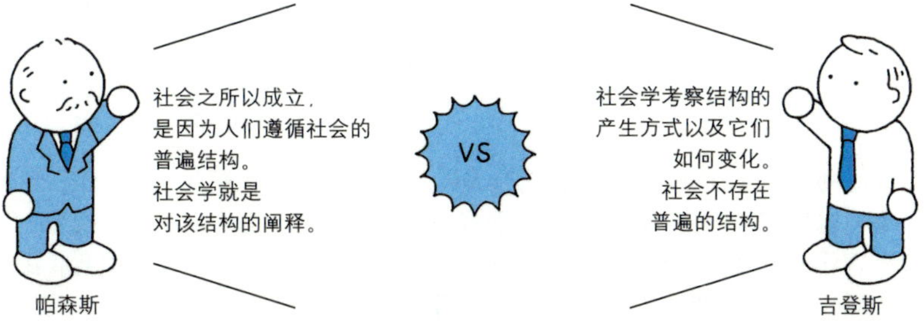

自反性现代

含　义　自反性（P272）更彻底的现代（改变自身的现代）

备　注　吉登斯认为，当今时代仍处在现代框架之内——当代不是后现代（现代性之后）（P235），而是**极端现代**（更彻底的现代性）

社会理论

利奥塔（P178）将当代视为**后现代**（P235），并认为**现代**已经终结。但是，**吉登斯**和**贝克**（P190）认为**现代**尚未结束。对于他们来说，当代是一个**现代**的**自反性**（P272 过去的行为会影响到未来的自己）特征更加彻底化的时代（现代继续现代化的时代），即**自反性现代**。

吉登斯眼中的自反性现代

现代以前的共同体和封建社会进行现代化之后，现代一边自省一边使自身（例如现代化所创造的核心家庭和市民社会）更趋于现代化。

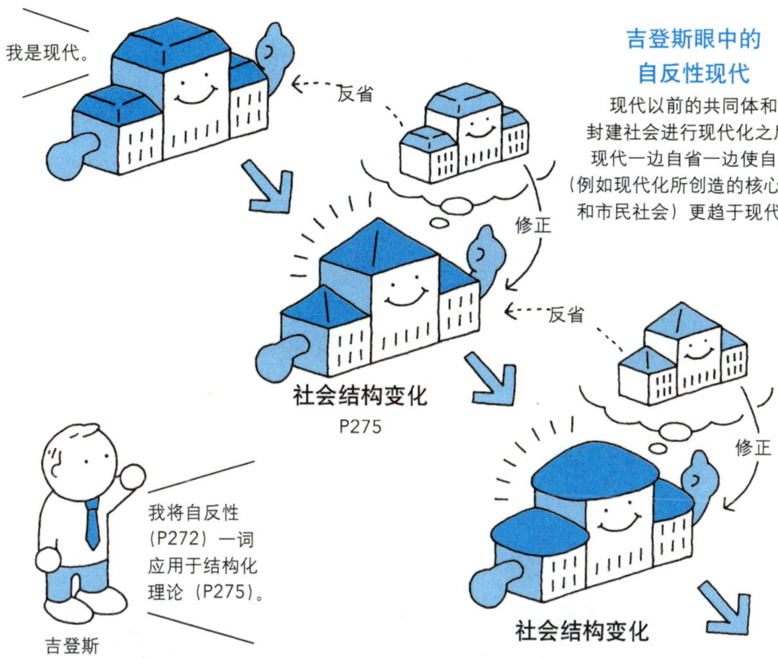

贝克眼中的自反性现代

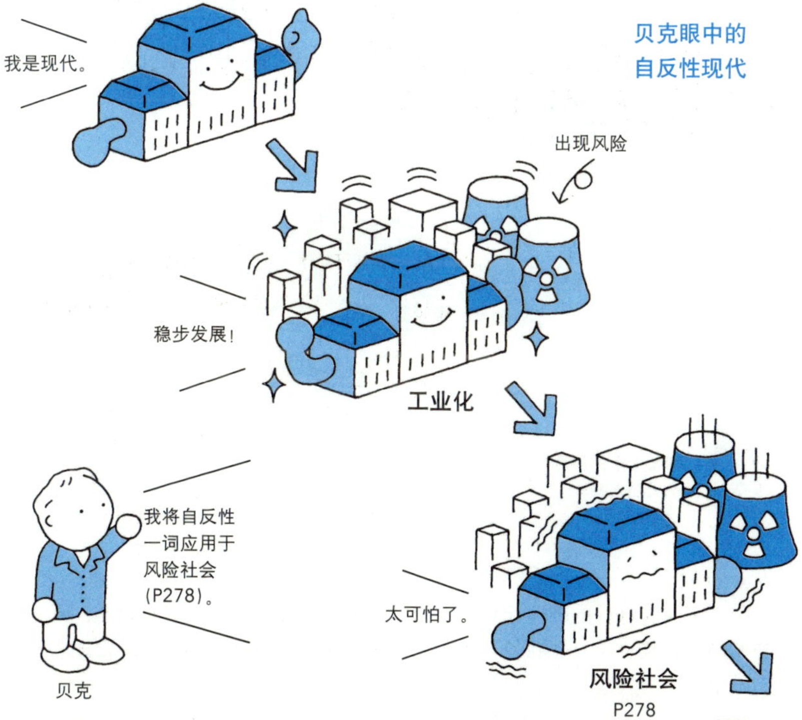

风险社会

含 义 全人类面临不可预见的风险的社会

文 献 《风险社会》

备 注 贝克认为，未来的风险不是出于现代科学的失败，而是其成功的结果（另见 P277）

文化和
消费社会

正如核事故所昭示的那样，人们很难真正**认识**到先进科学技术带来的**风险**的危险程度，也无法预测风险将降临到谁身上。现代型**风险**并不是处于较高阶级或特定地区的人就一定能规避的。**贝克**认为，随着现代化的发展，**每个人都将面临看不见的风险**。

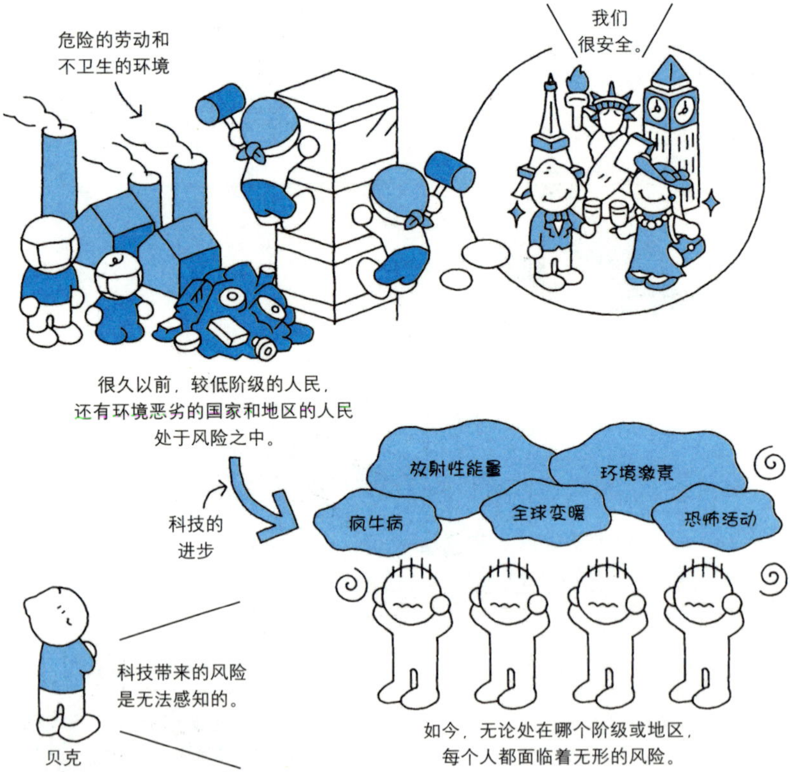

为了应对这样的**风险社会**，人们没有把一切都交给中央政府处理，而是开始增强科技意识，并在各自所在的领域寻求解决问题的办法。**贝克**称之为**次政治**。

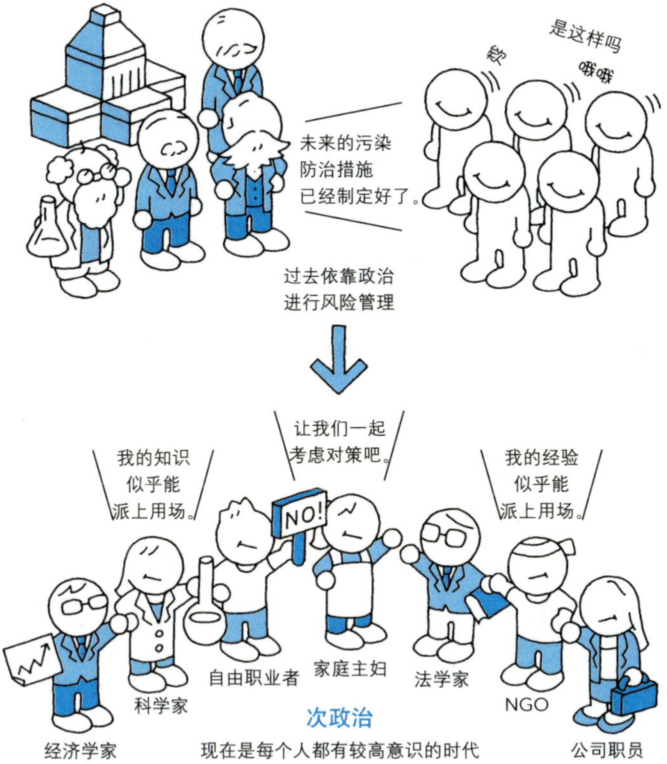

将未来全盘交给中央政府和特定专家的时代已经过去。从现在开始，我们必须自己思考什么样的世界才是“好世界”。**贝克**说，我们每个人的价值观都与世界的未来息息相关。

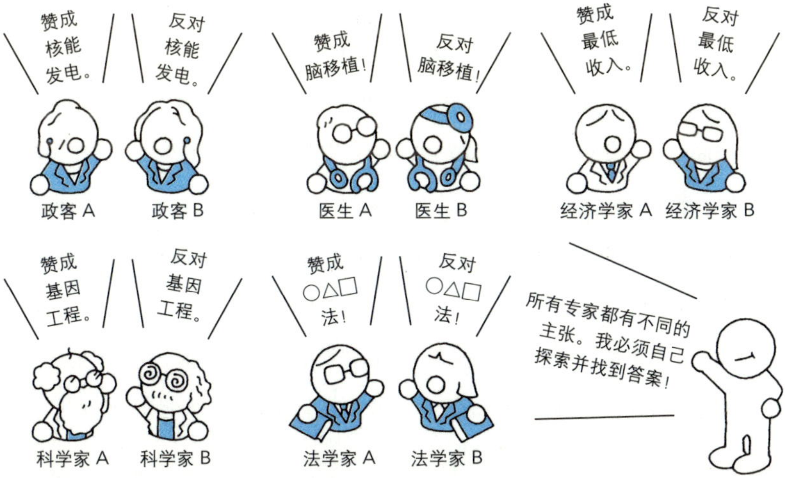

后记

本书是一本关于“社会学”的书，因此“社会”一词频繁出现。这个词又多指“规则”。可以说，本书中的“社会”一词在大多数情况下可以用“规则”代替。“规则”在这里不仅指法律，还指约定俗成的共识、常识、传统、风俗、礼仪等。人们理所当然地遵守这些规则，社会才得以维持稳定。因此，为了良好的共同生活，我们必须遵守规则。同时，我们还要记得，创建规则的是人。因此，我们日常遵守的一些规则有可能是“错误的”。例如封建时代和之前的战争期间的一些规则就需要反思。英国社会学家吉登斯告诉我们，社会学的使命就是解读我们无意识遵守的规则是在何时何地基于谁（哪个群体）的标准而产生和确立的，以及这些规则有利于谁、又制约了谁。过去，美国社会学家帕森斯认为，可持续发展的社会具有坚实的结构，而且这种结构不会随着时间改变。吉登斯却不这么认为：在他看来，我们在反思过去行动的同时也在重新改变社会（规则）。与吉登斯合著《自反性现代化》的德国社会学家贝克主张，在今后的时代，人们将自主地思考应当建立什么样的社会（规则），而不会把决定权交给政府或特定的专家。换句话说，我们需要自己描绘一个“好社会”的蓝图。没有这样的蓝图，这一切就无法实现。

本书的合著者香月孝史先生几乎承担了全部的监修工作。没有香月先生的大力协助，本书不可能顺利完成。借此机会，我对香月先生表示由衷的感谢。此外，我还要感谢PRESIDENT出版社的中岛爱女士给了我宝贵的出版机会。另外，此前《惊呆了！哲学这么好》《我已经没有烦恼了：东方哲学与分析哲学》两本书的监修人斋藤哲也先生为本书的出版提供了大量帮助，我再次深表谢意。

如果读者能通过本书获得一些启发，我将不胜喜悦。

田中正人

参考文献

※学者原著已于本书各标题概念下的“文献”一栏列出

ジグムント・バウマン ＋ ティム・メイ『社会学の考え方 第2版』奥井智之訳 筑摩書房（Zygmunt Bauman / Tim May, *Thinking Sociologically*）
ピーター・L・バーガー『社会学への招待』水野節夫・村山研一訳 筑摩書房（Peter L. Berger, *Invitation to Sociology*）
C・ライト・ミルズ『社会学的想像力』伊奈正人・中村好孝訳 筑摩書房（C. Wright Mills, *The Sociological Imagination*）
クリスティアン・ボルフ『ニクラス・ルーマン入門 社会システム理論とは何か』庄司信訳 新泉社（Christian Borch, *Niklas Luhmann*）
アンソニー・ギデンズ『社会学 第五版』松尾精文・西岡八郎・藤井達也・小幡正敏・立松隆介・内田健訳 而立書房（Anthony Giddens, *Sociology*）
※上文“( )”内的作者及文献原名系编者注

塩原勉・松原治郎・大橋幸編『社会学の基礎知識』有斐閣
友枝敏雄・竹沢尚一郎・正村俊之・坂本佳鶴惠『社会学のエッセンス 新版補訂版世の中のしくみを見ぬく』有斐閣
新睦人・大村英昭・宝月誠・中野正大・中野秀一郎『社会学のあゆみ』有斐閣
新睦人・中野秀一郎編『社会学のあゆみ パートII 新しい社会学の展開』有斐閣
今田高俊・友枝敏雄編『社会学の基礎』有斐閣
新睦人編『新しい社会学のあゆみ』有斐閣
長谷川公一・浜日出夫・藤村正之・町村敬志『社会学』有斐閣
奥村隆『社会学の歴史I 社会という謎の系譜』有斐閣
那須壽『クロニクル社会学 人と理論の魅力を語る』有斐閣
盛山和夫・土場学・野宮大志郎・織田輝哉編著『〈社会〉への知／現代社会学の理論と方法（上）理論知の現在』勁草書房
盛山和夫・土場学・野宮大志郎・織田輝哉編著『〈社会〉への知／現代社会学の理論と方法（下）経験知の現在』勁草書房
上野千鶴子編『構築主義とは何か』勁草書房
内田隆三『社会学を学ぶ』筑摩書房
竹内洋『社会学の名著30』筑摩書房
作田啓一・井上俊編『命題コレクション 社会学』筑摩書房
上野俊哉・毛利嘉孝『カルチュラル・スタディーズ入門』筑摩書房
奥井智之『社会学』東京大学出版会
奥井智之『社会学の歴史』東京大学出版会
船津衛・山田真茂留・浅川達人編著『21世紀社会とは何か「現代社会学」入門』恒星社厚生閣

佐藤勉編『コミュニケーションと社会システム　パーソンズ・ハーバーマス・ルーマン』恒星社厚生閣
山之内靖・村上淳一・二宮宏之・佐々木毅・塩沢由典・杉山光信・姜尚中・須藤修編『岩波講座　社会科学の方法X　社会システムと自己組織性』岩波書店
新明正道・鈴木幸壽監修『現代社会学のエッセンス　社会学理論の歴史と展開［改訂版］』ぺりかん社
富永健一『思想としての社会学　産業主義から社会システム理論まで』新曜社
玉野和志編『ブリッジブック社会学〔第2版〕』信山社
吉見俊哉・水越伸『メディア論』放送大学教育振興会
本田由紀『多元化する「能力」と日本社会』NTT出版
宮台真司・熊坂賢次・公文俊平・井庭崇編著『社会システム理論：不透明な社会を捉える知の技法』慶應義塾大学出版会
奥村隆編『社会学になにができるか』八千代出版

盛山和夫『叢書・現代社会学③　社会学とは何か　意味世界への探究』ミネルヴァ書房
厚東洋輔『叢書・現代社会学④　グローバリゼーション・インパクト　同時代認識のための社会学理論』ミネルヴァ書房
佐藤俊樹『叢書・現代社会学⑤　社会学の方法　その歴史と構造』ミネルヴァ書房
三隅一人『叢書・現代社会学⑥　社会関係資本　理論統合の挑戦』ミネルヴァ書房

井上俊・伊藤公雄編『社会学ベーシックス1　自己・他者・関係』世界思想社
井上俊・伊藤公雄編『社会学ベーシックス2　社会の構造と変動』世界思想社
井上俊・伊藤公雄編『社会学ベーシックス3　文化の社会学』世界思想社
井上俊・伊藤公雄編『社会学ベーシックス4　都市的世界』世界思想社
井上俊・伊藤公雄編『社会学ベーシックス5　近代家族とジェンダー』世界思想社
井上俊・伊藤公雄編『社会学ベーシックス6　メディア・情報・消費社会』世界思想社
井上俊・伊藤公雄編『社会学ベーシックス7　ポピュラー文化』世界思想社
井上俊・伊藤公雄編『社会学ベーシックス8　身体・セクシュアリティ・スポーツ』世界思想社
井上俊・伊藤公雄編『社会学ベーシックス9　政治・権力・公共性』世界思想社
井上俊・伊藤公雄編『社会学ベーシックス別巻　社会学的思考』世界思想社

井上俊・上野千鶴子・大澤真幸・見田宗介・吉見俊哉編『岩波講座　現代社会学1　現代社会の社会学』岩波書店
井上俊・上野千鶴子・大澤真幸・見田宗介・吉見俊哉編『岩波講座　現代社会学

11 ジェンダーの社会学』岩波書店
井上俊・上野千鶴子・大澤真幸・見田宗介・吉見俊哉編『岩波講座　現代社会学 21 デザイン・モード・ファッション』岩波書店
井上俊・上野千鶴子・大澤真幸・見田宗介・吉見俊哉編『岩波講座　現代社会学 24 民族・国家・エスニシティ』岩波書店

現代位相研究所編『フシギなくらい見えてくる！　本当にわかる社会学』日本実業出版社
岡本裕一朗著『本当にわかる現代思想』日本実業出版社
森下伸也『社会学がわかる事典』日本実業出版社
栗田宣義『図解雑学　社会学』ナツメ社
浅野智彦『図解　社会学のことが面白いほどわかる本』中経出版

濱嶋朗・竹内郁郎・石川晃弘編『社会学小辞典』有斐閣
廣松渉編『岩波哲学・思想事典 』岩波書店
宮島喬編『岩波小辞典　社会学』岩波書店
今村仁司・三島憲一・川崎修編『岩波 社会思想事典』岩波書店
大澤真幸・吉見俊哉・鷲田清一編集委員・見田宗介編集顧問『現代社会学事典』弘文堂

TAC 公務員講座編『公務員 V テキスト〈14〉社会学』TAC 出版
濱井修監修・小寺聡編『倫理用語集』山川出版社
高等学校公民科倫理教科書　東京書籍／清水書院／山川出版社／数研出版

索引

图书在版编目（CIP）数据

惊呆了！原来这就是社会学 /（日）田中正人，（日）香月孝史著；刘晓晓译．-- 海口：南海出版公司，2021.5（2025.9 重印）
ISBN 978-7-5442-8091-4

Ⅰ．①惊… Ⅱ．①田… ②香… ③刘… Ⅲ．①社会学－通俗读物 Ⅳ．① C49

中国版本图书馆 CIP 数据核字（2021）第 025382 号

著作权合同登记号　图字：30-2020-015

惊呆了！原来这就是社会学

〔日〕田中正人 著
〔日〕香月孝史 著
刘晓晓 译

出　　版　南海出版公司　(0898)66568511
　　　　　海口市海秀中路 51 号星华大厦五楼　　邮编 570206
发　　行　新经典发行有限公司
　　　　　电话 (010)68423599　　邮箱 editor@readinglife.com
经　　销　新华书店

责任编辑　张　锐
特邀编辑　聂小雨　曹　原　刘竹君
装帧设计　陈慕阳
内文制作　王春雪

印　　刷　北京盛通印刷股份有限公司
开　　本　880 毫米 ×1194 毫米　1/32
印　　张　9.25
字　　数　219 千
版　　次　2021 年 5 月第 1 版
印　　次　2025 年 9 月第 14 次印刷
书　　号　ISBN 978-7-5442-8091-4
定　　价　59.00 元